삼성페이 이야기

삼성페이 이야기

1판 1쇄 인쇄 2021. 7. 13.
1판 1쇄 발행 2021. 7. 20.

지은이 김경동·여산

발행인 고세규
편집 임여진 **디자인** 박주희 **마케팅** 백미숙 **홍보** 이한솔
발행처 김영사
등록 1979년 5월 17일(제406-2003-036호)
주소 경기도 파주시 문발로 197(문발동) 우편번호 10881
전화 마케팅부 031) 955-3100, 편집부 031) 955-3200 | **팩스** 031) 955-3111

값은 뒤표지에 있습니다.
ISBN 978-89-349-8701-7 03320

좋은 독자가 좋은 책을 만듭니다.
김영사는 독자 여러분의 의견에 항상 귀 기울이고 있습니다.

홈페이지 www.gimmyoung.com   **블로그** blog.naver.com/gybook
인스타그램 instagram.com/gimmyoung   **이메일** bestbook@gimmyoung.com

삼성페이

이야기

김경동 · 여산 지음

**세상에 없던
서비스는
어떻게
만들어지는가**

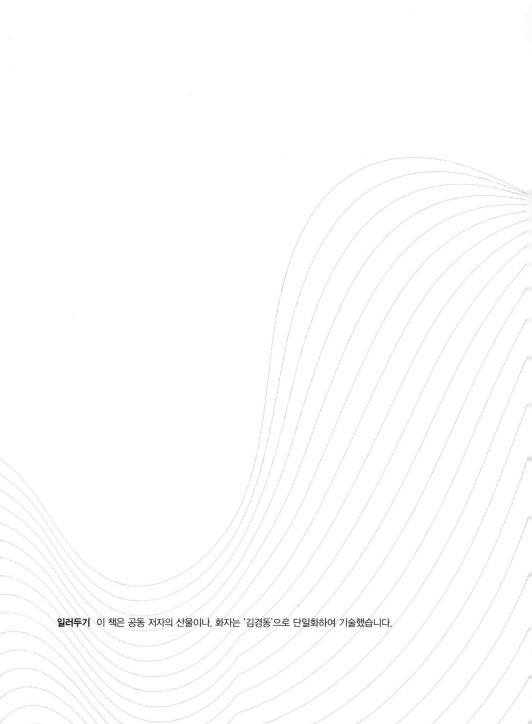

일러두기 이 책은 공동 저자의 산물이나, 화자는 '김경동'으로 단일화하여 기술했습니다.

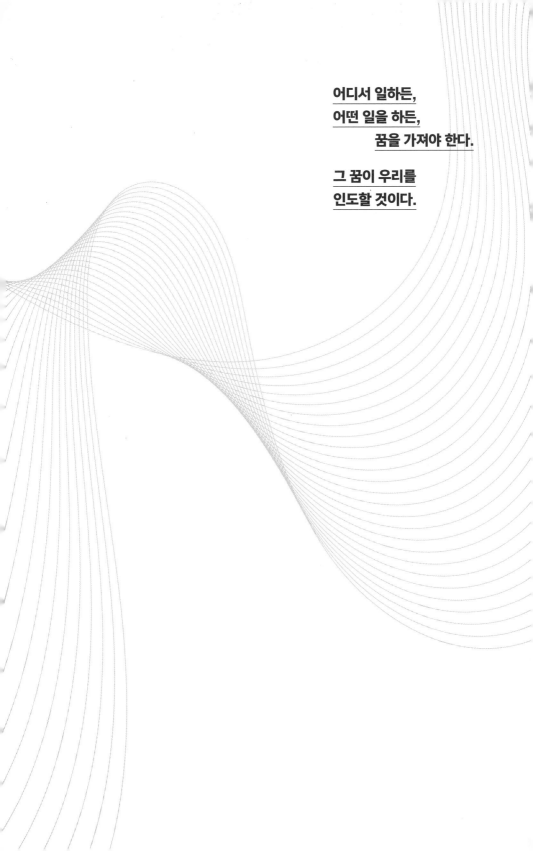

어디서 일하든,
어떤 일을 하든,
꿈을 가져야 한다.

그 꿈이 우리를
인도할 것이다.

삼성페이, 미래를 실현하다

오래된 미래가 있었습니다. 휴대폰으로 결제를 하는 미래입니다.

멀리 있는 사람의 목소리를 바로 옆에서 말하는 것처럼 들을 수 있는 전화기의 발명은 그야말로 혁명이었습니다. 그리고 전화기는 스스로 혁명을 멈추지 않았습니다. 본체에서 수화기까지의 선을 제거한 무선 전화로부터 시작하여, 본체의 선까지 제거해 이동 중에도 통화를 할 수 있는 이동 전화, 혹은 손에 들고 다닐 수 있는 휴대폰이 되었습니다.

그런 변화 속에서 어느 틈엔가 휴대폰은 목소리를 주고받던 통신 기기에서 디지털 콘텐츠를 생산하고 소비하는 유통 기기가 되었습니다. 문자에서 사진과 음악을 거쳐 동영상까지, 디지털 콘텐츠의 확장에 따라 휴대폰의 기능도 확장되었습니다. 휴대폰은 PDA, MP3 플레이어, 디지털카메라 기능을 넘어서서 노트북 수준의 CPU와 메모리

6

용량까지 집어삼킨 '괴물 기기'가 되었습니다. 특히, 앱스토어를 통해 끊임없이 제공되고 거래되는 수백만 개의 앱이 새로운 사용성과 편의성을 창조하면서 휴대폰은 명실공히 '만능 기기'가 되었습니다. 어느새 휴대폰을 지칭하는 이름도 '스마트폰'으로 변경되었습니다.

그런데 스마트폰에는 한 가지 아쉬운 점이 있었습니다. 바로 스마트폰으로 결제를 할 수 없다는 것이었습니다. 모바일 결제는 그리 어려운 일처럼 보이지 않았습니다. IC칩에 저장된 카드 번호를 결제 단말기에 전달하는 방식에 대한 규격이 일찌감치 제정되어 있었기 때문에, 스마트폰의 유심칩°에 카드 정보만 넣을 수 있다면 모바일 결제는 가까운 미래에 금방 이루어질 것 같았습니다.

하지만 세상은 그렇게 호락호락하게 변화를 허락하지 않았습니다. 모바일 결제는 다가설수록 멀어지는 신기루처럼 그 꿈을 좇는 사람들을 지치게 했습니다. 밑 빠진 독처럼 수십억 원을 투자하고도 흔적을 찾아볼 수 없었고, 수십 개의 회사와 단체가 의기투합을 해도 어느새 뒤돌아보면 바람에 날리는 겨처럼 흩어져 사라졌습니다. 2002년 SK텔레콤의 모네타 서비스가 그랬고, 2011년 방송통신위원회의 NFC 결제 시범 서비스가 그랬습니다.

그렇게 모바일 결제가 동력을 잃고 명맥만 이어가던 2015년 8월, 한국에서 '삼성페이'가 출시되었습니다. 모두가 반신반의했지만, 언

° 원래 유심/USIMUniversal Subscriber Identity Module(가입자식별모듈)은 소프트웨어 프로그램이고 물리적 칩은 UICCUniversal Integrated Circuit Card(통신용스마트카드)칩이라고 하는데, 이 책에서는 통상적으로 불리는 '유심칩'으로 통일한다.

제 어디서나 휴대폰으로 결제하고자 했던 오래된 미래가 드디어 실현되는 순간이었습니다. 출시 1년 후, 삼성전자는 애플도 이루지 못한 꿈을 이루었습니다. 한국의 어느 상점에서도 갤럭시 스마트폰으로 결제하는 것이 이상하지 않고, 막히지 않고, 당연하게 된 것입니다.

삼성페이를 준비하고 실행한 사람들은 당시에는 깨닫지 못했겠지만, 실상 세계 모바일 결제 역사에 길이 남을 사명을 수행하고 있었습니다. 그때 결제 시장은 아무리 노력해도 휴대폰으로 결제하는 서비스는 역시 안 되는 것이 아닌가 하는 회의적인 분위기가 팽배했습니다. 애플이 오랜 준비 기간을 거쳐 장기적인 계획하에 삼성페이보다 1년 앞서 '애플페이' 서비스를 출시하기는 했지만, 초기 실적은 여전히 미미했습니다. 시장은 혹시나 하는 마음에 기대했지만 역시나 실망하는 반응이었습니다. 그런 상황에서 세계 최고의 스마트폰 제조 회사인 삼성전자가 최고의 인력과 최대의 자본을 투자해서 휴대폰으로 결제하는 새 시대를 열어보겠노라고 공표한 것입니다.

만약 삼성전자마저도 모바일 결제에서 성공하지 못했다면, 그 어떤 기업도 감히 모바일 결제 사업을 다시 시도하기는 어려웠을 것입니다. 이런 상황에서 삼성페이는 결코 실패해서는 안 되었습니다. 반드시 성공해야만 했고, 결국 성공했습니다.

지금은 대한민국 어느 매장에서도 휴대폰으로 결제하는 것이 이상하지 않습니다. 고객이 휴대폰에서 지문으로 본인 인증을 하고 휴대폰을 건네면 점원은 당연히 결제하라고 주는 줄 알고 휴대폰을 받아 카드 리더기에 가져다 댑니다. 우리에게 과연 모바일 결제가 없던 시절이 있었나 싶을 정도로 모바일 결제는 우리의 삶에 하나의 문화로 자연스럽게 자리잡았습니다. 그렇게 삼성페이는 세상을 변화시켰고, 미래를 실현했습니다.

　누군가 우리에게 "삼성페이가 삼성의 미래냐?"고 묻는다면, "그렇다"라고 대답하기는 어렵습니다. 하지만 "삼성페이가 모바일 결제의 미래냐?"고 묻는다면, 당당하게 "그렇다"라고 대답할 수 있습니다. 삼성페이는 스마트폰으로 어디서나 결제할 수 있는 장면을 사람들의 눈에 새겨넣었습니다.

　이 책은 그렇게 세상을 변화시키고, 어느새 미래를 앞당긴 사람들에 관한 이야기입니다.

2021년 7월
김경동 · 여산

1

오래된 미래를
만나다,
모바일 결제

대기업에 맞춘 스펙 하나 없이 아이디어와 열정만
으로 삼성카드사에 입사했던 2010년, 삼성카드를
모바일 결제의 절대 강자로 만들겠다는 포부는 두
개의 '한국 최초'라는 타이틀로 결실을 맺었다. 한
국 최초의 '멀티 브랜드 모바일 카드'와 신세계와
함께한 한국 최초의 휴대폰 인증 결제 서비스. 그
때는 몰랐지만, 모바일 간편결제의 시대는 그렇게
조용히 시작되고 있었다.

① 0.01%의 가능성을 뚫은 기적 같은 입사

"만약 삼성카드사에 입사한다면 어떤 일을 하고 싶습니까?"

"삼성전자가 파는 모든 폰에 플라스틱 카드를 동봉하여, 모든 삼성 폰 고객을 잠재적인 삼성카드사 고객으로 만들겠습니다."

2010년 3월, 나는 29세의 나이에 PG사°에서 병역특례로 일한 경력을 인정받아 5년차 대리 직급으로 삼성카드사에 입사했다. 당시 헤드 헌터이던 처형이 나의 삼성카드 입사 가능성을 0.01%라고 할 정도로 나에게는 대기업에 입사할 수 있는 스펙이 하나도 없었지만, 그 대신

° 온라인결제처리업체Payment Gateway, PG. 인터넷 쇼핑몰과 결제 서비스 계약을 맺고, 물리적인 결제 단말기 대신에 쇼핑몰에 결제 시스템을 연결하여 디지털 형태로 카드 정보를 받아서 카드사에 전달하는 결제 처리 사업자를 PG사라 부른다. PG사는 결제 매입, 정산 업무뿐만 아닌 대표 가맹점의 역할까지 맡아 신규 영세 쇼핑몰을 대신해서 여신與信을 받아준다.

결제 현장에서의 서비스 경험과 열정이 있었다. 서류 심사를 통과하고도 다른 면접자를 위한 들러리라고 오해를 받았지만, 결국 면접까지 당당히 통과하고 대리 직급 최고 연봉을 받으며 삼성카드사에 입사했다.

나는 면접에서 삼성전자의 휴대폰 고객을 삼성카드사의 고객으로 만들고 싶다는 포부를 밝혔다. 선배들로부터 카드사는 무엇보다 카드 발급 수를 늘리는 것을 가장 중요하게 여긴다고 들었기 때문이었다. 그러나 알고 보니 기적 같은 입사를 가능하게 했던 면접 답변은 따로 있었다.

"삼성카드는 국내 기업이지만, 모바일 서비스 시장이 성장하면 스마트폰을 이용한 글로벌 모바일 결제 시장도 성장할 것입니다. 구글과 애플은 금융사를 관계사로 갖고 있지 않습니다. 하지만 삼성전자는 삼성카드를 관계사로 갖고 있습니다. 삼성전자가 모바일 결제 서비스에 관심을 갖게 된다면 반드시 삼성카드사를 필요로 할 것이고, 그때 삼성카드사는 중요한 역할을 할 수 있을 것입니다. 삼성카드사가 삼성전자와 함께 글로벌 모바일 결제 시장을 점유할 수 있도록 미래를 준비하고 싶습니다."

면접 임원 앞에서 마지막으로 받은 질문에 대답한 것인데, 면접관이 국내 기반의 삼성카드사에 입사하면서 치기만만하게 글로벌 기업인 삼성전자를 리드하며 모바일 결제를 통해 전 세계로 도약하겠다는 나의 포부를 좋게 봐주었던 것이다. 그 덕분에 나는 입사할 수 있었고, 입사 후에는 삼성카드사의 모바일 결제 서비스를 담당하게 되었다.

카드 서비스의 구조

카드 결제 서비스는 다섯 개의 핵심 주체로 구성되어 있다. 그 핵심 주체는 카드 사용자, 카드 가맹점, 발급 은행, 매입 은행, 카드 브랜드다. 이 중 핵심이 되는 두 개의 주체는 카드 사용자와 카드 가맹점이다.

카드 거래를 간단하게 정의하면 물건을 살 때 현금 대신 신용카드로 결제하는 것이다. 그러나 카드 거래에서는 현금 거래에 비해 은행의 역할이 크다. 현금 거래시에는 돈을 보관할 때에만 은행이 필요하다. 하지만 카드 거래에서는 모든 거래의 순간에 실시간으로 은행(카드사)이 개입해야 한다. 구매자인 카드 사용자와 판매자인 카드 가맹점 뒤에 보이지 않는 은행이 있는 셈이다.

카드 사용자 뒤에 있는 은행은 (카드)발급 은행, 카드 가맹점 뒤에 있는 은행은 (전표)매입 은행이다. 그리고 발급 은행과 매입 은행 사이에는 카드 브랜드가 있다.

발급 은행은 고객의 신용도를 체크하여 사용 한도를 정한 카드를 발행하고, 카드 결제 처리 후 카드 고객으로부터 대금을 회수한다. 매입은행은 카드 거래를 대가로 수수료를 지불할 의사가 있는 상점을 찾아 카드 가맹점 계약을 하고, 카드 결제 처리 후 상점에 대금을 정산해준다. 매입 은행이 모든 상점을 일일이 돌아다니면서 가맹점 계약을 할 수 없기 때문에 가맹점 계약 및 관리 업무를 위탁받아 대행해주는 에이전트들이 지역별·업종별로 층층이 포진해 있다. 이 매입 은행 에이전트들은 오프라인 상점에서 결제 서비스를 유지·보수·운영하는 실질적인 주체들이기 때문에 신규 결제 서비스 인프라를 구축

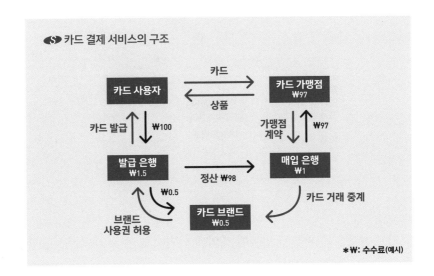

카드 결제 서비스의 구조

카드 사용자 → 카드 → 카드 가맹점 ₩97

카드 가맹점 ₩97 → 상품 → 카드 사용자

카드 발급 ↑ ₩100 ↓ 발급 은행 ₩1.5

가맹점 계약 ↓ ₩97 ↑ 매입 은행 ₩1

발급 은행 ₩1.5 → 정산 ₩98 → 매입 은행 ₩1

₩0.5 ↑ 브랜드 사용권 허용 → 카드 브랜드 ₩0.5

카드 거래 중계

카드 브랜드 ₩0.5

* ₩: 수수료(예시)

하는 데 있어 가장 중요한 역할을 한다. 한국에서는 VAN사°와 VAN 대리점들이 이 에이전트 역할을 한다.

카드 브랜드는 발급 은행과 매입 은행 사이에서 카드 거래 승인을 중계하고 정산한다. 카드 브랜드사의 시초는 카드 거래의 효율적인 운영을 위해 은행들이 연합해서 만든 비영리 조직이었지만, 몇몇 카드 브랜드사는 민간 기업으로 전환해 자체 수익을 내고 있다.

○ 부가통신사업자Value Added Network, VAN. 오프라인 매장을 방문해서 카드 가맹점 계약을 맺고, 물리적인 결제 단말기를 공급하고, 단말기에서 읽히는 카드 정보를 카드사에 전달하는 시스템을 운영하며 결제 처리를 하고, 결제 후 인쇄되는 프린터 용지를 공급하고, 영수증을 수거하여 정산하는 매입 대리자다.

카드 브랜드의 역할

발급 은행1
발급 은행2
발급 은행3
발급 은행4
⋮
발급 은행N

중계 브랜드

N×1×N 연결

매입 은행1
매입 은행2
매입 은행3
매입 은행4
⋮
매입 은행N

　　카드 브랜드는 자국 국민들이 해외에 나가서도 자국 카드를 사용할 수 있도록 해외 상점과 직접 매입 계약을 하거나, 그 상점과 계약한 매입은행과의 계약을 통해 해외 상점에서 발생하는 자국 카드 거래 승인도 중계하는 '글로벌 카드 브랜드'로 확장됐다. 비자Visa, 마스터카드Mastercard, 아멕스AMEX, American Express, 제이씨비JCB, Japan Credit Bureau, 유니온페이Unionpay 등이 대표적인 글로벌 카드 브랜드다. 글로벌 카드 브랜드사들은 규모가 점점 더 커짐에 따라 스스로를 '페이먼트 솔루션 컴퍼니Payment Solution Company'로 부르며 카드 거래 규격 및 인증에 대한 협의를 주도하고 있다.

　　그런데 한국은 앞서 설명한 일반적인 카드 결제 구조와 한 가지가 다르다. 일반적인 카드 결제 구조는 고객과 가맹점 뒤에 각각 발급 은행과 매입 은행이 존재하는 구조인데, 한국의 카드 결제 구조는 신한카드·삼성카드·현대카드 등 카드 업무만 전담으로 하는 전업계 카드사가 발급 은행과 매입 은행 역할을 통합해서 수행한다. 이런 구조에서는 발급 은행과 매입 은행을 연결하는 카드 브랜드사의 역할이 필요 없다. 그 때문에 한국에서는 비자나 마스터카드가 아닌 자체 규격으로 카드 거래를 중계하고 정산한다. 그래서 한국 카드사에서 발급된 국내 전용 카드에는 카드 브랜드사 로고가 찍혀 있지 않다. 카드 발급 시 해외 겸용 카드를 요청해야 비자나 마스터카드, 아멕스, 제이씨비 혹은 유니온페이 중 원하는 로고가 인쇄된 카드를 받게 된다.

❷ 한국 최초의 모바일 카드 서비스를 만들다

삼성카드에 입사해서 처음 맡은 일은 모바일 카드 서비스 업무였다. 휴대폰의 유심칩에 신용카드 정보를 넣어서 NFC Near Field Communication(근거리무선통신)를 통해 카드 거래를 가능하게 한 것으로, 현재는 애플이 아이폰에서 애플페이 결제에 사용하고 있는 방식이지만 2010년도에는 안드로이드폰에서만 이런 서비스가 가능했다.

당시 모바일 카드 서비스는 '결제' 서비스라기보다는 '카드 발급' 서비스였다. 카드 정보를 암호화된 디지털 신호로 전환해서 이동통신 네트워크를 통해 고객의 손에 있는 휴대폰 유심칩에 집어넣는 것이다. 카드 정보를 해킹당하지 않고 온전하게 고객의 폰에 전달해 저장시키는 일은 단순해 보이지만 하나의 업무로 분리될 만큼 생소하고 신경 쓰이는 중요한 작업이었다.

플라스틱 카드에 담긴 정보

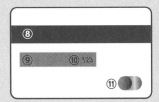

앞	뒤
① 카드사	⑧ 마그네틱선: 카드 정보가 담긴 마그네틱선. 신용카드 결제 방식에는 크게 '꽂아서' 결제하는 IC 방식과 '긁어서' 결제하는 마그네틱 방식 두 가지가 있다. 이 중 IC 방식이 보안성이 더 좋다.
② IC칩 혹은 Integrated Circuit칩: 카드 정보가 담긴 집적회로	
③ 카드명	
④ 카드 번호: 신용카드마다 14~16개 숫자로 이루어진 고유 번호가 있으며, 카드 번호 맨 앞자리로 카드 계열을 알 수 있다. 비자카드는 4, 마스터카드는 5, 국내 전용 카드는 9로 시작한다.	⑨ 서명란: 카드 뒷면에 소유자의 서명은 필수다. 서명이 없다면 도난, 분실 등으로 부정 사용 금액이 발생해도 보상이 어려울 수 있다.
⑤ 카드 소유자명	⑩ CVC 혹은 CVV: CVC(카드 인증 코드) 또는 CVV(카드 인증값)는 카드 번호, 유효기간과 더불어 카드의 유효성을 검증한다. 주로 카드 뒷면 서명란에 3자리 숫자로 표시되어 있다.
⑥ 유효기간: 신용카드가 결제 수단으로서 유효한 기간. 만기 전 갱신(재발급)하면 계속해서 사용할 수 있다.	
⑦ 글로벌 브랜드 로고: 마스터카드, 비자, 아멕스, 유니온페이 등 사용 가능한 글로벌 브랜드 로고를 확인할 수 있다.	⑪ 홀로그램: 신용카드 위조 방지를 위해 사용된다. 브랜드마다 고유의 홀로그램 마크가 있다.

플라스틱 카드 플레이트는 카드 결제 구조의 안전과 보안을 보장하는 메커니즘의 집약체다. 플레이트 외에도 거기에 새겨져 있는 카드 정보를 읽는 카드 리더기, 그 리더기에 적용된 암호화 방식, 그 암호를 안전하게 푸는 해독 방식,

플레이트와 리더기와 카드사 시스템 간에 카드 번호를 안전하게 전달하는 통신 보안 프로토콜, 그 프로토콜을 인증하는 갖가지 프로세스, 그 인증 프로세스를 개발하고 관리하는 단체, 그 단체를 관리 감독하는 정부 정책과 기관 운영 등 다양한 요소들이 관여한다. 그래서 이런 안전과 보안성을 담지한 카드 플레이트를 스마트폰으로 대체하는 일은 결코 간단하지 않았다.

카드사의 모바일 결제 서비스 업무는 이 모바일 카드 발급에서 시작되었다. 당시 삼성카드는 'EMV Co.'°에서 정의한 카드 규격에 따라 모바일 카드를 발급했다. 카드 규격이란 결제 서비스 주체들이 카드 신호를 서로 주고받을 때의 약속과 규칙을 말한다. 예를 들면, 고객이 갖고 다니는 플라스틱 카드 플레이트에는 카드 번호가 16자리만 있지만, 실제로 결제 신호가 오고 갈 때는 규격에 따라 다양한 숫자와 코드, 암호화 기술이 앞뒤로 적용된다. 모바일 카드 결제에도 그런 규격이 있어야 결제 신호가 네트워크를 통해 흐르면서 결제 서비스가 안전하게 제공될 수 있다.

흔히 모바일 카드 결제 규격을 '비접촉식 카드 규격' 또는 'NFC 카드 규격'이라고도 한다. 고객 손에 있는 휴대폰과 매장에 비치된 결제 단말기의 물리적 간극을 통과해 카드 정보를 전달하기 때문이다. 이

° Europay Mastercard Visa Corporation, 세계적 신용카드 회사인 유로페이, 마스터카드, 비자카드가 만든 IC카드 표준 거래 규격 협의체.

규격에 따른 가장 대표적인 결제 사례는 교통카드다. 카드를 교통카드 리더기 앞에 갖다 대기만 해도 결제가 되는데,° 카드를 긁거나 꽂지 않아도(접촉하지 않아도) 결제가 이뤄지기에 '비접촉식 카드 결제'라고 부른다.

그런데 EMV 비접촉식 카드 규격에는 예상치 못한 문제가 있었다. EMV 규격하에서도 비자 규격과 마스터카드 규격이 달랐던 것이다. 하나의 유심칩 안에 두 개 회사의 규격을 함께 넣으면 충돌이 일어나서 어느 쪽도 결제가 되지 않았다. 고객이 자신의 유심칩에 비자 계열의 모바일 카드를 발급받으면, 마스터카드 계열의 모바일 카드를 추가로 발급받지 못한다는 뜻이었다. 물론 그 반대도 마찬가지였다. 명백한 에러였다. 그래서 나는 유심칩 안에 비자 계열의 모바일 카드와 마스터카드 계열의 모바일 카드를 동시에 발급할 수 있는 '멀티 브랜드 카드 발급 서비스'를 기획했다. 한국 최초의 시도였다.

한국의 다른 카드사들은 EMV에서 정의한 모바일 카드 규격을 그대로 따르면 한 개의 유심칩 안에서 두 개의 브랜드 규격이 공존하면서 작동할 수 없다는 사실조차 모르고 있었다. 하지만 삼성카드사는 모바일 카드 개발 착수 시점부터 멀티 브랜드 카드 발급을 목표로 했다. 그 결과, 한국 최초로 비자 브랜드 카드와 마스터카드 브랜드 카드를 하나의 휴대폰에 동시에 발급해 사용할 수 있는 멀티 브랜드 모

° 교통카드를 단말기에 '갖다 대는 것'도 접촉이 아닌가 하는 의문이 생길 수 있지만 사실은 아주 작은 틈새 거리를 유지해도 결제가 된다.

바일 카드 서비스를 출시했다.

　이 경험을 통해서, 모바일 결제 서비스가 실제 결제 환경에서 이론 대로 구현이 되는지 반드시 검증이 필요하다는 사실을 깊이 새길 수 있었다. 이렇게 나의 첫 번째 모바일 결제 프로젝트였던 모바일 카드 발급 서비스는 한국 최초의 기능을 구현하면서 잘 마무리되었다.

　하지만 당시 삼성카드사에서 모바일 카드 발급이 가능한 카드 상 품은 전체 카드 중 한두 개뿐으로, 상품이 적어 모바일 카드 고객 확 보에 어려움이 컸다. 또 기껏 고객을 확보해서 멀티 브랜드로 모바일 카드를 발급해도 매장에 NFC 결제 단말기가 거의 보급되어 있지 않 아 모바일 카드로 결제할 수 있는 상점을 찾기가 어려웠다. 상점을 찾 아가며 결제하는 고객은 없다. 결국 모바일 카드는 결제 건수도 적고, 건수를 늘리기도 어려웠다.

　결제 건수가 적다는 것은 해당 카드 상품의 수수료 수익이 적다는 뜻이고, 건수가 늘어나지 않는다는 것은 수익 성장성이 낮다는 뜻이 다. 수익이 적고, 성장성도 낮은 카드 상품을 홍보할 이유가 없었다. 알려지지 않은 카드를 어떤 고객이 찾아서 발급받겠는가? 결국 모바 일 카드 발급 서비스는 점차 유명무실해졌다. 기획자로서 만족스럽지 못한 결과였다. 결제 상점이 없는 모바일 카드, NFC 결제 서비스의 한계를 절감하는 시간이었다.

❸ 간편결제 서비스의 시작

모바일 카드 서비스를 어떻게 구현해야 하나 고민하던 어느 날, 신세계 그룹 부회장실에서 삼성카드사에 특별한 솔루션 개발을 요청했다. 카드사에게 신세계 백화점과 이마트 같은 초대형 상점을 보유한 신세계 그룹은 최상급으로 중요한 고객이다. 카드사의 주요 수익 원천은 고객이 쇼핑을 하면서 카드로 대금을 지불했을 때 발생하는 카드 결제 수수료인데, 신세계 그룹 산하 상점에서의 결제액이 어마어마했기 때문이다. 그런 초특급 고객사에서 삼성카드사에 어떤 솔루션을 요청할지 궁금했다. 물론 어떤 솔루션이든지 간에 우리에게 요청했다는 것 자체가 좋은 일이었다. 삼성카드사의 솔루션 제공 능력을 믿는다는 뜻이기 때문이다.

신세계 그룹의 요청 사항은 미국 '아마존 원클릭 결제'의 국내판을 만들어달라는 것이었다. 부회장이 그 방식을 신세계 인터넷 쇼핑 결제에 적용하고 싶어 한다고 했다. 아마존 원클릭 결제란, 아마존 쇼핑몰에서 단 한 번의 클릭으로 결제가 완료되는 초간편 결제다. 신세계 쇼핑몰에서 그러한 초간편 결제를 제공하려면 첫째로 고객의 카드 번호를 신세계 서버가 저장하고 있어야 했고, 둘째로 별도의 고객 본인 인증 절차 없이 저장한 카드 번호로 카드 결제 승인을 요청할 수 있어야 했다. 그런데 2010년 정부의 카드 정보 보안 정책은 이 두 가지를 모두 금지한 상태였다. 당시 금융 당국의 온라인 결제 가이드라인은 첫째, 카드 정보는 오로지 카드사 서버에만 저장되어야 하고, 둘째, 결제할 때마다 공인 인증서 등을 활용한 본인 인증 절차를 거쳐야 카드 승인이 요청된다는 것이었다.

2014년부터 시작된 핀테크fintech° 활성화를 위한 금융 규제 완화 정책에 힘입어 지금은 일정 수준의 보안 요건을 갖추면 쇼핑몰 서버에 카드 정보를 저장할 수도 있고, 본인 인증 방식도 지문 인증이나 핀번호 입력 등으로 간편해졌다. 심지어 쇼핑몰의 책임하에 인증 단계를 생략할 수도 있다. 그래서 쿠팡이나 G마켓 같은 쇼핑몰은 이미 원클릭 수준의 초간편 결제를 제공하고 있다.

하지만 당시에는 이런 방식이 완전히 불가능했다. 그래서 삼성카드사 실무자들은 솔직하게 답변했다.

"신세계의 요청 사항은 알겠습니다. 그러나 아마존 원클릭 결제는 미국식 금융 정책하에서나 가능합니다. 죄송하지만 우리나라는 정부

° Finance(금융)와 Technology(기술)를 융합한 서비스.

규제상 그런 방식을 구현할 수 없습니다."

"그래요? 그러면 한국 땅에서는 그 누구도 아마존 원클릭 같은 결제 서비스를 제공할 수 없다는 말인가요?"

"네. 맞습니다. 정부 규제가 바뀌지 않는 한 제공할 수 없습니다."

"알겠습니다. 의견 감사합니다."

그러나 나는 거기서 멈추고 싶지 않았다.

"그런데 부회장님이 왜 이런 생각을 하신 것이죠?"

"미국 아마존 사이트에서 원클릭 결제를 하시다가, 신세계 인터넷 쇼핑몰에서 결제할 때 불편을 경험하시고 개선이 필요하다고 생각하신 것 같습니다."

"아! 그렇다면 부회장님이 원하시는 것은 원클릭 결제 자체를 도입하는 것이 아니라, 신세계 쇼핑몰 결제의 불편함을 개선하는 것이네요."

"네. 그렇게 볼 수도 있을 것 같습니다."

"부회장님이 신세계 인터넷 쇼핑 결제에서 어떤 점을 불편하다고 느끼셨는지 말씀해주시겠습니까?"

"신세계 쇼핑몰만의 문제는 아닙니다만, 결제할 때 입력해야 할 정보가 너무 많습니다. 카드 번호, 유효기간, CVC 등…. 이 많은 정보를 입력하기 위해서는 따로 카드를 들고 있어야 합니다. 그러고 나면 또 공인 인증서를 설치하라고 하고, 설치하고 나면 공인 인증서 비밀번호를 입력해야 합니다. 복잡한 공인 인증서 비밀번호를 자주 잊어버리는 것도 문제입니다."

"알겠습니다. 그러면 원클릭은 아니더라도 카드 번호 입력을 최소화하고, 복잡한 공인 인증서 암호를 잊어버려도 결제할 수 있게 인증 방식을 개선하면 도움이 되겠습니까?"

"네, 비록 최선은 아니지만, 차선책으로 진행 여부를 결정받아보겠습니다."

신세계 그룹의 요구 사항에는 '신세계 인터넷 쇼핑몰 결제의 불편함'과 '그것을 개선하고 싶어 하는 부회장의 문제의식'이 깔려 있었다. 그렇다면 원클릭 결제가 아니더라도 입력 정보를 최소화하여 고객이 신세계 인터넷 쇼핑몰에서 손쉽게 결제할 수 있도록 하는 것이 솔루션이 될 수 있었다.

나는 곧바로 신세계의 문제의식에 답할 수 있는 솔루션을 고민했다. 다른 나라에서만 할 수 있는 해결책은 포기하고, 우리나라에서 할 수 있는 방안에 집중했다. 한국에서는 카드 정보를 저장할 수 없으니, 입력 정보를 최소화하는 방법이 최선이었다. 기존의 인터넷 쇼핑몰 카드 결제는 16자리 카드 번호·4자리 유효기간·3자리 CVC 등 23자리의 카드 정보와, 숫자, 문자, 특수 문자가 조합된 최소 8자리의 공인 인증서 비밀번호까지 총 31자리의 정보를 입력해야 했다. 입력해야 할 카드 정보가 너무 많아 실물 카드(정보)를 별도로 보관하고 있어야 하는 불편함도 문제였지만, 진짜 문제는 고객이 카드나 공인 인증서 비밀번호를 찾다가 결제를 포기한다는 것이었다.

궁극적으로는 공인 인증서 비밀번호를 몰라도 결제를 할 수 있도록 하는 것이 목적이었다. 그러나 그에 앞서 결제 시점에 항상 반복 입력해야 하는 카드 번호와 유효기간, CVC를 따로 저장하지 않고도 간단하게 불러올 수 있도록 하는 데 집중했다. 그 뒤 공인 인증서 비밀번호를 기억할 필요 없도록 공인 인증서가 아닌 휴대폰 인증으로 본인 인증이 되도록 했다.

과정은 험난했지만, 결론적으로 신세계 쇼핑몰을 통해서 한국 최초로 휴대폰 인증을 활용한 인터넷 쇼핑몰 간편결제 프로세스를 완성했다. 처음 한 번만 삼성카드사 서버에 신세계 간편결제 서비스를 등록하면, 간편결제용 6자리 PIN 번호와 본인 휴대폰으로 날아오는 인증번호 6자리 입력만으로 결제가 완료되었다(최초 등록이라는 과정은 아마존 원클릭 서비스에서도 한 번은 거쳐야 하는 필수 단계다). 심지어 대한민국에서 '간편결제'라는 용어를 최초로 붙인 신개념 결제 서비스였다.

고객은 카드 번호와 유효기간 입력을 위해 카드를 들고 다닐 필요가 없어졌다. 그뿐만 아니라 휴대폰만 들고 있으면 본인 인증을 할 수 있어 공인 인증서 비밀번호가 기억나지 않아 결제를 포기하는 일도 없어졌다.

쇼핑을 하다가 결제가 불편해서 쇼핑을 중단하는 일을 없앤 것에 신세계는 가장 만족했다. 결제까지 이어진 쇼핑은 매출 확대라는 결과를 가져왔다. 인터넷 결제의 편의성이 실질적인 매출 증대에 도움이 된다는 사실을 증명한 것이다. 삼성카드사가 신세계 인터넷 쇼핑 결제 화면에 휴대폰 인증 기반 간편결제 서비스를 제공한 후 신세계의 매출이 개선되었다는 소문을 들은 다른 대형 쇼핑몰에서도 자신의 인터넷 쇼핑몰에 이런 간편결제 방식을 적용할 수 있는지 삼성카드사에 문의해왔다.

그때만 해도 신세계 인터넷 쇼핑몰은 스마트폰 화면이 아닌, PC 화면에서 결제가 되는 쇼핑몰이었다. 당시 휴대폰 인증 기반 간편결제란 휴대폰에 송신된 문자 메시지 인증 번호를 PC 화면에 입력하는 프로세스였다. 지금 생각하면 이상한 솔루션으로 보일 수 있으나, 2010년에는 인터넷 쇼핑의 95% 이상이 PC 기반이었고, 스마트폰 기반의 쇼핑은 5%도 채 되지 않았기 때문에 시장에서 충분히 받아들여질 수 있었다.

이때 도출한 휴대폰 인증 기반 간편결제 방식은 삼성카드와 신세계에서 공동 특허로 출원하여 양사의 자산으로 보호하고 있다. 지금은 당연시되는 모바일 간편결제는 이렇듯 눈에 띄지 않았으며 한국 상황에 맞게 하나하나 보완해가며 만들어진 것이다. 그런 의미에서 신세계 온라인 쇼핑몰에 적용한 휴대폰 인증 기반 간편결제 서비스는, 그때는 몰랐지만, 한국의 모바일 간편결제를 태동시키는 중요한 한걸음이었다고 자부한다.

이렇게 나는 삼성카드사에서 멀티 브랜드 모바일 카드 발급, 휴대폰 인증 기반 간편결제 등 두 개의 '한국 최초' 서비스를 기획·출시하며 모바일 결제 서비스를 익혀나갔다.

기획자 노트

상대의 요구와 필요를 분별하라

신세계 프로젝트가 가르쳐준 것은 고객이 요구하는 바에 대해 가능 또는 불가능만 판별하는 것에서 멈추지 않고, 고객이 왜 그런 것을 요구하는지, 그 배경과 문제의식을 이해해야 한다는 것이었다. 나는 신세계의 요구 사항에 대해 시장 환경의 제약과 한계 속에서 포기하기보다는, 고객의 문제의식에 공감하며 고객의 필요를 해결하려고 노력했다. 그런 노력의 결과로 카드를 저장하지 않고도 빠르고 간편하게 결제할 수 있는 휴대폰 인증 방식이 도출됐다. '안 된다'고 미리 단정하거나, 포기하지 않는 도전적 태도 속에서 이전보다 좀 더 편리한 간편결제 솔루션이 만들어졌다.

고객이 요청하면 하루라도 빨리 좋은 품질의 제품과 서비스로 대응하는 것이 최고다. 하지만 대응 방법이 보이지 않는다면 시간이 좀 걸려도 고객이 그 요구를 하는 이유를 들어봐야 한다. 운이 좋으면 요구의 이면에 존재하는 고객의 필요를 찾을 수 있다. 우리가 운 좋게 찾았던 신세계 부회장의 필요는 '간편한 결제'였지, '원클릭 결제'가 아니었다.

그렇다면 부회장은 왜 간편한 결제를 필요로 했을까? 고객의 편의를 위해서였다. 그럼 왜 고객의 편의를 위했을까? 결제가 편하지 않으면 구매를 포기하기 때문이다. 부회장의 필요에는 단순 개인 취향이 아닌 인터넷 쇼핑몰 매출 실기 방지 혹은 매출 극대화라는 비즈니스 맥락이 있었다.

고객의 요구에는 그 요구를 발생시키는 필요가 있다. 그리고 필요에는 그 필요를 이해하도록 하는 맥락이 있다. 고객을 만족시키는 서비스는 요구 사항에 매몰되지 않고, 고객의 맥락에서 필요를 찾아내는 데서 나온다.

2

삼성의 시너지,
모바일 결제 신사업 기획

온라인에서 주문한 물건은 온라인에서, 오프라인
에서 주문한 물건은 오프라인에서 결제하는 것이
당연했던 시대, 우리는 조금 다른 꿈을 꾸었다. 온
라인과 오프라인의 경계를 무너뜨리는 스마트폰
을 강력한 도구 삼아 새로운 모바일 결제 사업을
만들고자 한 것이다. 하지만 신사업 추진은 여러
난항에 부딪혔다. 꿈을 위해 새로운 결정을 할 때
였다.

❹ 세상을 바꿀 협업을 시작하다

2011년 봄, 정신없이 회사에 적응하고 있을 즈음 삼성의 신사업추진단 이라는 곳에서 뜬금없이 연락이 왔다. 모바일 결제 신사업 기획 사전 검토 작업으로 여러 방향에서 결제 실무 담당자의 의견을 구하고 있다고 했다.

신사업추진단은 미래전략실 소속으로 이건희 회장이 2010년 삼성의 미래 먹거리로 발표한 5대 신수종新樹種 사업(태양광, LED, 전기차 배터리, 의료기기, 바이오 제약)을 검토하고 사업 추진 방안을 기획했던 곳이다. 그때 씨를 뿌린 결과로 삼성은 자동차 분야에서는 하만Harman을 인수했고, 의료기기 분야에서는 메디슨을 인수했다. 바이오 제약 분야에서는 삼성바이오로직스와 삼성바이오에피스를 새로 설립하여 적지 않은 성과를 내는 중이다. 미래를 대비한 신사업은 아무리 많이 검토하고 오래 준비해도 실패 확률이 크다. 5대 신수종 사업 중에도 벌써 철수한 사업이 있다. 하지만 그런 위험 부담에도 불구하고 꾸준히 씨를 뿌리는 최고 경영진의 의지와 그 의지를 실행하는 신사업 추진 조직이 있었기에 삼성은 성장할 수 있었다.

신사업추진단은 5대 신수종 사업 발표 이후, 새로운 방향에서 삼성의 미래 먹거리를 발굴하고 있었다. 그 방향이란 그룹 내 관계사들의 역량을 연결하여 시너지 효과가 있는 사업 분야를 정의하고, 신사업 추진 타당성을 검토하는 것이었다. 예를 들자면, 제일기획의 광고 노하우와 삼성전자의 하드웨어 제품을 연결하여 맞춤형 광고 플랫폼 사업을 추진하거나, 삼성물산의 해외 플랜트 수주 역량과 삼성의료원의 의료 서비스를 조합하여 해외 의료 인프라 수출 사업 체계를 구축하거나, 삼성화재의 자동차 보험 및 애니카 차량 수리 서비스 네트워크와 삼성카드의 리스 역량을 결합하여 해외 신생 국가에서 토탈 자동차 케어 솔루션을 제공하는 식이었다.

그 방향 속에서 신사업추진단은 삼성전자의 휴대폰 사업 역량과 삼성카드의 결제 서비스 역량을 결합하여 모바일 결제라는 신사업 분야에서 관계사 간의 시너지 효과가 실제로 발생할 수 있는지 검토하고자 했다. 이것은 내가 삼성카드사에 입사할 때부터 미래의 포부로 가꿔왔던 일이었다. 가슴이 뛰었다. 하지만 삼성카드사 동료들은 이런 종류의 관계사 간 협업에 부정적이었다. 전에 이런 협업 업무를 해본 경험이 있는 선배들도 조언해주었다.

"저러다가 그만둔다. 괜히 시간 낭비하지 말고, 적당히 해."

그럼에도 직접 만나보고 판단해야겠다는 생각이 든 나는 강남역 서초사옥에 있던 신사업추진단과의 미팅에 참석하기로 했다.

"분위기가 괜찮은데요? 허심탄회하게 얘기해도 되겠습니다."

나보다 먼저 와서 인터뷰를 했던 삼성카드사의 다른 직원이 귀띔해주었다. 나는 그렇게 마음을 열고, 신사업추진단의 실무 담당자를 만났다. 그 담당자가 이신우 차장이었다. 그때는 그나 나나 우리의 만남이 이렇게까지 오래 이어질 줄 몰랐다.

이신우 차장은 결제 산업에 대한 일반적인 개요, 향후 결제의 모바일화에 대한 의견, 사업 수행에 있어서 필요한 핵심 역량 등의 개괄적인 질문에서부터, 한국 카드 결제 산업의 구조, 플라스틱 카드 결제와 휴대폰 카드 결제의 유사점과 차이점, 삼성카드사의 모바일 결제 준비 상태, 삼성카드사의 사업 역량 등 구체적인 사항까지 물어보았다. 하지만 그런 각론에 대한 질의응답보다 내 기억에 남아 있는 것은 뭔가를 꿈꾸며 새로 시작하려는 사람의 열정이었다.

이신우 차장도 나처럼 앞으로 모바일 결제가 세상을 바꿀 수 있다는 기대와 흥미를 갖고 업무를 추진하고 있었다. 그런 열정과 기대가 내 마음을 움직였다. 그날의 만남 이후, 우리는 하루에 4시간 넘게 통화하면서 휴대폰에 카드 결제를 적용하는 방법과 새로운 사업 기회, 시장의 제약 사항과 극복 가능성 등에 대해 얘기했다. 우리는 그렇게 어느새 새롭게 펼쳐질 모바일 결제 세상에 몰입하기 시작했다.

약 3개월간의 사전 검토 결과, 신사업추진단은 삼성전자와 삼성카드의 역량을 잘 조합하면 모바일 결제 사업의 기반을 단기간에 구축할 수 있을 것이라고 1차 결론을 냈다. 전 세계에서 스마트폰을 가장 많이 파는 삼성전자는 '모바일 결제 회원 수'를 스마트폰 수만큼 늘릴 수 있었다. 대한민국 주요 카드사로 성장한 삼성카드는 안정적인 결제 네트워크를 기반으로 '모바일 결제 가맹점'을 확보할 기본 역량을 갖추고 있었으며, 웬만한 규모의 동남아시아 국가 결제 건수의 서너 배를 처리할 수 있는 결제 처리 시스템도 갖추고 있었다. 이 둘의 역량을 잘 결합한다면 삼성이 모바일 결제 서비스 사업을 제공하는 일이 불가능한 도전은 아니었다.

2011월 하반기, 신사업추진단 주관으로 삼성전자와 삼성카드, 그리고 안정적인 시스템 운영의 대명사인 삼성SDS까지 참여하는 모바일 결제 신사업 기획 TF Task Force(과제 수행을 위한 임시조직)를 가동했다. 나는 삼성카드사를 대표해서 TF에 참여했다. 그 TF를 통해 모바일 결제에 대한 포괄적인 이해를 넓혔고, 실현 가능성이 높은 사업 전략을 수립하는 법을 배울 수 있었다.

5 스마트폰이 열어준 엄청난 기회

이론적으로, 모바일 결제는 기존의 플라스틱 카드로는 할 수 없는 즉각적인 고객 맞춤 혜택을 제공할 수 있다. 스마트폰의 무선 통신 기능, 연산 능력, 디스플레이를 활용하여 고객에게 결제 서비스를 제공할 뿐만 아니라, 결제 전후 단계에서 고객의 결제 이력과 실시간 위치를 기반으로 고객이 좋아하고, 필요로 할 만한 혜택까지 제안하는 방향으로 나아가는 것이다. 이론은 곧 실제가 되어, 2011년 스마트폰에는 이미 신용카드를 비롯하여 은행 계좌, 선불카드 등의 결제 수단과 멤버십 포인트, 쿠폰, 모바일 할인 상품권 등의 고객 혜택이 담기기 시작했다.

신사업 TF에서는 모바일 결제 시대가 본격화되면, 다양한 결제 수단과 혜택 중에 가장 좋은 것들을 조합하여 동시에 처리해줄 수 있는 복합 결제 처리 사업자가 각광받을 것이라 생각했다. 그래서 3년 내에 모바일 결제 전문 중계 브랜드사가 되는 것을 목표로 3개년 사업

추진 전략을 세웠다. 궁극적으로 '모바일 결제 시대의 비자Visa가 되자'는 것이 모바일 결제 신사업의 비전이었다.

모바일 결제는 또한 오프라인과 온라인의 경계를 없앴다. 모바일 결제 이전에는, 오프라인 매장의 결제 신호를 처리하는 주체(예: VAN사)가 플라스틱 카드를 기반으로 하는 오프라인 결제 네트워크를 관리했고, 인터넷 쇼핑몰의 결제 신호를 처리하는 주체(예: PG사)가 디지털화된 카드 정보를 처리하는 온라인 결제 네트워크를 관리했다. 두 네트워크는 물리적으로 나눠져 있었고, 결제 매체도 달랐다. 무엇보다 결제 수수료 체계와, 그 수수료를 가져가는 사업 주체가 구분되어 있었기 때문에 서로의 영역을 건드리고 싶어도 건드릴 수 없었다.

하지만 스마트폰이라는 결제 매체는 플라스틱 카드라는 오프라인용 결제 매체와 PC라는 온라인 결제 채널을 손바닥 안에서 통합했다. 인터넷에서 이루어진 거래를 오프라인 결제로 완료할 수 있었고, 현장의 실물 거래에 온라인 결제를 적용할 수 있었다. 플라스틱 카드 기반의 오프라인 결제와 디지털 정보 기반의 온라인 결제를 때와 장소를 가리지 않고 통합해서 사용할 수 있게 된 것이다.

하지만 지금에 와서 보면 당연하게 여겨지는 스마트오더 또는 O2OOnline to Offline 등의, 온라인에서 결제하고 오프라인에서 물품과 서비스를 거래하는 교차 거래가 낯설던 시절이었다. 전통적인 결제 인프라와 정책은 온라인과 오프라인의 통합, PC와 모바일의 합체라는 시대의 흐름을 따라가기에는 역부족이었다. 자연스럽게 모바일 결제에는 제약이 따랐다. 세상의 규칙을 앞서가는 새로운 기술이 세상에 나올 때 으레 겪는 상황이었다.

모바일 결제라는 시대의 흐름을 미처 수용하지 못하고 있던 당시 정책과 인프라가 큰 제약이기는 하지만, 우리는 그 제약을 극복한다면 큰 기회가 주어지리라고 분석했다. 신사업 기획 TF는 오프라인과 온라인의 구분이 사라지는 미래를 어렴풋이 전망했고, 그런 전망에 기반해 온라인과 오프라인 결제를 통합하는 새로운 모바일 결제 주체가 필요해질 것이라고 판단하여 모바일 결제 신사업을 본격적으로 추진할 것을 제안했다.

오늘날 오프라인 매장에서 온라인으로 결제하거나(예: 카페 앱으로 음료 결제 후 매장에서 픽업), 온라인에서 오프라인 카드로 결제하는 것(예: 배달 음식 주문 후 착불 결제)이 일반화되었다. 당시 우리의 전망은 틀리지 않았다. 하지만 온라인 결제와 오프라인 결제를 통합해서 수행하는 새로운 결제 주체가 뚜렷이 드러나지 않는 것을 보면, 우리의 제안이 다소 일렀던 것 같기도 하다.

온·오프라인 결제의 경계를 무너뜨린 스마트폰

전통적으로 온라인 결제와 오프라인 결제의 가장 큰 차이는 카드 정보를 읽는 리더기(매장용 결제 단말기)의 존재 유무였다. 리더기가 현실 공간에 존재하면 오프라인 결제였고, 존재하지 않으면 온라인 결제였다. 이 차이는 고객이 전달하는 결제 매체의 유무로부터 비롯되었다. 오프라인 결제는 매장을 직접 방문하는 고객이 고객의 카드 정보가 담겨 있는 물리적인 결제 매체(플라스틱 카드)를 가져왔기 때문에 그와 매칭되는 물리적 결제 단말기가 필요했다. 하지만 온라인 결제는 매장 자체가 가상 세계에 존재하고, 고객의 카드 정보도 숫자로만 존재할 뿐이다. 물리적인 결제 매체가 없으니 결제 단말기도 당연히 필요 없었다.

그런데 오프라인 결제 매체인 플라스틱 카드가 스마트폰에 흡수되면서 온라인과 오프라인 결제 매체가 스마트폰으로 통합되었고, 더 이상 결제 단말기의 존재 유무로 오프라인 결제와 온라인 결제를 구분할 수 없게 되었다. 이제는 결제 매체의 통합에 맞춰 결제 단말기도 통합되어야 하는 상황이다. 그렇다면 결제는 당연히 단말기가 필요 없는 방향으로 나아갈 것이다. 그러는 쪽이 비용이 적게 들고, 단말기를 설치하는 수고가 사라지기 때문이다. 온라인 결제 방식이 오프라인 결제 방식을 이길 수 있다고 여겨지는 대목이다.

물론, 시장은 예측만큼 빨리 변하지는 않는다. 아직 오프라인 결제에 쓰이는 매체의 대부분은 스마트폰이 아니라 일반 플라스틱 카드다. 다만 특정 업종에서는 오프라인으로 거래할 때 온라인으로 결제하는 고객이 꾸준히 늘고 있다. 예약이나 배달 등의 주문형 거래가 가능한 택시 운송업, 요식업, 미용업이 대표적이다.

온라인 결제 매체와 오프라인 결제 매체가 스마트폰에서 통합됨에 따라 매장용 결제 단말기와 결제 네트워크, 결제 서비스 주체들도 순차적으로 통합되고 있다. 오프라인 결제를 중심으로 사업을 하는 VAN사가 온라인 결제 서비스 사업자인 PG사를 인수하거나, 신규로 PG 사업 등록을 하는 일이 빈번해졌다. 삼성페이가 보여준 길을 따라 시장의 변화가 물 밑에서 꾸준히 진행되고 있는 것이다.

6 잠깐의 좌절, 그리고 새로운 도약

TF는 무수한 결과물을 만들어내면서 미래를 분석하고 신사업 추진 전략을 수립했지만, 그 전략은 의도한 대로 진행되지 못했다.

삼성전자와 삼성카드 내에서 모바일 결제 시장의 미래에 대한 비관적인 전망이 끊이지 않았고, 두 회사의 시너지 역량이 그런 비관적인 전망을 반전시킬 만한 수준이 되지 않는다는 보수적인 의견이 득세했다. 게다가 TF에 참여해서 나름 모바일 결제 신사업을 객관적으로 전망하는 TF 멤버들이 관계사와의 협업보다는 자기 회사에서 독자적으로 이 서비스를 진행하고 싶다는 실무적 욕심을 부렸다. 분석 단계에서는 한마음 한뜻이 되었지만, 실행 단계에서는 합의가 잘 이루어지지 않았던 것이다.

무엇보다 프로젝트 중단의 결정적인 계기는 삼성전자, 삼성카드, 삼성SDS 세 회사의 입장을 조율하면서 사업 기획을 이끌어나가던 신사업추진단의 변화였다. 2012년 6월 새롭게 부임한 미래전략실장은 신사업이 각 사에서 추진되는 것이 더 효율적이라 생각하고, 신사업 추진단의 프로젝트를 유관 회사로 이관하도록 했다. TF는 해산되고, 모바일 결제 신사업 TF 결과물은 삼성전자로 이관되어 스마트폰을 만드는 무선사업부에서 스마트폰 경쟁력 강화 기능의 일환으로 추진하게 되었다.

그때 삼성전자로부터 함께 모바일 결제를 준비하자며 이직 제안이 왔다. 그러나 삼성전자가 제안한 연봉은 당시 삼성카드사에서 받던 연봉보다 훨씬 낮았다. 고민이 되었지만, 결국 모바일 결제 시대의 도래라는 큰 흐름을 믿고 미래에 한발 더 다가간다는 심정으로 이직을 결심했다.

2012년 8월, 나는 2년 6개월의 삼성카드사 생활을 마감하고 삼성전자에 입사했다.

새롭게 들어간 조직은 삼성전자 무선사업부 상품전략팀 소속의 '인에이블링Enabling 그룹'이었다. 갤럭시폰의 하드웨어 성능을 기반으로 그 상품 가치를 높일 수 있는 기능을 발굴하는 부서였다. 특히 외부의 콘텐츠/솔루션 업체와의 파트너십을 통해 하드웨어에 소프트 경쟁력을 추가하는 일을 맡고 있었다. 가치 창출이 가능한 아이템을 도출하고, 그런 아이템을 제공하는 파트너를 찾아 제휴를 성사시키는 것까지가 임무였다.

나는 모바일 결제 서비스가 그런 가치 창출 아이템 중의 하나가 될 수 있을 것이라 믿었고, 그 믿음을 기반으로 인에이블링 그룹에서 일하기 시작했다. 결제와 관련하여 외부 업체와 파트너십을 맺고, 외부 파트너 업체가 필요로 하는 갤럭시폰의 하드웨어 기능이 문제없이 잘 활용될 수 있도록 제반 사항을 준비하는 일이 새로운 업무가 되었다.

변곡점을 전망하라: 삼성의 신사업 추진 방식

삼성전자는 세계적인 기업이다. 해외에 나갔을 때, 어디서 왔냐고 물어서 '코리아'라고 대답을 하면, 간혹 헷갈리는 사람이 있다. 그때 '삼성전자의 본사가 있는 나라'라고 하면 고개를 끄덕인다. '코리아'가 어디에 있는지는 몰라도, 삼성전자라는 이름 하나로 어떤 나라인지 설명이 되는 것이다. 휴대폰 세계 1등, 텔레비전 세계 1등, 메모리 반도체 세계 1등 기업인 삼성전자의 제품은 세계인의 손과 집과 사무실에 이미 들어가 있다.

그런 삼성은 어떻게 신사업을 추진할까? 일단 삼성이 신규로 진입하는 산업의 글로벌 시장 규모가 10조 원은 되어야 한다. 삼성의 규모를 생각하면 필수적인 선택이다. 어떤 시장의 10%를 점유했을 때 1조 원의 매출 규모가 달성되어야 신규 사업 추진의 타당성을 가질 수 있다. 그런데 산업의 규모가 10조 원이라는 것은 그 산업이 새로운 분야가 아닐 뿐더러, 이미 그 산업을 만들고, 이끄는 선두 기업이 존재하고 있다는 의미다. 결국 삼성의 신사업 기획이란, 이미 존재하는 산업 분야에 삼성이 새로운 주자로 들어가서 시장 규모를 더 키우고, 그 규모에서 의미 있는 비중을 차지하는 것이다.

신사업 추진을 결정짓는 세 가지 중요한 포인트가 있다. 첫째, 삼성이 후발 주자로 시장에 진입했을 때, 제품과 유통망을 확보해서 최소한의 입지를 만들어 생존할 '기초 체력'을 갖추고 있는가? 둘째, 궁극적으로 선발 주자를 이길 수 있는 '차별화 역량'이 삼성 내부에 잠재되어 있는가? 마지막으로, 그러한 기초 체력과 잠재력을 차별화 역량으로 전환시킬 수 있는 시장의 '변곡점'이 실질적으로 만들어지고 있는가? 그런 변곡점을 객관적으로 전망하고 분석하여 이를 바탕으로 새로운 전환에 대비할 수 있는지가 신사업 추진 의사결정의 핵심이다.

특허 기술이나 원가 혁신처럼 그 자체로 남들과 차별될 수 있는 요인도 중요하지만, 보다 중요한 것은 이전의 시장 환경에서는 일반 역량에 불과하던 것이 독보적인 역량으로 활용될 수 있는 변화의 순간을 감지하고, 그 잠재력의 발현을 준비하는 능력이다. 텔레비전 제조업을 예로 들 수 있다. 텔레비전 제조업은 오래전부터 존재했고, 거기서 삼성전자는 오랫동안 선두 주자를 따라가는 입장이었다. 하지만 텔레비전 산업이 아날로그 전송 방식에서 디지털 전송 방식으로 변화하면서, 삼성전자는 그 시장 변화에 맞춰 경쟁사들은 보유하지 못한 삼성전자만의 반도체 디지털 기술 역량으로 텔레비전 제품을 차별화했다. 시장의 변곡점을 기회로 변화를 주도하고, 후발 주자에서 선두 주자로 탈바꿈했던 것이다.

삼성의 5대 신수종 사업으로 발표된 태양광, 자동차 배터리, LED, 의료기기, 바이오 제약 분야에는 이미 그 시장을 만들고, 성장시키고, 혁신을 주도하는 선두 기업들이 있었다. 하지만 삼성은 그들이 갖고 있지 않은 삼성만의 차별화 역량을 각 분야에서 정의해냈고, 그 차별화 역량을 제대로 활용할 시장의 변곡점을 전망하고 분석해 과감하게 투자를 결정했다.

신사업의 성공 여부는 얼마나 치밀하게 시장 변화를 포착했는지, 또 얼마나 집요하게 잠재 역량을 발굴하고 검증했는지에 달려 있다. 이때 주로 쓰이는 방법론이 '시나리오 기법'이다. 삼성이 성공할 수 있는 가장 이상적인 상황을 시장 변곡점을 포함시킨 단계별 시나리오로 도출한다. 그리고 단계별로 그 이상적인 상황을 위협하는 요인을 기술하고, 단계별 위협 요인을 해결하는 솔루션을 발굴하여 다양한 문제 해결 시나리오들을 파생한다. 다음 단계로 넘어가는 평가 지표를 만들어서 각각의 단계를 평가한다.

이렇게 되면 시나리오는 목표를 향해 다가가는 여러 가지 길을 보여주는 지도가 되고, 단계별 평가 지표는 갈림길에서 그 길을 갈지 말지, 가야 한다면 어떤 길로 가야 하는지 선택하는 기준이 된다. 이런 기준이 있으면 시나리오 실행의 순간마다 길을 잃지 않고 의사결정을 할 수 있다.

모바일 결제 신사업 기획을 하면서, 우리는 적정 수준의 규모를 갖춘 해당 산업 분야에서 이미 시장을 선도하고 있던 비자, 마스터카드, 아멕스 같은 기업의 사업 모델과 환경을 분석했다. 그들의 성공 역사를 훑었고, 그 역사 속에서 그들이 쌓아온 사업 역량을 정의했고, 그 역량을 극대화시킨 시장 환경을 분석했다. 그리고 그 선두 기업이 가진 자산을 삼성 내부의 자산과 비교하며 보유 역량과 필요 역량을 구분했다. 우리는 모바일 결제라는 새로운 시장의 변곡점에 주목하여, 그 변곡점에서 차별화 역량으로 전환될 수 있는 잠재 역량을 정의했다. 이상적인 시나리오를 도출했으며, 그 시나리오의 실현을 방해하는 위협과 그에 관한 솔루션을 동시에 보여주는 파생 시나리오들을 만들어나갔다.

　　모바일 결제 신사업 기획은 비록 당시에는 의도한 대로 추진되지 않았지만, 이후 삼성전자에서 새로운 서비스나 사업을 기획할 때를 위한 훈련이 되었다.

3

전자지갑 속
모바일 결제,
삼성월렛

2013년 5월, 삼성전자의 전자지갑 서비스인 삼성
월렛이 출시되었다. 삼성월렛은 단 두 단계의 휴
대폰 인증으로 이루어지는, 이제껏 누구도 제공하
지 못했던 가장 편리한 간편결제 서비스를 무기로
내세웠다. 하지만 시장은 험난했다. 다양한 이동
통신사와 카드사 전자지갑과의 경쟁 속에서 삼성
월렛은 온라인 간편결제라는 자기 영역을 구축하
기 위해 발버둥쳤다. 강력한 한 방이 필요했다.

⑦ 모바일 결제 시장이 도래하다

2012년 주요 모바일 사업자들은 금방이라도 모바일 결제 시장이 도래할 것처럼 빠르게 움직였다. 구글이 2011년 5월 구글월렛Google Wallet 서비스를 출시하고, 2011년 말 미국의 주요 대형 체인점에 구글월렛으로 결제할 수 있는 NFC 단말기를 설치한다고 발표하면서 2012년에는 드디어 안드로이드 스마트폰의 NFC 기능을 통해 모바일 결제를 실현할 수 있을 것이라는 기대감이 충만했다.

미국의 3대 통신사업자 버라이즌Verizon, 티모바일T-mobile, 에이티엔티AT&T는 2010년 11월 모바일 결제 서비스를 위해 합작사인 ISIS를 설립했다. 그들은 2011년에 시범 사업을 끝내고, 2012년에는 ISIS 월렛으로 본격적인 사업을 시작하겠다고 의사를 표명했다. 스마트폰 이어폰 잭에 카드 리더기 액세서리를 꽂아서 스마트폰이 결제 단말기 역할을 하도록 만든 미국의 스퀘어Square사는 2009년 창업 후 성장을 거듭하여 2012년에는 결제 규모가 60억 달러에 달했다. 스타벅스는 자사 앱에 선불카드 결제 시스템을 도입하고, 스타벅스 단일 매장에서 사용하는 선불카드 기반의 모바일 결제 금액과 횟수가 모바일 결제의 최고 성공 사례임을 홍보했다. 애플은 결제 기능은 없었지만, 쿠폰, 비행기 티켓, 영화 티켓, 멤버십 카드 등을 디지털 형태로 스마트폰에 담는 '패스북Passbook' 서비스를 2012년 9월 시작했다.

최고의 안드로이드 스마트폰 제조업체인 삼성전자도 뭔가 하지 않으면 안 되는 분위기가 되었다. 2012년 10월, 무선사업부 상품전략팀장으로서 삼성전자 내 모바일 결제 서비스를 주도하고 있던 홍원표 부사장이 삼성전자의 디지털 콘텐츠와 솔루션 서비스를 관할하는 MSCMobile Solution Center 센터장으로 발령이 났다.

MSC는 삼성전자가 하드웨어 제조만으로는 다가오는 모바일 산업의 미래에 대처할 수 없다는 절박감을 갖고 소프트웨어 경쟁력 강화를 위해 2008년 6월 DSCDigital Solution Center를 모바일 솔루션 중심으로 개편한 조직이다. IBM 왓슨 연구소장을 역임한 이호수 부사장을 초대 센터장으로 영입하여 게임, 음악, 동영상, 앱스토어, 챗온, 바다OS 등의 삼성전자 콘텐츠/솔루션 서비스를 갤럭시폰을 통해 고객에게 제공했다. 센터장의 교체가 모바일 결제 때문만은 아니었겠지만, 당시 삼성전자의 콘텐츠/솔루션 서비스 안에 모바일 결제 서비스를 포함시킬 때가 도래했음을 부인할 수는 없다.

무선사업부 상품전략팀장이 MSC 센터장으로 옮기면서 무선사업부에서 진행되던 모바일 결제 서비스 과제가 MSC로 이관되었다. 인에이블링 그룹에서 모바일 결제 서비스를 담당하는 인력이 과제 수행을 위해 MSC로 전배를 가게 되었고, 나도 거기에 포함되었다.

MSC에는 '광고 서비스 그룹'이 있었다. 삼성전자가 판매하는 기기 중에 화면이 달려 있고, 통신이 되는 제품(휴대폰, TV, 냉장고, 태블릿, PC 등)을 연결하여 맞춤형 광고 콘텐츠를 제공하고자 하는 그룹이었다. 그 그룹 옆에 '모바일 결제 서비스 그룹'을 만들어 관련 인력을 재배치시키고, 광고와 결제를 관통하는 'e-Commerce(이커머스)팀'을 만들었다. e-Commerce팀을 책임지는 박동욱 전무는 중앙일보에서 인터넷 초창기에 온라인 쇼핑몰 플랫폼을 만들어보았기에 광고와 결제 전반에 관한 기본적인 이해가 있었다.

MSC의 모바일 결제는 두 개의 과제로 구성되었다. 애플의 패스북에 대응하는 삼성 패스북을 만드는 것, 그리고 통신사 유심칩 기반의 모바일 카드 발급/결제에 대응하는 휴대폰 제조사 eSE° 기반의 모바일 카드 발급/결제 서비스를 만드는 것이었다. 그리고 이 두 방향의 모바일 결제 서비스를 하나의 콘텐츠 서비스로 고객에게 제공하기 위해 '삼성월렛Samsung Wallet'이라는 전자지갑 앱을 만들기로 했다.

° embedded Secure Element, 내장형스마트칩. 스마트폰에 별도로 넣은 스마트칩으로 스마트폰 제조사가 관리한다.

모바일 카드 발급, 트로이의 목마

2010년 카드사들에게는 한 가지 고민이 있었다. 휴대폰에 카드 정보를 발급하려면 그 정보를 휴대폰에서 가장 안전한 데이터 저장소인 스마트칩에 발급해야 했는데, 당시 휴대폰의 스마트칩은 이동통신사업자가 관리하는 유심칩뿐이었기 때문이다. 카드사들은 모바일 카드 서비스는 하고 싶었지만 그 모바일 카드를 유심칩에 발급하고 싶지는 않았다. 유심칩이 트로이의 목마와 같은 위협이 될 수 있기 때문이었다.

당시에는 이동통신사업자(이통사)가 카드사와 함께 시장을 만들어가는 차원에서 유심칩을 카드사에 개방하고, 유심칩에서 모바일 카드를 받는 데 필요한 시스템도 자신들이 직접 투자해서 구축했다. 하지만 모바일 카드 서비스가 활성화되면 상황이 바뀔 것이 뻔히 보였다. 고객들의 모바일 카드 발급 요구가 거부할 수 없을 정도로 커지면, 카드사가 유심칩에 카드를 발급하거나 사용할 때마다 이통사가 카드사에게 유심칩 사용에 대한 대가를 요구할 수도 있었다. 그러면 카드사는 속수무책으로 받아들일 수밖에 없을 것이었다.

이것은 단지 기우가 아니었다. 카드사들은 이미 후불교통카드 사례를 통해 손해를 보면서도 서비스를 유지하는 아픔을 경험하고 있었다. 2002년부터 카드사들은 카드 플레이트에 후불교통카드 기능을 넣어서 고객의 편의를 개선했다. 거기까지는 참 좋았다. 그런데 고객들이 후불교통카드가 들어가지 않은 신용카드는 들고 다니지 않을 정도가 되면서부터 교통카드 사용 대가로 제공하는 수수료 협상의 주도권이 카드사에서 교통카드 사업자에게로 넘어가고 말았다. 특정 카드사에서 후불교통카드 기능이 빠지면 교통카드 기능이 있는 다른 카드사에게 고객을 뺏길 수도 있었기에, 카드사들은 교통카드 사업자에게 매년 증가하는 사용료를 울며 겨자 먹기로 지불해야 했다. 모바일 카드에서도 같은 실수를 반복할 수는 없었다.

하지만 입장을 바꾸어 이동사 입장에서 보면 모바일 카드 서비스는 통신 서비스로만 수익을 내는 이동사에게 또 다른 수익원을 확보할 기회였다. 대한민국에서 휴대폰을 사용하는 5천만 명 중 카드를 사용하는 경제 인구 2천만 명에게 매달 990원씩 모바일 카드 사용료를 받는다면 이동사는 연 2천억 원의 추가 순수익을 얻을 수 있다. 금융 생태계에서 그 정도의 입지를 가질 수도 있는데 통신과 금융의 융합 사업을 멈출 필요가 있을까? 시작은 카드 발급이겠지만, 카드 상품을 직접 만들 수도 있고, 통신 서비스를 하면서 축적된 거시적인 트렌드 데이터를 기반으로 다양한 보험 상품과 투자 상품을 만들 수도 있다.

실제로 SK텔레콤은 2009년 하나카드에 지분을 투자하여 하나SK카드라는 합작사를 만들었고, KT도 2011년 BC카드를 자회사로 인수하여 모바일 카드 사업에 발을 들였다. 미국 3대 통신사업자가 합작사를 설립하고 전자지갑 사업을 한 것도 길게 보면 금융 시장 진출을 시도한 것인지도 모른다.

상황이 이렇게까지 되자, 모바일 카드를 안전하게 발급받고 보관할 수 있는 칩으로 유심칩 대신 eSE도 주목받기 시작했다. 어떤 면에서는 이동사뿐 아니라, 스마트폰 제조사에게도 모바일 결제로 촉발된 통신–금융 융복합 시장에 진입할 기회가 생긴 것이다. 가장 먼저 움직인 기업은 구글이었다. 2012년 구글은 자체 제작한 넥서스Nexus폰에 eSE를 집어넣고, FDC°를 금융 시스템 파트너로 하여 씨티은행의 모바일 카드를 eSE에 발급했다. 그리고 고객에게는 '구글월렛'이라는 앱을 통해 결제 서비스를 제공했다. 애플의 애플페이 서비스도 eSE를 기반으로 하고 있다. 삼성전자는 eSE 임대업으로 시장을 두드리

° First Data Corporation, 미국 최대 매입 대행 업체. 2019년 파이서브Fiserv사에 인수 합병되었다. 한국 지사인 FDC코리아도 VAN사로 등록하여 활동하다가, 파이서브 코리아로 이름을 바꾸고 활동 중이다.

다가, 스마트칩 없이 소프트웨어 방식으로 안전한 저장소를 만들어 결제 서비스를 제공하는 삼성페이로 전략을 바꾼다.

모바일 결제 서비스 시장이 도래하면서 이통사와 제조사는 자신이 관리하는 스마트칩에 모바일 카드를 발급받기 위해 카드사와 제휴하거나 지분을 인수하는 등 시장 진입에 안간힘을 쓰고 있었고, 카드사는 어느 스마트칩에 어떤 조건으로 모바일 카드를 발급해야 미래에도 카드사의 주도권을 뺏기지 않을지 고민하고 있었다.

그러나 카드사에게 가장 좋은 해결책은 스마트칩에 모바일 카드를 발급하는 방식을 처음부터 쓰지 않는 것이다. 그리고 한국의 카드사는 결국 트로이의 목마를 제거하며 모바일 결제 서비스를 구현하는 데 성공했다. 앱카드를 만든 것이다.

⑧ 전자지갑 춘추전국시대

이동통신사, 멤버십을 담다

삼성월렛 출시를 준비하던 2013년을 전후하여 한국은 통신사와 금융사, 그리고 유통사에서 '전자지갑'이 경쟁적으로 쏟아져 나오던 시기였다. 아마도 미국에서 시작된 구글월렛과 애플의 패스북으로 인해 모바일 결제 플랫폼이 '전자지갑' 형태로 대세를 이룰 것 같은 분위기가 만들어졌기 때문이라고 생각된다.

고객들에게 가장 먼저 존재감을 알린 전자지갑은 이동통신사업자(이통사)의 전자지갑으로, SK텔레콤이 출시한 'T 스마트월렛'이 그 주인공이었다. SK텔레콤은 당시 사람들이 많이 가지고 다니던 플라스틱 멤버십 카드를 바코드 형태의 디지털 포맷으로 전환하여 스마트폰에 담을 수 있는 'T 스마트월렛' 앱을 2010년 6월 세상에 선보였

56

다. 대부분 고객은 대형 매장에 멤버십을 등록하고 물건 구매의 대가로 로열티 포인트를 받기를 원했지만, 멤버십 카드로 지갑이 하염없이 두꺼워지고 무거워지는 것은 원하지 않았다. 그런 상황에서 지갑을 가볍고 얇게 하면서도 거의 무제한의 멤버십 카드를 등록할 수 있는 스마트월렛이 나오자 열광할 수밖에 없었다.

2013년 SK텔레콤의 T 스마트월렛은 1천만 명의 가입자를 확보했다. T 스마트월렛 덕분에 대형 체인점들은 플라스틱 카드의 발급 비용을 줄이면서도 거의 모든 희망 고객에게 멤버십 카드를 간단하게 발급할 수 있었고, 멤버십 서비스를 엄두조차 내지 못하던 중형 체인점도 T 스마트월렛 플랫폼을 활용해 해당 서비스를 출시할 수 있었다. 2014년 T 스마트월렛은 생활에 달콤함을 더한다는 의미로 브랜드명을 '시럽월렛'으로 바꾸고, 사업에 더욱 박차를 가했다.

SK텔레콤의 성공 사례에 힘입어 KT는 '올레마이월렛', U+는 '스마트월렛'을 출시했다. 특히 KT는 2012년 말 금융사, 유통사, 통신사, 솔루션 업체를 망라하는 60여 개의 업체가 참여하는 모카MoCa, Mobile Card 얼라이언스를 출범시키며 올레마이월렛을 멤버십뿐 아니라 신용카드, 체크카드, 은행 계좌, 상품권, 쿠폰까지 담을 수 있는 '모카월렛'으로 확대했다.

이통사는 카드사 인수 및 합작사 설립을 통해 유심칩에 모바일 카드를 발급받아 NFC로 결제하는 모바일 결제 서비스를 지속적으로 추진했다. 그러면서도 고객이 매장을 방문했을 때 스마트폰에서 가장 먼저 구동하는 앱을 만들고, 사용자 경험을 장악하기 위해 멤버십 중심의 전자지갑 앱을 개발하여 확산했다.

카드사, 앱카드를 담다

이런 이통사들의 전자지갑 서비스에 대응하여 카드사들도 전자지갑 서비스를 출시하기 시작했다. 하지만 카드사들의 전자지갑은 이통사들과 같은 '멤버십 카드 담기'에 초점을 맞추지 않았다. 카드사들의 초점은 유심칩 기반으로 추진되는 모바일 카드 발급/결제에 대응하는 것이었다.

SK텔레콤은 하나카드에 지분을 투자한 하나SK카드라는 합작사를 만들고, KT도 BC카드를 자회사로 인수하여 유심칩 기반의 NFC 카드˚를 보급하려고 했다. 하지만 대당 15만 원이 넘는 비싼 가격의 매장용 NFC 결제 단말기는 제대로 보급되지 않았고, 자연히 모바일 카드를 발급하는 고객도 늘지 않았다. 닭이 먼저냐, 달걀이 먼저냐 하는 갑갑한 상황이 계속되자, 하나SK카드와 BC카드는 고객을 늘리기로 결단을 내린다. 상점 주인을 직접 공략하기보다 모바일 카드 사용자를 확대하여 상점 주인들이 NFC 결제 단말기를 설치하게끔 유도하기로 한 것이다. 이 전략은 지금 애플페이가 쓰는 전략과 유사하다.

두 회사는 2012년에서 2013년에 걸쳐 모바일 카드 발급 및 사용 혜택 프로모션에 대규모 비용을 투자하며 모바일 카드 회원을 모집했다. 그 결과 약 100~150만 명의 고객이 모바일 카드를 발급받았다.

˚ 유심칩에 저장된 카드 정보를 NFC 통신으로 매장용 결제 단말기에 전달하기 때문에 모바일 카드를 NFC 카드라고도 한다.

단일 카드 상품으로는 폭발적인 숫자였지만, 카드 사용자가 2천만 명이 넘는 한국의 시장 상황에서 그 정도 고객 규모는 매장 주인이 자발적으로 NFC 결제 단말기를 설치할 정도의 영향력을 만들어내기에는 역부족이었다.

그럼에도 이통사 계열 카드사의 대규모 모바일 카드 발급 프로모션은 비非이통사 계열 카드사를 자극하기에는 충분했다. 이대로 가만 있어서는 안 되겠다고 생각한 비이통사 계열 카드사들은 카드 시장의 주도권을 지키기 위한 자구책을 모색했다. 유심칩 기반의 모바일 카드 발급이 어느 순간 일반화된다면, 카드를 발급할 때마다 유심칩의 관리자인 이통사에게 카드 발급 수수료 내지는 카드 사용 수수료를 지급해야 하는 상황이 발생할 수도 있었다. 카드사 입장에서는 사전에 조치를 취해야만 하는 나름 시급한 상황이었다.

유심칩은 이통사가 관리하고, eSE는 제조사가 관리하는 상황에서 카드사가 휴대폰 내부에 카드를 발급할 수 있는 스마트 보안칩은 SD메모리카드뿐이었다. 그런데 SD메모리카드 방식은 모바일 카드 발급을 위해 고객이 카드사 지점을 방문해야 했기에 불편하고 비효율적인 데다, 카드사가 감당해야 할 비용이 너무 컸다. SD메모리카드의 가격은 유심칩이나 eSE에 비해 20배 이상 비쌌기 때문이다.

결국 휴대폰 내부에 카드사가 주도권을 잡을 수 있는 스마트 보안칩이 없다는 사실이 분명해지자, 카드사들은 휴대폰 내부에 카드를 발급하고 저장하는 모바일 카드 발급/결제 방식을 과감히 포기했다. 대신 카드 정보는 휴대폰 밖에 저장하되, 카드 식별 정보를 스마트폰 앱에 전달해서 결제하는 '앱' 방식으로 모바일 카드 서비스를 만들기로 했다.

통신사 계열 카드사를 제외한 신한, 삼성, KB국민, 현대, NH농협, 롯데 등 6개사는 '앱카드 협의체'를 만들고, 새로운 모바일 결제 규격인 '앱카드'를 공동으로 제정했다. 고객이 휴대폰 앱을 통해 카드사 서버에 카드 번호를 등록시키고, 결제 시점에 앱에서 본인 인증을 하여 발급받은 일회용 카드 번호OTC, One Time Card로 결제하는 방식이었다. 이는 기존의 카드 발급 프로세스를 전혀 바꾸지 않고도 안전하게 휴대폰으로 모바일 결제를 할 수 있도록 만든 것으로, 경쟁 구도를 카드사들에게 유리하게 바꿔놓은 아주 현명한 행보였다.

카드사들이 출시하는 전자지갑은 이 앱카드를 담는 전자지갑이었다. 앱카드 앱을 열고 본인이 설정한 PIN 번호로 본인 인증을 하면 OTC가 카드사 서버로부터 고객의 앱으로 발행된다. 앱으로 발행된 OTC는 바코드, QR코드, NFC신호 세 가지 형태로 노출된다. 매장에 바코드 스캐너, QR코드 스캐너, NFC 수신기 세 개 중에 하나만 있으면 스마트폰으로 신용카드 결제가 가능하다. 이 앱카드는 향후에 한국 삼성페이의 모바일 카드 결제 규격이 되어 한국 모바일 결제 확산의 핵심 인프라가 되었다. 2013년 4월 신한카드의 스마트월렛을 필두로, KB국민카드, 삼성카드, 롯데카드가 연달아서 앱카드를 담는 전자지갑을 출시했다.

유통업체, 매장 고객 편의에 집중하다

대형 유통업체인 신세계에서는 신세계 상품권을 바코드로 노출하여 신세계 매장 안에서 사용하면서 쿠폰, 멤버십 포인트 등 다양한 상거래 혜택을 담아서 함께 결제할 수 있는 '신세계 전자지갑'을 출시했다. 신세계 전자지갑은 신세계 매장에 한해서는 확실한 혜택을 제공했기 때문에 꾸준히 사용되었다. 이후 SSG페이와 통합하여 신세계 내의 대표 결제 수단으로 지금도 사용되고 있다.

휴대폰 소액결제 사업자인 KG모빌리언스와 다날에서도 휴대폰 소액결제 신호를 바코드로 표시하는 전자지갑을 출시했지만 사용처가 제한되어 그다지 성과를 거두지 못했다. 그때나 지금이나, 사용에 한계가 있는 결제는 웬만한 혜택이 지속적으로 주어지지 않는 한 고객들이 계속해서 관심을 갖고 사용하기가 어렵다.

모바일 카드의 한계와 앱카드의 도래

앱카드 이전 대세였던, 스마트칩에 모바일 카드를 발급하는 방식은 사실 대단히 복잡하고 어려운 일이었다. 이전에 없던 새로운 위험을 감수하는 일이기도 했다.

휴대폰에 카드를 넣는다는 것은 발급 은행과 고객 사이에 이동통신사업자와 휴대폰 제조사가 들어온다는 의미다. 플라스틱 카드를 발급할 때는 고려할 필요가 없는 여러 가지 것들이 고려되어야 한다. 이통사 통신망 관리 시스템의 보안성을 충분히 검증해야 하고, 만약 사고가 터졌을 때 통신망으로 인한 책임 소재가 어디까지인지 책임 범위를 설정해야 한다. 휴대폰의 보안성도 강화되어야 한다. 스마트폰의 소프트웨어도 사고 발생시 책임으로부터 자유로울 수 없으니 그 개발 과정 역시 카드 보안성 인증의 대상이다. 스마트폰 운영 시스템 또한 해킹의 여지가 있으니 운영 시스템을 제공하는 구글과 애플의 보안성도 강화해야 한다. 이렇게 참여자가 늘어난 만큼 카드 번호 해킹과 유출 가능성이 늘어나고, 사고 발생시 책임 소재는 불분명해져서 관리의 난도가 점점 높아진다.

이에 비하면 카드 플레이트 방식은 아주 간단하고 안전하다. 카드 번호가 플레이트에 찍히는 순간, 발급 은행이 관리에 대한 모든 책임을 진다. 그리고 발급 은행이 플레이트를 무사히 고객에게 전달한 순간, 카드 번호의 유출과 분실에 대한 책임은 고객으로 넘어간다. 발급 은행이 고객이 인정할 수 있는 방법으로 카드를 잘 전달하면, 발급 은행은 고객의 카드 분실 외에는 더 이상 카드 번호 유출을 걱정할 필요가 없다.

그런데 모바일 카드 발급의 보안성은 카드 번호를 발행할 때뿐만 아니라, 각각의 단계를 거치면서 계속 점검되어야 한다. 고객의 휴대폰에서 카드 번호를 발급하려면 먼저 고객의 손에 개통이 완료된 휴대폰이 있어야 하며, 카드 번호가 OTA Over The Air(공중 전파를 통해 시스템이 업데이트되는 방식)로 휴대폰에 심겨야 발급이 완료된다. 플라스틱 카드와는 달리, 모바일 카드는 카드 번호가 공중으로 날아다니기 때문에 공중에서 번호를 갈취당할 위험이 있다.

카드 결제 시스템 유지에 있어 가장 중요한 것은 '안전한 결제'를 보장하는 것이다. 카드 결제와 관련된 모든 기술과 정책은 오직 이 한 가지를 위해 존재한다고 해도 과언이 아니다. 결제 처리가 조금 늦거나, 카드 사용이 조금 불편해도 카드 자체를 폐기하지는 않는다. 하지만 안전하지 않은 카드는 즉시 폐기된다. 카드 결제 시스템이 안전하지 않아서 지불하지 않아도 될 돈이 지불되거나 지불해야 할 돈이 지불되지 않으면 그 시스템은 신뢰를 잃고, 그런 사건이 반복되면 결제 시스템은 붕괴된다. 그래서 카드 결제 프로세스나 결제 구조를 개선하려는 그 어떤 혁신도 혁신 이전과 동일한 수준의 안전성을 보장하지 못하면 실제로 구현되기 어렵다. 이런 맥락에서 휴대폰 스마트칩에 카드를 발급하는 방식은 플라스틱 플레이트에 기반하여 카드 결제 서비스를 제공하는 기존 생태계 구성원들로부터 적지 않은 공격을 지속적으로 받아왔다.

반면 앱카드는 카드 정보가 카드사 서버에 안전하게 저장되어 있고, 결제할 때마다 일회용 카드를 받아서 꺼내 쓰는 구조이기 때문에 카드 발급의 불안전성에 대한 논란을 단숨에 잠재울 수 있었다. 앱카드 발행 이후, 스마트칩으로 카드 정보를 발급하는 모바일 결제 서비스는 서서히 설 자리를 잃게 되었다.

⑨ 대한민국에서 가장 간편한 모바일 인터넷 결제

내가 2012년 말 MSC로 전배(전환 배치)를 한 후, 2013년 3월에 모바일 결제 신사업 TF를 통해 인연을 맺었던 신사업추진단의 이신우 차장이 부장으로 진급하면서 MSC e-Commerce팀으로 전배를 오게 되었다. 이신우 부장은 관계사 간 모바일 결제 시너지 효과를 검토할 때부터 모바일 결제 서비스가 세상에 가져올 변화에 대한 꿈과 비전을 나와 공유하던 사람이었다. 우리는 함께 한국 삼성월렛 전용 모바일 인터넷 간편결제 서비스를 맡게 되었다.

모바일 인터넷 간편결제란, 삼성카드사 재직 시절에 신세계 그룹의 의뢰로 개발하고 특허까지 냈었던 휴대폰 인증 기반 결제를 업그레이드한 것이었다. 지금 대부분의 모바일 쇼핑몰에서 행해지고 있는 모바일 결제 서비스의 원형이라고 보면 된다. PC에서든 스마트폰에서든 온라인 쇼핑을 할 때만큼은 최대한 간단하게 본인 인증을 할 수

64

있도록 해서 결제 편의성을 극대화하는 서비스로, PC 화면에서 시작된 결제라도 스마트폰에서 완료할 수 있었다. 또 PC 환경에서 사용되던 기존의 간편결제 솔루션을 스마트폰 환경에서 더 간편하게 결제할 수 있도록 개선했다. 휴대폰이 본인 인증에 최적화되었다는 특성을 최대한으로 활용한 것이다.

휴대폰 인증의 특성

카드 결제를 할 때는 두 가지를 확인하여 본인임을 인증한다. 첫 번째는 본인 소유물What you have이고, 두 번째는 본인 지식What you know이다. 결제하려는 고객이 본인만이 가질 수 있는 소유물과 본인만이 알고 있는 지식을 정확하게 확인해주어 두 개의 확인 값이 모두 오류가 없으면 결제자 본인임이 인증된다. 오프라인 결제시에는 플라스틱 플레이트(소유물)와 4자리 PIN 번호 혹은 본인 서명(지식)을 확인한다. 온라인 결제시에는 16자리 카드 번호와 플라스틱 카드 뒷면의 3자리 고유 번호(소유물), 그리고 4자리 PIN 번호(지식)를 확인한다.

그런데 휴대폰이라는 요상한 물건은 전원을 켜놓고, 통화 대기 상태를 유지하기만 하면 끊임없이 본인 소유물 인증을 한다. 그 원리는 다음과 같다. 휴대폰의 위치가 바뀌면 휴대폰으로 전화를 연결해줘야 하는 기지국도 바뀐다. 우리는 모르지만, 기지국이 바뀔 때마다 휴대폰은 새로 바뀐 기지국과 붙어 있으려고 계속 뒤에서 신호를 주고받는다. 휴대폰이 한시라도 기지국과 떨어져 있으면 전화를 받을 수 없기 때문이다. 가끔 기지국 혹은 중계기와 멀리 떨어져 있는 고층 건물이나 산 위에서 휴대폰 배터리가 급속히 소모되는 경우가 있는데, 휴대폰이 가장 가까운 기지국과 안정적으로 신호를 교환할 수 있을 때까지 계속 출력을 높이기 때문이다.

이렇게 휴대폰이 끊임없이 기지국과 연결되는 과정에서 기지국은 이 휴대폰이 누구의 휴대폰인지를 계속 확인한다. 전화를 걸거나, 전화가 걸려와서 통화가 시작되면 그 사람에게 즉시 과금을 해야 하기 때문이다. 그래서 휴대폰 분실 신고가 있지 않는 한, 통화 대기 중인 휴대폰은 그 자체가 본인임을 인증해주는 소유물이다.

휴대폰이 이런 '인증 본색'을 가진 물건이기 때문에, 신용카드를 카드사 서버에 등록하면서 한 번만 휴대폰 본인 인증을 거쳐 카드 명의자와 휴대폰 명의자를 일치시켜놓으면 휴대폰을 본인 인증 소유물로 활용할 수 있다. 결제할 때마다 카드사 서버에 등록되어 있는 휴대폰으로 인증 번호를 보내서 되돌아오는 것을 확인하면 된다. 여기에 간편결제용 PIN 번호(지식)를 확인해서 플라스틱 카드 없이 간단하고 확실하게 본인 인증을 수행하는 것이다. 휴대폰같이 사전에 인증된 소유물을 이용한 확인을 '기기 기반 인증'이라고도 한다.

파트장인 이신우 부장과 나, 그리고 김경덕 사원은 한국 결제 파트로서 함께 온라인 간편결제 서비스를 한국 삼성월렛에 포함시키기 위한 작업에 착수했다. 먼저 삼성카드사에 협력 의사를 물었다. 삼성카드사는 휴대폰 인증 기반의 모바일 인터넷 간편결제를 삼성월렛에 담자는 우리의 제안을 환영했다. 그들의 입장에서는 이미 개발된 기능이고, 삼성카드사보다 훨씬 더 마케팅 파워가 있는 삼성전자에서 삼성카드 사용을 확대해주는 일이라 마다할 이유가 없었다.

삼성카드사를 레퍼런스로 삼은 덕분에 다른 카드사들도 큰 문제 없이 설득할 수 있었다. 카드사들은 안전성에 문제가 없다는 전제하에 고객의 편의성이 좋아지는 간편결제 서비스를 거부하지 않았다. 모바일 인터넷 간편결제 서비스가 특정 카드사를 밀어주는 것도 아니었고, 이 서비스를 통해 자사의 카드 사용이 보다 더 편리해지면서 활발해질 수 있었기 때문에 모두 긍정적이었다. 개발 비용과 기간이 소요되는 작업이었기에 각 카드사의 사정에 따라 적용 시기는 조금씩 차이가 있었지만, 결과적으로 모든 카드사가 한국 삼성월렛에 간편결제 서비스를 제공하기로 합의했다.

쇼핑은 PC에서, 결제는 모바일에서

삼성월렛 모바일 인터넷 간편결제는 인터넷 쇼핑의 95% 이상이 PC 화면에서 이루어지던 2012년에 기획된 서비스였다. 쇼핑을 하는 PC와 결제를 하는 스마트폰이 분리되어 있었기 때문에, PC 화면에서 쇼핑을 하다가 결제할 때는 PC 결제창에 전화번호를 넣어서 삼성월렛으로 결제 요청 신호를 보내야 했다. 그렇게 스마트폰으로 날아온 결제 요청 알림을 클릭하면 삼성월렛 앱이 열리고, PIN 번호(지식 인증)와 휴대폰 인증(소유물 인증)으로 본인임을 확인하면 삼성월렛에 등록된 카드로 결제가 되었다. 언뜻 보면 불편해 보이는 이 방식은 향후 삼성페이의 'PC to Mobile' 결제 방식으로 이어졌다.

신세계 쇼핑몰에 구현한 휴대폰 인증 기반 간편결제는 PC 화면에서 진행되는 결제창에 휴대폰으로 받은 인증 번호를 손으로 입력하여 PC화면에서 결제를 완료하는 식이었다면, 삼성월렛 모바일 인터넷 간편결제는 PC 화면에서 시작된 결제 내역을 휴대폰으로 보내서 스마트폰 앱에서 완료하는 식이었다. 어찌 보면 신세계 때보다 더 번거로워졌을 수도 있으나, 모바일에서 쇼핑과 결제가 동시에 이루어지는 시대에 대응하기 위한 첫걸음이었다.

지금 생각하면 그런 불편한 서비스를 누가 쓰겠냐 싶겠지만, 당시에는 PC 결제창에서 입력해야 할 카드 정보가 많아서 무리 없이 받아들여졌다. PC 화면에 전화번호를 넣어서 휴대폰에서 다시 결제를 진행하더라도, 카드 번호를 입력하기보다는 휴대폰 인증 방식과 간단한 PIN 번호로 등록한 카드 정보를 불러서 결제하는 것이 훨씬 편리했기 때문이다.

비록 스마트폰에서 이루어지는 쇼핑이 PC 쇼핑에 비해 비중이 낮았지만, 우리는 스마트폰 쇼핑 분야가 꾸준히 성장할 것으로 예상하고 거기에서 삼성월렛 결제가 쓰일 기회를 발굴하려고 애썼다. 인터넷 쇼핑몰 업체를 만나서 모바일 쇼핑 화면을 만들고 삼성월렛을 붙여달라고 설득했으나 정작 당시의 인터넷 쇼핑몰 업체는 PC 웹브라우저 기반의 쇼핑 화면을 스마트폰 기반으로 바꾸는 데 흥미를 느끼지 않았다. 스마트폰의 화면이 작아서 노출할 수 있는 제품이 한정되는 것도 문제였지만, 무엇보다 노력에 비해 매출 효과가 적었기 때문이다. 스마트폰은 PC에 비해서 해상도와 화면 크기 등이 제각각이어서 잔손질이 많이 갔는데, 당시에는 스마트폰 사용자가 스마트폰에서 인터넷 쇼핑을 하는 경우가 드물어서 스마트폰에 맞게 쇼핑 화면을 최적화하는 작업은 투여 인력 대비 효과가 낮은 잡일 취급을 받았다.

인터넷 쇼핑 업체의 무관심에도 간간히 결제가 이루어졌고, 스마트폰에서 시작해서 스마트폰에서 끝나는 간편한 삼성월렛 결제 경험에 고객들은 상당히 만족했다. 스마트폰으로 검색과 결제를 같이 하는 것은 이전에 경험해보지 못한 편리함이었다. 화면 크기가 작아 제품의 가격 비교가 어렵다는 비판과 스마트폰에서 구매할 수 있는 제품이 별로 없다는 단점에도 불구하고, 한번 이 편리함을 경험한 고객들은 간단하게 제품을 구매하는 쇼핑 창구로 스마트폰을 선호하기 시작했다.

우리는 모바일 기기에서 쇼핑과 결제가 원스톱으로 통합되는 과정을 설계하면서, 온라인 상품 검색 기능과 가격 비교 기능이 계속 발전하면 PC 화면의 인터넷 쇼핑보다 스마트폰 화면의 인터넷 쇼핑이 더 발전할 수도 있겠다고 생각했다. 지금 돌이켜보면 너무도 당연한 얘기라 격세지감이 느껴진다.°

모바일에서의 삼성월렛 결제는 단 두 단계로 이루어졌다. 모바일 쇼핑 결제 수단 리스트에서 삼성월렛을 결제 방식으로 선택한 뒤 PIN 번호를 입력하고, 확인 버튼을 누르면 결제가 완료되는 식이었다. 나중에는 그 확인 버튼도 일정 시간이 지나면 자동 클릭되도록 설정할

° 한국온라인쇼핑협회에 따르면, 2012년 전체 인터넷 쇼핑 거래액 36조 원 중에 2조 원(6%)을 차지하던 스마트폰 인터넷 쇼핑은 2016년 전체 66조 원 중 36조 원(55%)을 차지하면서 PC 인터넷 쇼핑을 넘어섰다. 또한 통계청에 따르면 2019년 인터넷 쇼핑 규모는 135조 원으로 성장했으며, 이 중 스마트폰 인터넷 쇼핑은 87조 원(64%)에 달했다.

수 있게 해서 고객이 아마존 원클릭 결제만큼의 편의성을 느끼도록 했다. 대한민국의 법 제도 안에서 가장 편리한 결제를 고객에게 제공한 것이다.

삼성월렛 간편 인증 원리 :
이름, 주민등록번호, 전화번호의 반복 입력을 없애다

삼성월렛을 사용하기 위해서는 1회의 삼성 계정 로그인이 필요했다. 또 그 로그인 정보를 등록하는 과정에서 본인 인증도 1회 해야 했다. 고객 입장에서는 다소 불편한 절차였지만, 우리는 그 1회의 본인 인증을 활용해 결과적으로는 더 큰 편의성을 만들어냈다. 본인 인증 결과값을 지속적으로 활용하는 방안을 고안해 매번 이름, 주민등록번호와 휴대폰 번호를 반복 입력해야 하는 불편을 없앤 것이다.

먼저 삼성계정 본인 인증 과정에서 본인 인증을 진행한 스마트폰의 일련번호와 삼성월렛 앱별 고유 ID를 조합하여 특이값을 만들어 삼성월렛 서버에 저장한다. 이 특이값은 당연히 개인 정보 활용 동의를 받아서 생성하고, 안전하게 보관·관리된다. 이 특이값 자체로는 개인을 식별할 수 없지만, 시스템 내에 있는 개인 식별값과 연결시켜 개인 정보로 활용할 수 있었다.

일단 특이값이 등록되면, 고객의 결제 시점에 삼성월렛 앱이 구동되면서 스마트폰에서 돌아가는 삼성월렛 앱의 고유 ID와 스마트폰에 내재된 일련번호를 조합하여 삼성월렛 서버에 등록된 특이값과 대조한다. 특이값이 같으면 삼성월렛은 카드사에 카드 고객이 사용하는 월렛 앱과 기기 정보에 변동이 없다는 신호를 보낸다. 그러면 카드사는 자신들의 서버에 저장된 고객의 휴대폰

번호로 인증 번호를 보낸다. 고객은 주민등록번호나 휴대폰 번호 같은 별도
의 개인정보 입력 없이 카드사가 보낸 인증 번호를 받게 되는 것이다. 확인 버
튼을 한 번 눌러서 인증 번호를 카드사로 되돌려보내면, 본인 인증은 PIN 입력
(지식 확인)과 확인 버튼 클릭(소유물 확인), 이 두 단계만으로 끝난다.

비록 카드사별로 시차는 있었지만 우리는 모바일 인터넷 간편결제
를 삼성월렛 서비스의 세 번째 구성 요소로 추가했다. 삼성월렛과의
협업에 카드사들이 긍정적이었고, 무엇보다 고객에게 편리한 결제 경
험을 제공한다는 서비스 기획이 받아들여진 덕이다. 비록 한국 시장,
그것도 인터넷 쇼핑에 국한되었지만, 삼성월렛에서 모바일 간편결제
를 제공하게 된 일은 큰 의미가 있었다. 이 모바일 결제는 향후 삼성
페이로까지 연결된다.

이로써 MSC로의 모바일 결제 과제 이관 후 본격적으로 준비한 삼
성월렛은 ① 쿠폰과 티켓을 담는 비非결제 서비스 ② EMV 규격을 채
택한 eSE 기반의 NFC 결제 서비스 ③ 휴대폰 인증 기반 모바일 인터
넷 간편결제 서비스로 세 가지 기능 구성을 마치고, 파트너 발굴과 개
발을 시작하여 2013년 5월 갤럭시 S4가 출시되는 시점에 맞춰 세상
에 첫선을 보였다.

시스템은 안전하게, 인증은 간편하게

카드 결제에 있어서 가장 중요한 것은 안전성이다. 보안이 뚫리면 카드 산업의 근간이 흔들린다. 그러다 보니 보안 강화를 위해서 고객의 편의성은 자주 무시된다. 지금은 많이 간소해졌지만, 예전에 PC에서 은행 업무를 보려고 은행 웹사이트에 접속하면 액티브엑스나 바이러스 백신 같은 보안 프로그램을 줄줄이 설치해야 했다. 중간에 설치가 중단되어 처음부터 전부 재설치하는 경우에는 아무리 보안을 위한다고 해도 고객의 시간을 이렇게 잡아먹어도 되는지 화가 날 정도였다. 그렇다면 과연 결제의 보안성 강화와 편의성 증대는 병행할 수 없을까? 당연히 병행할 수 있다. 우리는 그것을 휴대폰 인증을 통해 보여주었다.

결제의 안전성에는 두 가지 측면이 있다. 첫 번째 측면은 카드 시스템의 보안성이다. 카드 번호가 해킹되거나, 실수로라도 유출되는 상황이 없어야 한다. 두 번째 측면은 본인 인증의 무오류성이다. 카드를 사용하는 사람이 카드 주인이 맞는지 제대로 확인이 되어야 한다.

시스템의 보안성은 아무리 비용이 크게 들고, 고객에게 불편을 주더라도 확실히 지켜져야 한다. 하지만 본인 인증의 무오류성은 어떻게 프로세스를 설정하느냐에 따라 고객의 편의성을 확대할 여지가 존재한다. PC에서 은행 웹사이트에 접속했을 때, 해킹 방지를 위한 보안 프로그램 설치는 타협할 수 없는 부분이지만, 은행 사이트에 로그인하는 방법은 아이디어를 모으면 간단해질 수 있다. 최근 금융권에서 공인 인증서 로그인 방식이 다양한 간편 로그인 방식으로 바뀌고 있는 것이 그런 사실을 반영한 사례다.

신세계에서 시작되어 삼성월렛에서 업그레이드된 휴대폰 인증 기반 모바일 인터넷 간편결제는, 당시에 아무도 시도하지 않던 휴대폰 본인 인증의 편의성을 벽돌을 쌓듯이 하나 하나 검증하며 결제 서비스에 적용한 것이다. 지금은 핀테크 활성화 분위기 속에서 고객 편의주의가 당연시되고 있지만, 2010년 한국 금융 당국의 카드 관리 정책 기조는 고객 편의보다는 사건/사고 방지가 우선이었다. 당연히 정부의 보안성 심의는 세세한 부분까지 철저히 따져야 했고, 새로운 방식일 경우 책임 소재가 명확해야 승인을 받을 수 있었다. 그렇게 철저하고, 꼼꼼하게 보안성을 검토하는 분위기에서 삼성은 매 단계마다 정책 담당자에게 보안 원리를 설명하고, 그 철저함을 검증받으며 휴대폰 인증을 또 하나의 결제 인증 방식으로 인정받았다.

애플페이는 지문을 결제 인증에 적용함으로써 오직 본인만이 소유하고 있는 생체 정보를 활용하여 얼마든지 간편하게 결제 서비스를 제공할 수 있다는 사실을 보여줬다. 삼성월렛의 사례는 휴대폰의 인증 기능을 활용해 결제 안전성과 편의성을 동시에 개선했다는 측면에서는 애플의 지문 인증에 버금가는 혁신이었고, 당시의 보수적 기조를 넘어서서 고객 친화적인 간편결제 서비스를 제공했다는 측면에서는 애플보다 2년 앞선 도전이었다.

⑩ 삼성월렛이
출시되다

포인트 멤버십 카드를 담은 이동통신사의 전자지갑, 앱카드를 보여주는 카드사의 전자지갑, 자신들의 매장에서 결제를 편하게 해주는 유통사의 전자지갑이 우후죽순으로 출시되어 자신들만의 장점을 기반으로 시장에 자리를 잡고, 호시탐탐 모바일 결제 영역의 주도권을 확보하기 위해 서로 대치하는 전자지갑 춘추전국시대가 열렸다. 이런 상황에서 삼성전자는 2013년 5월 삼성월렛을 출시했다.

삼성월렛 출시에 대한 초기 시장 반응은 우려투성이였다. 쿠폰과 멤버십을 담는 기능은 이동통신사 전자지갑에 기선을 뺏겼고, eSE 기반의 NFC 결제 서비스는 유심칩 기반의 NFC 결제 서비스와 다를 바가 없다며 기대가 없었다. 그나마 휴대폰 인증 기반 간편결제 서비스는 경쟁력이 있었으나 당시에는 소규모인 온라인 시장에 국한되어 큰 반향이 없었다.

하지만 다행히도 콘텐츠/솔루션 서비스 비즈니스는 출시하면 변경이 어려운 하드웨어 비즈니스와는 달리, 출시 후에도 빠르게 고객의 필요와 요구를 반영하여 품질을 개선하면서 얼마든지 성장의 순간을 만들어낼 수 있었다. 하드웨어 판매 비즈니스가 인형을 만드는 일 같다면, 콘텐츠 비즈니스는 아이를 키우는 일에 더 가깝다고 할 수 있다. 인형은 팔기 전에 잘 만드는 것이 중요하다. 잘 만들어 고객에게 전달되면 책임을 다한 것이고, 반품이 되거나 A/S를 받으러 돌아오면 책임을 다하지 못한 것이다. 하지만 아기는 다르다. 아기는 뱃속에서 잘 키워서 무사히 태어나게 하는 것도 중요하지만, 진정한 책임은 아기가 태어나면서부터 시작된다. 아기는 반품이 없다. 일단 아기가 세상에 나오면 누구보다 잘 키우는 것으로 책임을 다해야 한다. 태어난 것보다 잘 자라는 것이 더 중요한 것이다.

우리는 삼성월렛이라는 아기를 잘 키운다는 책임을 완수하기 위해 최선을 다했다. 먼저 서비스 경쟁력 확대를 위해 매달 새로운 파트너를 추가하려고 노력했다. 오전에는 삼성월렛에 추가로 들어왔으면 하는 파트너를 만나고, 오후에는 개발팀과 협의를 하고, 밤에는 VoCVoice of Customer(고객의 소리)를 처리했다.

모바일 간편결제 서비스 운영까지 담당하게 된 한국 파트는 삼성월렛 출시 후 3개월 동안 자정 전에는 퇴근할 수가 없었다. 서비스가 안정화되기 전이라 VoC가 끊이지 않았고, 결제 서비스이기 때문에 실시간으로 고객의 문의에 응대해야 했기 때문이다. 밤낮 없이 사고가 터졌고, 이신우 부장과 나, 김경덕 사원은 1차 고객 응대팀에서 넘어오는 VoC에 대응했다. 자정이 넘어야 VoC가 잠잠해졌다. 넘어오는 불만과 사고를 좌충우돌 수습하느라 힘이 들었지만, 제대로 된 서비스를 만들어야 한다는 일념으로 한 팀을 이루어 열정을 불태웠다. 그때처럼 열심히 산 적이 없었던 것 같다.

삼성월렛 초기에 모바일 인터넷 간편결제 서비스를 제공할 수 있도록 했던 제휴 파트너 카드사는 한국 전체 9개 카드사 중에 4개사였다. 제휴 카드사 확대도 급했지만, 고객이 실제로 삼성월렛 간편결제를 사용할 수 있도록 하는 일이 더 긴급하고 중요했다. 다시 말해 삼성월렛 결제 모듈을 온라인 쇼핑몰에 붙이는 영업 활동이 필요했다. 우리는 온라인 쇼핑몰에 결제 모듈을 붙여주는 PG사들을 매일 만났다. PG사를 이용하지 않고, 쇼핑몰 내부 부서에서 직접 결제 모듈을 관리하는 대형 쇼핑몰들은 담당자를 찾아내어 직접 만나 협의하면서 삼성월렛 사용처를 늘려나갔다.

결제 모듈을 붙이는 일은 간단하지 않았지만, 삼성월렛 간편결제를 처음 준비할 때부터 관계가 돈독했던 쇼핑몰 파트너들이 있어 그나마 숨통이 트였다. 그들은 삼성월렛 출시 초기에 삼성월렛 모바일 인터넷 간편결제를 아무런 대가 없이, 오직 고객의 편의성 때문에 자신들의 결제창에 붙여주었다. 이 자리를 빌어 도움을 주신 인터파크, G마켓, KG이니시스에 감사를 드린다.

비록 사용되는 곳은 적었지만, 삼성월렛이 붙은 인터넷 쇼핑몰에서는 삼성월렛 간편결제의 인기가 좋았다. 어떤 결제 수단보다 간편했기 때문이다. 입력 정보가 많았던 인터넷 쇼핑 결제를 PIN 번호만으로 간편하게 처리하는 경험은 고객에게 좋은 기억으로 남았다. 삼성월렛 간편결제는 금융 당국의 보안성 심의를 문제 없이 통과하여, 이후에 수많은 간편결제가 나올 수 있는 길을 마련했다. 그리고 이때부터 쌓기 시작한 국내 카드사들과의 업무상 신뢰 관계는 나중에 한국 삼성페이를 성공적으로 출시하고 운영하는 밑거름이 되었다.

그러나 그때는 온라인 쇼핑 결제 규모가 전체 쇼핑 거래 규모의 5%가 채 안 되던 시절이었다. 거기에다 삼성월렛 결제는 온라인 쇼핑 결제의 0.1%도 미치지 못했다. 전체 쇼핑 거래 시장의 0.005% 규모로는 모바일 결제 서비스는커녕 일반 결제 서비스로써도 존재감이 없었다. 뭔가 새로운 기획이 필요했다.

공존과 공생: 신사업은 산업 생태계에 스며드는 것부터

신사업 기획은 진공 상태에서 진행되는 것이 아니다. 신사업은 그것을 시작하려는 자에게만 신사업일 뿐, 그가 터를 잡으려는 시장은 이미 누군가가 점유하고 있다. 신사업이란 대부분 기존의 상품과 서비스를 보완하거나 대체하는 식으로 만들어진다. 완전히 새로운 기술로 완전히 새로운 시장을 만드는 경우는 많지 않다.

21세기 최고의 발명품인 스마트폰도 갑자기 나온 듯 보이지만, 실은 그 전 세대까지 열심히 고객을 학습시키며 시장을 만들어왔던 피처폰 기반의 모바일 미디어/콘텐츠 서비스를 보완·대체하면서 시장에 들어왔다. 그 파괴적 혁신이 너무도 대단해서 상대적으로 이전 서비스가 작게 보일 뿐, 실제로는 피쳐폰 시절부터 휴대폰에 콘텐츠를 공급하는 시장 개척자들이 있었기에 스마트폰 신사업도 성공할 수 있었던 것이다.

어떤 산업이든 그 안에 한자리를 차지하는 주체들이 있다. 그들은 서로 빡빡하게 혹은 느슨하게 묶여서, 싫든 좋든 필요를 주고받는 공급 사슬 생태계를 이룬다. 신사업을 한다는 것은 그런 공급 사슬의 일부분을 차지하면서 그 산업 생태계에 새로운 파트너로 스며들어가는 것이다. 이때 자신의 앞뒤에 있는 공급 사슬 주체와 원활하게 연결되지 않으면 그곳에서 자리를 잡을 수 없다. 혼자서는 시장을 만들 수 없기 때문이다. 따라서 신사업은 공존 공생의 구도로 접근하는 것이 시장에 진입하기 가장 좋다. 자신의 존재로 인해 전체 생태계의 부가가치가 증대되고, 그렇게 증대된 부가가치로 인해 자신을 포함한 생태계 구성원 모두가 혜택을 받아야 한다. 한국 삼성월렛과 삼성페이는 그런 방식으로 접근했기 때문에 결제 시장에 진입할 수 있었다.

전통적으로 결제 산업 생태계의 혁신은 항상 안전과 보안에 집중되어 있었다. 그래서 부가가치의 창출보다는 사건 사고를 막는 것에 집중하면서, 극한의 원가 절감을 통해 어렵게 축적한 자금으로 보안 기술 개발에 드는 비용을 충당했다. 그런 빡빡한 비용 구조의 산업 생태계에 들어오면서 수수료 배분을 요구하기 위해서는 전체 생태계가 누릴 수 있는 새로운 규모와 가치를 먼저 제공해야 한다. 그렇지 않으면 사실상 공공의 적이 되어버린다.

애플은 애플페이를 출시하면서 수수료를 요구했으나, 전체 생태계가 인정하는 브랜드 가치를 결제 서비스 산업에 제공함으로써 생태계 주체들과 무리없이 연결될 수 있었다. 브랜드 포지션이 다른 삼성전자는 애플과는 다른 진입 전략을 세워야 했고, 그 결과 결제 서비스 수수료 배분을 요구하지 않고 공급 사슬에 순조롭게 편입하여 공존하기로 했다. 덕분에 삼성페이라는 신규 서비스는 기존 결제 생태계에 훌륭하게 자리 잡았다. 자리를 잡은 삼성페이는 모바일 결제를 소비자들에게 편리하고 친근한 서비스로 인지시키고, 결제 생태계 전체의 부가가치를 높이는 도구로 활용되고 있다.

4

한계 앞에 서다,
오프라인 모바일 결제

삼성월렛을 출시한 이래, 우리는 삼성월렛을 활성화하기 위해 온 힘을 쏟았다. 낯선 서비스라는 평가를 넘어서기 위해 국내 전 카드사를 삼성월렛 결제 파트너로 확보했고, 쇼핑의 흐름을 살피며 차별적인 기능을 구현하기 위해 노력했다. 그리고 이를 바탕으로 모든 플라스틱 카드를 한 장에 통합하는 '원카드 프로젝트'를 시도했다. 이런 혁신적인 프로젝트에 난관이 없을 수는 없었다. 하지만 우리는 끊임없이 경로를 수정해가며 온라인과 오프라인을 넘나드는 간편결제 서비스로 나아갔다.

삼성월렛 한번 써보시겠어요?

온라인 쇼핑몰 제휴를 추진하다

삼성월렛이 출시된 이래 우리는 우리가 가진 모든 상상력과 인맥을 동원하여 삼성월렛 간편결제를 활성화하고, 다른 전자지갑과 차별화하는 기능 구현에 몰입했다.

가장 시급했던 일은 삼성월렛으로 결제할 수 있는 온라인 쇼핑몰의 숫자를 늘리는 것이었다. 삼성월렛 간편결제를 사용할 수 있는 곳이 눈에 띄어야 사람들이 써볼 수 있고, 사람들이 써봐야 좋다 나쁘다는 평가를 통해 입소문이 날 텐데, 삼성월렛에 호의를 갖고 대가 없이 결제 모듈을 붙여준 온라인 쇼핑 파트너만으로는 광대한 온라인 쇼핑의 바다에 조각배 몇 척을 띄운 것에 불과했다.

그러나 온라인 쇼핑몰을 늘리는 일은 결코 쉽지 않았다. 온라인 결제 모듈을 붙여주는 PG사와 대형 쇼핑몰을 수도 없이 만나서 삼성월렛 결제 모듈을 붙여달라 요청했지만 이런 식으로 이야기가 흘러갔다.

"삼성월렛 간편결제 모듈을 귀사의 쇼핑몰에 붙이시면 갤럭시폰 고객들이 귀사의 쇼핑몰에서 편리하게 결제할 수 있습니다."

"지금도 고객들이 결제하는 데 크게 불편한 점이 없습니다. 왜 삼성월렛을 붙여야 하죠? 삼성전자 좋자고 하는 일 아닌가요?"

"저희는 결제 수수료를 받지 않습니다. 지금보다 훨씬 더 편하게 결제할 수 있으니 저희보다 귀사의 고객들에게 더 좋은 일입니다. 고객이 편하게 결제할수록 방문율이 높아지고, 매출이 더 좋아지지 않겠습니까?"

"방문율이나 매출은 좋은 제품을 좋은 가격에 제공할 때가 가장 좋습니다. 결제가 편하다고 사이트를 방문하는 고객은 거기서 거기죠."

"갤럭시폰 사용자가 국내 휴대폰 사용자의 60%입니다. 쇼핑몰에서 좋은 경험을 제공하면 그분들 사이에서 금방 입소문이 날 겁니다."

"그러면 삼성전자 쪽에서 결제할 때마다 할인 프로모션을 좀 해주시죠. '삼성월렛으로 결제하면 얼마 할인된다' 식으로 저희 쇼핑몰이 잘 알려질 수 있다면 결제 수단 연동을 고민해보겠습니다."

온라인 쇼핑몰이나 PG사가 결제 수단을 추가할 때는 보통 자신들에게 사업적 혜택이 있는지를 고려한다. 그래서 결제 수단을 제공하는 서비스 사업자는 초기에 결제 수수료를 받지 않거나 깎아줌으로써 쇼핑몰과 PG사에 혜택을 제공한다. 특히 온라인 쇼핑몰의 경우에는 수수료 수익의 일부를 신규 고객을 늘리거나 고객 인당 매출을 증대시키는 데 사용하여 판촉 활동에 도움을 주기도 한다. 그런데 그런 방식은 결제 수수료를 수취하는 정통 결제 서비스 사업자들이나 할수 있는 일이다. 그들은 수취한 수익의 일부를 공동 마케팅 재원으로 제공할 수 있다. 하지만 결제 수수료를 단 한푼도 받지 않는 삼성월렛은 그런 요청을 들어줄 수 없었다. 예산도 턱없이 부족했거니와, 설령 예산이 있어도 들어주지 않았을 것이다. 아무런 대가 없이 삼성월렛을 붙여준 파트너들을 역차별까지 할 수는 없기 때문이다.

온라인 쇼핑몰들이 삼성월렛 결제 모듈을 꼭 추가해야 하는 이유가 불분명한 상황에서, 일종의 현황 타개책으로 우리는 카드사 확대를 추진했다. 삼성월렛을 사용하는 고객이 많아지면 온라인 쇼핑몰이 관심을 갖고 삼성월렛을 붙여주지 않을까 하는 기대 때문이었다.

대한민국의 모든 카드를 담은 최강의 전자지갑

2013년 출시 즈음 삼성월렛에 모바일 인터넷 간편결제를 제공한 카드사는 삼성카드, 하나SK카드, BC카드, 시티카드였다. 관계사인 삼성카드, 외국계 카드사인 시티카드를 제외하고 다른 두 개 카드사는 앱카드 협의체에 참여하지 않은 '유심칩 기반의 모바일 카드' 진영이었다. 유심칩 기반의 모바일 카드는 오프라인 결제용이기 때문에, 이 카드사들과의 온라인 결제 협업은 오히려 쉽게 진행할 수 있었다. 다만 삼성카드를 제외한 나머지 3개사의 고객 점유율은 다 합해도 15% 미만이었다. 삼성월렛 사용자 모수를 확대하기 위해서는 카드 업계 상위권을 차지하는 카드사들을 파트너로 포함시켜야 했다. 그들은 모두 앱카드 협의체에 속한 카드사들이었다.

우리는 신한카드, KB국민카드, 현대카드, NH농협카드, 롯데카드 등 앱카드 협의체 카드사들을 차례로 만나서 삼성월렛에 참여해달라고 요청했다. 하지만 그들은 2012년에 제정한 앱카드 규격에 따른 오프라인 결제 서비스를 2013년까지 반드시 시장에 출시해야 했기 때문에 온라인 결제인 삼성월렛용 앱카드 결제 모듈을 개발할 시간이 없었다. 앱카드를 유심칩 기반 모바일 카드의 대항마로 생각했기 때문에 오프라인 결제에 우선 집중했던 것이다. 그래도 우리는 계속 요청할 수밖에 없었다.

"오프라인 앱카드 결제는 매장에서 앱카드를 받아주는 바코드/NFC 리더기 비용 때문에 인프라 보급 속도에 한계가 있습니다. 그것은 긴 호흡으로 꾸준히 진행시키시고, 우선은 시장의 관심을 끌 만한 충격적인 사건을 만듭시다. 앱카드 협의체와 저희 삼성전자가 제휴하여 대한민국에서 가장 편리한 모바일 온라인 간편결제를 제공한다면 시장에서 충분히 눈길을 끌 수 있습니다."

"하지만 앱카드는 오프라인 결제를 목적으로 기획되었습니다."

"앱카드 공통 모듈을 만들어 삼성월렛 모바일 인터넷 간편결제에 적용하면 어떨까요? 자사 카드만 서비스하는 카드사 앱과는 다르게 삼성월렛에서는 6개 카드사를 한곳에서 사용할 수 있습니다. 공통 모듈을 개발해주신다면 고객들이 카드사를 바꿀 때마다 새로운 앱을 설치하고 구동해야 하는 불편함 없이 쉽게 결제할 수 있습니다."

"죄송합니다. 앱카드는 카드사 자체 오프라인 결제 서비스를 먼저 개발해야 합니다."

결국 우리는 앱카드 협의체 카드사의 개발 여력이 생기기를 기다려야 했다. 지금 앱카드 앱 결제의 90% 이상이 온라인 쇼핑 결제에서 일어나는 것을 보고 있노라면, 그 당시 앱카드 협의체가 유심칩 기반의 모바일 카드 결제 확산을 지나치게 경계한 나머지 시장의 흐름을 단면만 보고 판단한 것이 아닌가 싶다.

우리의 진정성 있는 기다림에 부응하여 앱카드 협의체는 2013년 9월 오프라인 결제용 앱카드를 출시하자마자 온라인 결제용 앱카드를 개발해주었다. 더욱이 삼성월렛 안에서 하나로 통합된 앱카드 서비스를 제공하기 위해 모든 카드사가 공동으로 사용하는 공통 모듈을 개발하여 삼성월렛에 넣어주기로 했다. 그렇게 되면 삼성전자가 일일이 카드사와 연결할 필요 없이 앱카드 공통 모듈만 설치하면 되기에 연동 시스템이 단순해지고, 이에 따라 시스템 운영 관리 비용도 줄어든다는 장점이 있다. 게다가 공통 모듈을 통한 앱카드 결제용 사용자 인터페이스는 삼성월렛의 사용자 인터페이스를 그대로 수용하기로 했다. 삼성월렛과 앱카드가 하나의 서비스로 보여지게 된 것이다.

삼성월렛에 앱카드를 적용하자는 협의는 2013년 9월 공통 모듈 개발 개시, 11월 앱카드 협의체와 삼성전자 간 MOU 체결을 거쳐, 2014년 8월 앱카드 6개사가 삼성월렛에서 앱카드 공통 모듈로 오프라인뿐 아니라 온라인 결제까지 제공하면서 결실을 맺었다. 앱카드 협의체와의 인연은 2014년 11월 사장단 협약을 거쳐 2015년 8월 삼성페이 출시까지 이어졌다. 지금까지도 앱카드 협의체는 삼성전자와 함께 한국의 모바일 결제 시장을 창조하는 핵심 인프라 제공 파트너이다.

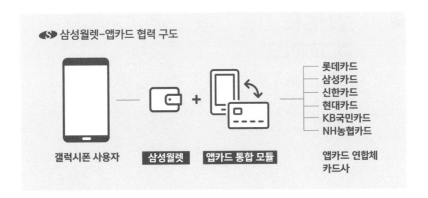

삼성월렛-앱카드 협력 구도

갤럭시폰 사용자 　삼성월렛　 앱카드 통합 모듈

롯데카드
삼성카드
신한카드
현대카드
KB국민카드
NH농협카드

앱카드 연합체
카드사

이로써 삼성월렛은 대한민국 최초로 유심칩 기반 모바일 카드사에서 앱카드 기반 모바일 카드사까지 9개 카드사의 카드를 전부 담아서 동일한 사용자 인터페이스로 사용할 수 있는 결제 전용 전자지갑이 되었다. 사용 가능한 카드 종류 면에서는 최강의 전자지갑이었다.

카드사 확대는 확실히 효과가 있었다. 2013년 내내 우리를 고생시켰던 온라인 쇼핑몰 확산에 조금씩 물꼬가 터지기 시작했다. 2014년 앱카드 5개사가 추가로 들어오고 삼성월렛이 대한민국 전체 카드사 9개를 다 쓸 수 있는 간편결제 서비스라는 사실이 알려지면서 전에는 마케팅 혜택을 제공해야 관심이 있다던 PG사와 온라인 쇼핑몰들이 연락을 해오기 시작했다. 앱카드 협의체 카드사들도 오프라인에서는 지지부진했던 앱카드 거래 건수가 온라인에서는 증가하는 것을 보고 자체적으로 홍보를 하기 시작했다. 인지도가 올라가자 기존에 삼성월렛을 붙여놓았던 온라인 쇼핑몰에서도 결제 건수가 서서히 증가했다. 때마침 인터넷 쇼핑도 PC 기반에서 스마트폰 기반으로 이동하면서 스마트폰에서 제공하는 간편결제가 입소문을 타기 시작했다.

⑫ 삼성월렛 업그레이드

결제의 본질을 고민하다

삼성월렛 서비스는 3개월 정도 지나면서 안정화되기 시작했다. 처음 출시하고 호떡집에 불난 것처럼 이리 뛰고, 저리 뛰면서 정신없이 지내던 것이 좀 진정되어 찬찬히 다음 단계를 고민할 수 있게 되었다. 우리는 좀 더 넓고 깊게 삼성월렛이 나아가야 할 방향을 분석하기 시작했다.

우리는 삼성인답게 결제업의 본질을 탐구하며, '업의 개념'을 수정하고 재정의했다. 업의 개념이란 '업의 본질을 정의하여 핵심 성공 요인을 찾아내는 개념'이다. 업의 개념을 어떻게 보느냐에 따라 추진해야 할 사업 전략이 달라진다. 예를 들어, 백화점을 유통업이 아닌 부동산업으로 정의하고 입지를 잘 잡는 것이나, 전자산업을 제조업이 아닌 타이밍산업으로 정의하여 적절한 시점에 제품을 출시하는 것이다. 우리가 정의한 결제 서비스의 업의 개념은 '결제는 쇼핑의 결과'라는 것이었다. 어찌 보면 지극히 당연한 발견이지만, 결제는 홀로 존재하지 않는다. 그 자체만으로는 할 수 있는 것이 별로 없다. 결제는 쇼핑을 완성시키는 기능으로서 그 존재 의미를 갖는다.

결제는 쇼핑의 결과라는 업의 개념에 따르면, 삼성월렛을 한 차원 더 고도화시키기 위해서는 결제만 볼 것이 아니라 쇼핑 과정 전체를 봐야 했다. 결제에만 집중해서는 혁신의 폭과 깊이가 한정될 수밖에 없다. 고객이 결제 이전에 쇼핑을 하고 싶어 하도록 만드는 메커니즘과 결제 이후에 다시 쇼핑을 생각하도록 만드는 메커니즘을 결합해야 전체 상거래 흐름에서 혁신의 대상이 정의되고, 그 혁신을 위해 필요한 결제 서비스의 역할을 도출할 수 있다.

이신우 부장과 나는 우선 모바일 결제를 둘러싼 결제 서비스 사용자 경험을 단계적으로 구분했다. 그리고 각각의 단계에서 삼성전자가 가지고 있는 내부 역량과 파트너십을 통해 확보해야 하는 외부 역량을 정의했다. 결제를 둘러싼 쇼핑 경험의 단계는 두부 잘리듯이 명확하게 나뉘지는 않는다. 하지만 우리는 분석을 위해 임의로 5단계를 구분했다. 그 단계는 다음과 같다.

1단계 쇼핑 욕구 발생

1단계인 쇼핑 욕구 발생은 고객이 상품을 인지하는 단계다. 그런데 이 단계는 우리가 다룰 수 있는 영역이 아니었다. 쇼핑몰이나 상품 제조사의 영역이었다. 다만 우리는 언젠가 e-Commerce팀 안의 광고서비스 그룹이 광고 미디어 플랫폼을 만들면, 우리 결제를 적용한 쇼핑몰과 제

5단계 쇼핑 경험의 흐름	서비스 고도화 방안
1단계: 쇼핑 욕구 발생	상황에 맞는 광고 노출
2단계: 매장 발굴	연락처 내 매장 및 혜택 검색 기능 추가
3단계: 혜택 인지	실시간 위치 기반 서비스 연계
4단계: 구매(결제)	온·오프라인 결제 커버리지 확장
5단계: 재구매 유도(3단계로 연결)	로열티 제공

품을 미디어에 노출시키는 데 큰 도움을 받을 수 있을 것으로 기대했다. 그 플랫폼에서 고객의 휴대폰에서 발생하는 데이터를 활용하여 고객의 TPOTime, Place, Occasion(시간, 장소, 상황)를 분석하고, 타깃 광고를 하여 고객이 쇼핑에 관심을 갖게 되면 1단계가 완료된다고 봤다.

2단계 매장 발굴

2단계인 매장 발굴에서 우리가 주목한 것은 휴대폰의 기본 기능이라고 할 수 있는 '연락처'에 상점 검색 기능을 넣는 것이었다. 피처폰 시절에는 휴대폰 본연의 기능인 전화, 문자, 연락처 등의 프로그램을 오직 제조사만이 만들어서 휴대폰에 집어넣을 수 있었다. 하지만 스마트폰 시대로 바뀌면서 휴대폰 기본 기능이 앱 형태로 탑재되기 시작했고, 제조사가 아닌 다른 주체도 이들 '네이티브 앱'을 만들 수 있게 되었다. 흔히 볼 수 있는 사례로는 SK텔레콤의 'T전화'를 들 수 있다. SK텔레콤에서는 T전화를 SK텔레콤에서 판매하는 휴대폰에 선탑재해놓는다. SK텔레콤 고객들은 새로 구매한 휴대폰을 설정하는 과정에서 제조사가 제공하는 전화 앱 대신 T전화 앱을 사용할 수 있다.

이렇게 휴대폰 본연의 기능이 앱 형태로 구현되면서 네이티브 앱에 그 앱과 연관된 부가 서비스가 추가될 여지가 생겼다. 우리는 삼성전자의 연락처 앱에 상점 전화번호부 검색 기능을 제공하고, 나아가서 그 상점 검색 결과 옆에 삼성월렛으로 결제할 때만 사용할 수 있는 할인 쿠폰 또는 포인트 적립 혜택을 노출시키고자 했다.

우리는 전화번호부 데이터베이스 서비스 제공 업체를 만나 제휴 의사를 타진하고, 삼성전자에 상점 전화번호부 데이터를 제공해줄 수 있다는 답변을 받았다. 또한 쿠폰 소싱 업체를 만나 삼성월렛 고객을 위한 쿠폰 소싱도 협의했다. 연락처에서 상점을 검색하면 그 검색 결과 옆에 할인 또는 적립 쿠폰을 표시해서, 편리하고 혜택 있는 검색을 통해 고객들의 쇼핑을 활성화하는 동시에 삼성월렛 사용을 유도하고자 했던 것이다. 혜택이 마음에 든 고객들이 상점을 찾아가서 쿠폰을 사용하면 삼성월렛은 매출 기여도를 인정받아 쿠폰 유통 수수료 개념으로 일정한 대가를 수취할 수 있었다. 결제 수수료를 받을 수 없는 상황에서 네이티브 앱을 활용해 마케팅 수익을 창출할 수 있는 괜찮은 사업 모델이었다.

하지만 연락처 내 쇼핑 검색 프로젝트는 성사되지 못했다. 무선사업부의 연락처 앱 담당부서에서 우리의 제안을 수용하지 않았다. 연락처는 연락처로써의 정체성과 사용성이 있는데, 그것을 손상시키면서까지 할 만한 가치가 없다는 것이 그 이유였다. 틀린 말은 아니지만, 맞는 말도 아니었다. 몇 년 후 우리는 SK텔레콤의 T전화 출시를 보았고, T전화에 상점 전화번호부 검색 기능이 있음을 알게 되었다.

우리는 T전화보다 먼저 그 기능을 상상했을 뿐 아니라, 지금의 T전화도 제공하지 못하고 있는 검색 결과에 고객 혜택을 포함시키는 서비스를 기획했고, 심지어 제휴처 협의도 끝냈다. 하지만 내부에서 규정한 인식의 벽을 넘지 못해서 구현할 수 없었다.

3단계 혜택 인지

3단계인 혜택 인지는 주로 오프라인 쇼핑에서 필요한 기능이다. 우리는 쇼핑 매장 근처나 매장 안에서 고객 동의하에 쇼핑 혜택을 팝업으로 공지하는 서비스를 적용하려고 했다. 당시 MSC에서는 블루투스 비콘이나 와이파이 신호를 활용하여 고객의 실내외 위치 정보를 정교화하고, 위치 정보에 기반하여 정보를 전달하는 LBS Location Based Service(위치기반서비스) 플랫폼을 만들고 있었다. 나아가 LBS 플랫폼 위에서 상거래를 촉진시키는 할인/적립 정보에 특화된 LBCS Location Based Commercial Service(위치기반상거래서비스) 플랫폼으로의 확대를 기획하고 있었다.

LBCS와 삼성월렛은, 매장 주변이나 매장 내에서 삼성월렛 사용자에게 쇼핑 혜택을 인지시킴으로써 고객의 쇼핑을 유도하는 이상적인 조합이 될 수 있었다. 비록 실현되지는 못했지만, LBCS 플랫폼이 안정화된 이후에 플랫폼을 외부 마케터들에게 개방하고, 그들이 쿠폰과 티켓, 멤버십 등 월렛 내에 있는 상거래 유도 콘텐츠를 마음껏 활용하도록 하여 LBCS 서비스 생태계를 확장하는 것도 미래 사업 로드맵의 일부였다.

4단계 구매

4단계인 구매(결제) 단계의 과제는 삼성월렛으로 보다 많은 온라인 쇼핑몰과 오프라인 매장에서 결제가 되도록 결제 인프라 커버리지를 넓히는 것이었다. 이와 병행해서 구매 과정에서 고객이 사전에 인지한 구매 혜택이 자동으로 결제에 적용되는 복합 결제 방식으로 삼성월렛 결제의 편의성을 더하고자 했다.

사람들은 보통 결제를 중요한 단계로 인식하지 않는다. 그들에게 결제는 재화와 서비스를 구매할 때 자연스럽게 거쳐가는, 기능적으로 필요한 단계로 존재할 뿐이다. 그렇기에 결제 단계에서는 굳이 복잡하고 어려운 시도를 하지 않는다. 거스름돈 계산만 잘되면 좋은 결제라고 생각한다. 하지만 결제는 쇼핑에서 가장 필요하고 중요한 단계다. 결제가 완료되지 않으면 쇼핑은 결코 완료되지 않는다. 결제는 공기나 물과도 같다. 평소에는 그 소중함을 알아채지 못하다가 문제가 생기면 그제서야 그 필요성을 절감한다.

판매자 입장에서 결제는 더욱 중요하다. 고객에게는 구매욕이 발생하는 시점이 쇼핑의 시작이지만, 판매자에게는 '결제'를 통해 고객에게 제안한 마케팅 효과가 검증되는 시점이 쇼핑의 시작이기 때문이다. 일반적으로 고객이 상품을 구매하도록 추동하는 본질적인 요인은 상품의 질이지만, 대량생산 체제에서 질이 비슷비슷한 상품을 판매할 때는 자사의 상품을 구매하도록 유도하는 핵심 마케팅 콘텐츠가 있어야 한다. 바로 판매자가 제안하는 '구매 고객용 혜택'이다. 그리고 이 혜택을 고객에게 제안했을 때 실제 구매로 연결되었는지 판매자에게 확인시켜주는 단계가 바로 결제 단계다. 결제 시점에 실현된 구매 고객용 혜택을 계산해보면 판매자의 제안이 실제 얼마의 매출로 이어졌는지를 볼 수 있다. 결제는 투자 회수를 판단하는 데 있어 결정적인 정보를 주는 단계다.

1단계의 고객 구매욕을 자극하는 광고도, 2단계의 구매처를 알리는 홍보도, 3단계의 구매 혜택을 인지시키는 실시간 알림도, 모두 판매자가 구매 고객용 혜택을 '만들어주고' 그 혜택을 노출하는 매체에 '투자해줘야' 가능하다. 판매자가 발행한 쿠폰이나 스탬프 카드를 든 고객이 매장에 와서 "쿠폰과 스탬프 때문에 방문했다"라고 하고, "이 혜택들을 결제 금액에 적용해달라"라고 요구하면서 결제하면 판매자는 자신이 발행한 혜택이 구매로 연결되었음을 즉각적으로 인지할 수 있다. 그렇게 되면 쿠폰과 스탬프를 회수하면서 그것들을 발행한 채널에 재투자를 결정하고, 고객의 방문과 결제 빈도가 잦아질수록 재투자 규모도 증가한다.

결제 플랫폼 사업자는 판매자에게 자신이 제공하는 결제로 인한 마케팅 투자 회수 효과를 검증할 수 있다는 것을 보여줌으로써 쇼핑 생태계에서 입지를 확보할 수 있다. 현금이나 플라스틱 카드 결제도 쿠폰북을 뿌리거나 전단지 광고를 노출해서 그 매출 효과를 가늠할 수 있다. 다만 이런 방법은 검증 기간이 길고, 상당한 인건비가 들면서도 전체 매출 증감에 의한 대략적인 효과만 파악된다. 하지만 모바일 결제는 고객별 맞춤 혜택을 제공하고, 그 효과를 개인 단위로 실시간으로 확인할 수 있다. 게다가 결제 과정에서 고객 혜택 적용을 자동화하면 계산대 앞에서 쿠폰을 찾고 전단지를 확인하면서 결제 시간이 지연되는 일을 막을 수 있다.

모바일 결제는 스마트폰이라는 통신 가능한 컴퓨터에서 결제와 혜택을 동시에 처리하면서 판매자에게는 고객 혜택에 대한 투자 효율을 정확하게 계산해주고, 구매자에게는 거의 무한대의 혜택을 간편하게 제공받게 하면서 그 가치를 비약적으로 확장할 수 있다. 우리는 삼성월렛이 그런 플랫폼이 될 수 있을 것이라고 믿었고, 그렇게 되도록 노력했다.

5단계 재구매 유도

5단계는 결제 후에 고객에게 재구매 동기를 강화하는 삼성월렛만의 로열티 제공 단계이다. 4단계에서 삼성월렛 결제를 통해 판매자가 재발행한 '구매 고객용 혜택'이 구매 고객에게 전달되고, 그 고객이 재발행된 혜택을 삼성월렛에 담아 다시 구매한다는 순환 효과가 검증되면 당연히 그 순환을 반복하기 위한 판매자의 노력과 투자는 지속될 것이다. 우리는 삼성월렛을 그 선순환을 일으키는 도구로 만들고자 했다.

고객 혜택은 할인형과 적립형이 있는데 최초 방문을 유도할 때는 체감 효과가 큰 할인형이 적절하고, 일단 방문한 고객이 재방문하는 선순환용 혜택은 적립형이 적절하다. 적립형 혜택으로 스탬프를 찍어주거나, 포인트를 쌓아주고 그것을 삼성월렛에서 쉽게 확인함으로써 재방문, 재구매의 동기를 강화하는 것이다. 더욱이 한국 시장의 경우, 삼성전자의 한국 영업을 담당하는 한국총괄에서 자체적으로 운영하는 멤버십 포인트가 한달에 수십억 원, 때로는 수백억 원에 달했기 때문에 삼성월렛을 통한 적립 혜택을 삼성전자 제품 구매로 유도하는 포인트 스왑point swap도 가능한 상황이었다.

삼성월렛 온라인 결제를 위한 새로운 시도, 샵커넥트

우리는 이렇게 5단계에 걸친 쇼핑의 흐름 속에서 삼성월렛이 결제 전후로 쇼핑 촉매 역할을 할 수 있도록 전반적인 시스템을 고도화하는 방안을 고민하며 기획했다. 고객의 쇼핑 경험이 간단하게라도 삼성월렛 중심으로 결제까지 작동하는지 확인하려면 쇼핑의 각 단계와 삼성월렛 결제가 계속 연계되어야 했다. 삼성월렛 결제가 가능한 온라인 쇼핑몰을 대상으로 월렛 고도화를 시도해야 한다는 뜻이었다. 그래서 우리는 먼저 온라인 쇼핑 흐름을 삼성월렛 중심으로 촉발하는 파일럿 프로젝트를 추진했다.

이를 위해 우리는 삼성카드사를 만났다. 삼성카드사에는 카드 결제 서비스 외에 자체적으로 쇼핑몰과 여행 상품을 운영하는 팀이 있었다. 그 팀을 만나서 삼성월렛으로만 결제할 수 있는 온라인 쇼핑몰 앱을 만들어주면 그 앱을 삼성전자 플래그십 폰에 선탑재해주겠다고 제안했다. 단, 앱에 입점하는 판매자는 그 쇼핑몰에서 발생하는 수익의 일부를 반드시 구매 고객 혜택으로 재투자해서 지속적으로 삼성월렛 결제가 반복되도록 마케팅해야 한다는 조건도 함께였다.

그때는 스마트폰에 선탑재되는 앱의 개수에 법적 제한이 없던 시절이어서, 한국 스마트폰 상품 기획과 영업 담당이 스마트폰 판매에 도움이 된다고 판단하면 앱을 선탑재할 수 있었다. 우리는 시제품 앱을 만들어서 담당자들에게 앱이 작동하는 모습을 보여주면서, 스마트폰 구매 고객에게 우선적으로 큰 혜택을 제공하기로 하고 선탑재를 승인받았다. 그렇게 해서 2013년 11월 '샵커넥트'라 이름 붙인 삼성월렛 결제 전용 쇼핑앱이 갤럭시 노트 3에 탑재되어 세상에 나왔다.

그러나 샵커넥트는 처음 기획과는 달리 단독 쇼핑몰이 아니었다. '다나와'나 '에누리' 같은 가격 비교 사이트처럼 다수의 쇼핑몰에 있는 제품 정보를 노출해주고, 구매할 때는 실제 쇼핑 사이트로 넘겨주는 중계 사이트 앱이었다. 중계 사이트 앱은 자기 앱에 결제 페이지를 가질 수 없다는 한계가 있었기에, 삼성월렛 결제가 일어나기 위해서는 중계되어 넘어간 쇼핑몰에 삼성월렛 결제 기능이 붙어 있어야 했다.

문제는 삼성월렛을 붙여주는 쇼핑몰이 많지 않았다는 것이다. 삼성월렛을 붙여준 쇼핑몰 중심으로 제품을 노출하다보니 상품이 제한적이었다. 게다가 중계되는 쇼핑몰과의 상품 데이터가 제대로 연동되지 않아 검색을 해도 나오지 않는 제품이 많았다. 고객 입장에서는 오픈마켓이나 종합몰에서 검색하는 것이 훨씬 편리한 상황이었다. 그 결과, 샵커넥트 앱은 선탑재되었음에도 초기 프로모션이 종료된 후에는 방문 고객 수가 점점 감소했고, 앱에 노출되는 특가 상품도 점차 줄었다.

샵커넥트는 스마트폰 구매 고객을 위한 출시 이벤트 소개 채널로는 잘 활용되었으나, 온라인 쇼핑 서비스로서는 지속적인 고객 가치를 창출하지 못했다. 결국 후속으로 출시되는 스마트폰에는 샵커넥트 앱을 선탑재하지 않기로 했다. 차선책으로 선탑재 앱인 삼성월렛 안에 샵커넥트 설치 링크를 넣어서 설치를 유도했지만 역부족이었다.

샵커넥트 실험은 절반의 성공으로 끝났다. 하지만 이를 통해 삼성월렛이 쇼핑 흐름 속에서 해야 하는 것과 할 수 있는 것이 무엇인지 볼 수 있었다. 삼성월렛이 고객에게 계속 선택받으려면 단지 결제 편의성만 제공해서는 안 되고, 온라인 쇼핑몰의 혜택을 알려주는 마케팅 채널이 되어야 했다.

샵커넥트에서 고객에게 혜택 쿠폰을 보여주면, 고객은 삼성월렛에 그 쿠폰을 담을 수 있었다. 자신에게 노출된 혜택을 월렛에 담고 있다가 샵커넥트를 통해 연결된 쇼핑몰에서 삼성월렛으로 결제하면 그 혜택이 자동 적용되었다. 삼성월렛은 고객에게는 편리함을 제공했고, 온라인 쇼핑몰에는 집객 효과를 보여주었다. 비록 샵커넥트 방문자 규모가 작고, 결제 횟수가 적어서 샵커넥트와 삼성월렛 사이의 적극적인 선순환을 만들지는 못했지만, 삼성월렛 결제를 경험한 고객의 재방문율이 50%에 달하는 경우도 있었고, 특정 제품은 품귀 현상이 생길 정도로 고객이 몰리기도 했다. 이후 우리는 샵커넥트를 통해 얻은 쇼핑 데이터를 활용하여 보다 공격적으로 온라인 쇼핑몰에 삼성월렛 결제 모듈을 붙이는 영업 활동을 추진할 수 있었다.

샵커넥트 앱 선탑재가 불발되면서 프로젝트는 접혔고, 샵커넥트는 갤럭시 노트 3에서만 제공되고 종료되었다. 불확실한 상황에서도 새로운 시도를 위해 샵커넥트 앱을 개발하고 운영해준 삼성카드 팀에게, 특히 최창록 차장과 함종규 차장에게 이 자리를 빌려 다시 감사를 전한다.

⑬ 오프라인 진출을
시도하다

비록 온라인 쇼핑 환경이었지만, 우리는 샵커넥트 프로젝트를 통해 고객이 원하는 쇼핑의 흐름을 삼성월렛 중심으로 흐르게 할 단초를 보았다. 그리하여 삼성월렛 고도화를 위한 최대, 최고 난도의 과제를 시도하기로 했다. 결제 편의성을 지렛대로 온라인 쇼핑몰에서만 가능했던 삼성월렛 모바일 간편결제를 오프라인 매장 결제로 확대하는 것이었다. 삼성월렛으로 오프라인 결제가 가능해야 오프라인 쇼핑의 흐름 창출에 기여할 수 있었기 때문이다.

말은 쉬웠지만, 사실 어렵고 위험한 일이었다. 그동안 NFC 결제 사업자들이 오랫동안 대규모 자원을 투입하면서 시도했지만 한 번도 성공하지 못했던 일이기도 했다. 우리도 그 전철을 다시 밟을 수 있었다. 게다가 MSC의 한정된 재원과 역량을 고려하면 기획 단계에서 잘릴 수도 있었다. 하지만 결제 건수의 95%가 오프라인 상점에서 발생하는 시장 상황에서, 오프라인 결제를 피하면서 결제 서비스를 기획하고 운영한다고 할 수는 없었다. 결제 서비스 기획자의 자존심이 걸린 문제였다. 어떻게든 방법을 찾아야 했다.

스마트폰을 제조해서 판매하는 일을 주력으로 삼은 무선사업부는 eSE에 카드 정보를 발급하고, NFC를 활용하여 카드 정보를 전달하는 모바일 결제가 당사 스마트폰 사업에 가장 유리한 방식이라고 생각하고 있었다. 그래서 한국이나 미국같이 유심칩 기반으로 모바일 카드 서비스를 추진하는 이동통신사업자 주도의 국가는 피하고, 자급제 폰이 많이 팔리는 국가 중심으로 eSE 기반의 NFC 모바일 결제 서비스를 활성화하는 전략에 집중했다. 그 결과 NFC 결제 규격을 협의하고 제정하는 비자, 마스터카드, 아멕스 같은 글로벌 카드 중계 브랜드사와의 제휴에 공을 들이고 협업을 추진했다. 스마트폰 사업은 글로벌 시장을 대상으로 하는 만큼 해외에서도 사용할 수 있는 솔루션 적용이 중요했기 때문이다.

무선사업부가 eSE 기반의 NFC 결제 솔루션 구현에 집중하는 사이, 이신우 부장과 나는 한국 시장에 특화된 삼성월렛 간편결제를 오프라인 매장에 적용하는 프로젝트를 추진했다. 삼성전자는 상황이 불확실할 때는 항상 플랜B까지 고려하여 시장 변화에 대응한다. 삼성전자는 한쪽에서는 eSE 방식으로, 다른 한쪽에서는 월렛을 활용하는 방식으로 모바일 결제 활성화 전략을 다각화했다. 2014년 초 우리는 삼성월렛의 간편결제를 오프라인으로 확장할 수 있는 방안을 기획하고 관련 파트너들과 협의를 시작했다. 일명 '원카드 프로젝트'였다.

모든 카드를 한 장에, '원카드' 프로젝트

원카드 프로젝트는 삼성월렛 간편결제 프로세스와 오프라인 플라스틱 카드 결제 프로세스를 조합한 신규 결제 솔루션에 대한 파일럿 테스트였다. 우리는 모바일 결제 서비스를 오프라인 매장에서 사용하는 데 있어 최대의 걸림돌을 '매장용 모바일 결제 단말기의 부재'로 정의했다. NFC 결제 단말기가 잘 보급되지 않는 상황에서 모바일 간편결제를 오프라인에 적용하려면 기존의 오프라인 매장에 깔려 있는 결제 단말기를 활용할 방법을 찾아야 했다. 그런데 오프라인 상점에는 플라스틱 카드 리더기가 깔려 있었기 때문에, 카드 리더기를 활용하려면 어떤 식으로든 플라스틱 카드 플레이트를 사용하는 것이 논리적 귀결이었다. 여기서 '원카드' 개념이 도출되었다.

원카드는 임의의 16자리 번호를 가진 무기명 플라스틱 플레이트 카드다. 16자리 번호는 삼성월렛을 통해 카드사에 등록되어 오로지 고객을 식별하는 목적으로만 활용된다. 원카드 프로세스를 요약하면 다음과 같다.

① 카드 선택: 고객은 삼성월렛에서 실제 결제할 카드를 선택하고, 매장 주인에게는 무기명 플라스틱 원카드를 전달한다.
② 결제 요청: 매장에서는 카드 리더기에 원카드를 긁어 16자리 원카드 번호를 카드사에 전달해 결제 승인을 요청한다.
③ 카드 확인: 카드사에서는 전달받은 원카드 번호와 페어링된 실제 카드를 찾아서 고객이 앞서 삼성월렛을 통해 사용하기로 선택한 카드

인지 확인한다.

④ 결제 승인: 그 카드가 맞고, 사용 한도 잔고가 남아 있으면 결제를 승
인한다.

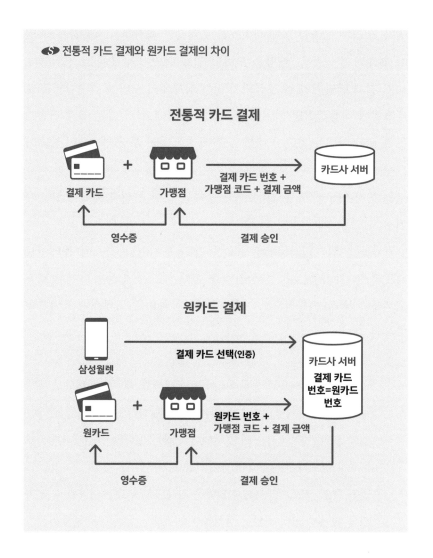

전통적인 오프라인 상점 결제에서는 플라스틱 실물 카드를 결제 단말기에 긁거나 꼽아서 카드 정보를 추출한 후, 거기에 결제 금액과 가맹점 코드 등을 더한 결제 승인 관련 정보를 카드사에 전달하여 결제 승인 요청을 한다. 카드사는 카드 정보가 허위로 사용되었는지를 먼저 검증한 후, 이상이 없으면 고객의 사용 한도 잔고를 조회하고, 잔고가 충분하면 카드 결제 승인을 회신해준다. 오프라인 상점에서 그 회신 결과를 영수증으로 인쇄해서 고객에게 전달하면 카드 결제가 종료된다. 원카드 결제는 이런 오프라인 결제 절차상 매장에서 보내는 실제 플라스틱 카드 번호 대신 임의의 원카드 번호를 보내서 삼성월렛에 등록된 카드로 전환하여 결제하는 것이다.

원카드의 장점은 카드 결제의 안전성을 전혀 해치지 않고, 모든 매장의 플라스틱 카드 리더기에서 삼성월렛에 등록된 결제 카드를 사용할 수 있게 한다는 것이다. 원카드 번호는 거래에 필요한 오프라인 정보(결제 금액과 가맹점 코드)와 본인 인증된 카드 번호를 연결시키는 중개 매체일 뿐이다. 따라서 해킹으로 원카드 번호가 노출되거나, 분실 등으로 카드가 남의 손에 들어가도 부정 사용의 위험이 전혀 없다.

휴대폰에서 명의자만이 할 수 있는 본인 인증이 선행되지 않으면 원카드는 아무런 결제도 일으키지 못한다. 그러면서도 카드 결제 리더기가 있는 모든 상점에서 삼성월렛 모바일 결제를 가능하게 해준다. 삼성월렛에 등록된 모든 카드를 단 한 장의 '원카드'로 오프라인 매장에서 결제할 수 있는 것이다.

단점은 번거로움과 어색함이다. 일반 플라스틱 카드는 결제할 때 그냥 카드를 건네주기만 하면 되는데, 원카드를 사용하려면 절차가 추가된다. 먼저 휴대폰에서 앱을 구동하고, PIN 입력을 하고 난 후에야 비로소 원카드를 줄 수 있다. 카드만 전달하는 것에 비하면 복잡하다. 게다가 휴대폰만 들고 다니면서 결제한다는 의미의 '모바일' 결제를 하기 위해 별도의 플라스틱 카드를 들고 다녀야 한다는 것은 언뜻 보면 앞뒤가 맞지 않았다.

원카드의 기획 의도는 고객이 여러 장의 카드를 전부 스마트폰의 삼성월렛에 담고, 실물 카드는 원카드 단 한 장만 들고 다니도록 하는 것이었다. 우리는 단 하나의 카드만 들고 다니면서 모든 매장에서 모바일 결제를 할 수 있는 간편함을 제공하고 싶었다. 하지만 모바일 결제에서 휴대폰 외에 별도의 카드를 들고 다녀야 한다는 설정은 아무리 그 의도를 설명해도 '그것은 모바일 결제가 아니다'라는 평가를 받았고, 이 평가는 프로젝트 내내 발목을 잡았다.

오늘날 모바일 결제를 제공하고 있는 두 거대 회사인 애플과 삼성전자가 각각 애플카드와 삼성페이카드를 만들고 있는 모습을 보고 있노라면 격세지감이 느껴진다. 모바일 결제에 실물 카드를 쓴다면 모바일 결제가 아니라는 평가는 편견에 의한 오해였던 것이다.

원카드는 단점이 있지만 장점도 있었다. 매장 단말기를 바꾸지 않고도 삼성월렛과 연계한 오프라인 결제 서비스를 제공할 수 있다는 사실 자체는 상당히 매력적이었다. 게다가 서비스가 계속 이어지려면 오프라인 쇼핑 경험이 삼성월렛 중심으로 촉발되어야 했기 때문에 어떤 식으로든 삼성월렛 오프라인 결제가 이뤄져야 했다. 그래서 우리는 사내 검증을 수행하기로 했다. 사내 임직원들을 대상으로 파일럿 서비스를 진행한 것이다.

시장은 함께 움직인다: 원카드 솔루션 유사 사례

eSE 기반의 NFC 결제에 집중하던 무선사업부도 매장에 있는 카드 리더기가 NFC 겸용 단말기로 잘 바뀌지 않는 상황을 실감했다. 이대로라면 휴대폰에서 하는 NFC 결제는 활성화될 길이 요원했다. 이에 원카드와 유사한 개념의 한 외부 솔루션이 대안으로 제시되었다.

무선사업부가 도입을 검토하던 솔루션은 미국의 한 벤처 회사가 개발한 것으로, NFC 수신이 가능하고 표면에 마그네틱선이 있는 신용카드 모양의 저장 기기였다. 고객은 평소에는 스마트폰에 카드 정보를 저장하고 있다가 결제 시점에 스마트폰에 저장된 카드 번호를 NFC 통신으로 해당 기기로 전송한다. 그리고 그 기기를 그대로 카드 리더기에 긁어서 결제한다. NFC로 전송받은 카드 정보를 표면에 부착된 마그네틱선으로 내보내는 것이다. 결제가 끝나면 기기의 카드 정보는 삭제된다.

그런데 이 솔루션은 검토 결과 카드 위조/복제에 해당하는 위험한 솔루션으로 평가되었다. 해외 카드 브랜드사에서도 그 벤처가 문제가 있다고 판단했다. 다만 아직 규모가 작아서 지켜보고 있던 상태였다. 당연히 그것을 삼성전자에 도입하려던 시도는 없던 일이 되었다. 이런 과정을 거치면서 우리의 '원카드' 개념은 오히려 힘을 받았다. 모바일 결제에도 별도의 카드를 사용할 수 있다는 생각을 하게 된 것이다. 게다가 원카드는 미국 벤처 회사의 솔루션보다 안전하고 저렴할 뿐 아니라, 카드 정보를 복제하거나 임의 전송하지 않는다는 점에서 규제에 부합했다. 이러한 점을 고려한 결과 우리는 적잖은 우려에도 불구하고 원카드 파일럿을 진행할 수 있었다.

한편, 시장에서는 플라스틱 카드 모양과 크기에 LCD창이 달린, 아주 얇은 저장 기기가 등장했다. 블루투스로 그 기기와 스마트폰의 전용 앱을 연결해

카드 정보를 입력/저장해놓으면 기기의 LCD 창에서 카드를 선택한 뒤 매장의 리더기에 긁어서 결제할 수 있었다. 진정 결제만을 위한 카드 전용 전자지갑 솔루션이었다.

이 솔루션은 2017년 KT에서 채택하여 '클립카드'라는 이름의 상용 제품으로 출시했을 정도로 기술 구현도가 높은 상태였다. 다만 참여 카드사가 적고, 배터리 소모량이 많고, 무엇보다 10만 원이 넘는 비싼 가격 때문에 출시하고 얼마 지나지 않아 단종되었다.

실패로 가득했던 파일럿 테스트

2014년 2월, 우리는 삼성전자 수원 사업장 주변의 몇몇 상점을 설득하고, 원카드 프로세스대로 결제 신호를 처리할 수 있도록 삼성카드사와 VAN사의 협조를 구해서, 사내 임직원을 대상으로 원카드 파일럿 테스트를 진행했다.

2개월 동안 진행된 원카드 파일럿 결과는 당혹스러웠다. 파일럿 기간 동안 총 결제 건수는 1,500건으로 하루 평균 25여 건이 원카드로 결제되었다. 사내 편의점에서 2천 원 결제 시 1천 원을 할인해주는 프로모션 기간에는 하루 100건의 결제 수를 기록하기도 했지만, 프로모션으로 카드 사용을 지속시킬 수는 없었다. 총 등록자 2천 명 중 절반은 한 번도 결제를 하지 않았다. 그들은 단지 등록 시 제공되는 사은품을 얻으려고 했을 뿐이었다.

어느 정도 예상은 했지만, 기대에 훨씬 못 미치는 결과였다. 하지만 그대로 포기할 수는 없었다. 파일럿 테스트 종료 후, 이메일을 통해 임직원들에게 솔직한 피드백을 요청했다. 원카드 서비스가 성공하기 위해 꼭 필요한 것이 무엇이었냐는 질문에 대한 답은 '사용성 개선'이 1순위, '가맹점 확보'가 2순위, '적용 카드 확대'가 3순위였고, '강력한 혜택'은 가장 후순위였다(복수 응답).

처음 예측과는 달리, 사용자들에게는 혜택보다는 사용성이 더 중요했다. 가맹점과 카드사 확대도 따지고 보면 결제 편의성을 다른 식으로 표현한 것이었다. 결제할 때마다 신경 쓰지 않고, 하던 대로 어디서나 마음 놓고 결제를 하고 싶다는 뜻이었다.

결제는 문화다: 파일럿 테스트가 가르쳐준 것

원카드 파일럿 테스트에 대한 직원들의 피드백을 보면서 한 가지 사실을 깨달았다. 결제는 '문화'였다. 혜택이 좋으면 카드 혹은 결제 매체를 기꺼이 바꿀 것이라는 명제는 논리적 개연성을 바탕으로 한 추측일 뿐이었다. 결제는 혜택보다 문화적 익숙함에 더 영향을 받는다. 경험의 축적을 통해 문화적 습관을 새롭게 형성하지 못하면 새로운 결제 행태는 지속되지 않는다. 혜택을 주려면 고객이 거기에 익숙해질 때까지 줘야 한다. 그 전에 중단하는 단기적인 혜택은 없느니만 못하다. 이런 깨달음은 나중에 한국 삼성페이를 기획·출시해서 마케팅할 때 유용한 도움이 되었다.

결제가 문화적 습관에 뿌리를 두고 있다는 깨달음을 한 번 더 확인시켜준 사건이 있었다. 바로 '스마트오더 프로젝트'였다.

스마트폰으로 주문, 결제하고 오프라인에서 픽업하거나 배달 받는 '스마트오더'는 삼성월렛 간편결제를 오프라인 매장 거래에 적용하려는 또 다른 시도였다. 지금은 스마트오더가 일반화되었지만 2014년만 해도 배달의 민족 같은 플랫폼이 나타나기 전이었고, 주문 배달은 거의 전화로 이루어졌기 때문에 주문 결제 시스템이나, 상점 주인의 인식이 스마트오더를 이해하고 허락할 수 있는 수준이 아니었다.

김경덕 사원이 삼성전자 수원 사업장 주변의 카페 주인을 만나기 위해 하루에도 두세 번씩 상점을 방문하며 스마트오더 참여 매장을 찾았다. 우리는 그때 처음으로 매장 주인이 아르바이트생을 고용해 일을 맡기고, 본인은 매장에 잘 나오지 않는다는 것을 알게 되었다. 수차례 노력 끝에 주인을 직접 만나서 스마트오더를 설명하고, 파일럿에 참여해달라고 설득했다.

그런데 스마트오더로 결제된 주문은 매장에 비치된 결제 단말기 화면에서는 확인할 수 없었기에 매장에서 스마트 주문 현황을 한눈에 알아볼 수 있는 별도 화면이 필요했다. 우리는 우리 비용으로 주문 확인용 소프트웨어를 개발하고, 태블릿을 임대한 후 해당 프로그램을 설치하여 카페에 제공하겠다고 약속했다. 매장 주인들은 한참을 머뭇거렸지만, 우리의 노력이 가상했는지 몇몇 상점에서 결국 스마트오더 시범 서비스를 허락해주었다.

그렇게 억척스럽게 실행한 스마트오더 시범 사업은 나름 성공적이었다. 고객에게 혜택을 주는 프로모션을 제공하면 확실히 거래 건수가 올라갔고, 한번 스마트오더의 편의성을 경험한 사람이 다시 스마트오더를 사용하는 모습도 확인할 수 있었다. 원카드와 달리 스마트오더에 참여한 매장 주인도 나름 만족했다. 예전 같았으면 매장에 왔다가 대기줄이 많다고 그냥 돌아섰을 사람들이 스마트오더로 주문하고 기다리는 것을 여러 번 경험했다고 했다.

좋은 결과에 고무된 우리는 좀 더 의욕을 부려서 스마트오더의 인지도를 높이고자 카페 앞에 엑스배너를 만들어 설치했다. 배너에는 다음과 같은 내용을 큼지막하게 썼다.

"줄 서지 마시고 먼저 자리에 앉으셔서 편하게 주문하세요. 할인도 해드립니다."

그리고 매장에 앉아 고객들을 관찰했다. 거의 모든 사람들이 카페에 들어오면서 문 앞에 있는 엑스배너를 보았다.

그런데 이상하게도, 고객들은 여전히 줄을 섰다. 혹시 보기만 하고 읽지는 못했나 싶어 엑스배너를 사람들이 줄을 서는 카운터 앞으로 옮겼다. 고객들은 줄을 선 상태에서 배너를 찬찬히 읽었다. 그리고 여전히 줄에서 나오지 않고, 그 자리에 그대로 서 있었다.

'이건 뭐지?'

신선한 충격이었다. 고객들은 안내 문구를 읽기는 했지만, 인지하지는 않았다. 설령 인지했더라도 행동을 바꾸지 않았다. 카페에 가면 자리를 잡기 전에 줄을 서서 주문을 하는 것이 당시의 문화적 행태였고, 고객의 습관이었다. 그들은 그 익숙한 습관에서 굳이 벗어날 필요가 없었다. 습관은 고객이 새로운 것을 경험하기보다는 하던 대로 행동하게 만들었다. 결국 고객에게 편리한 주문과 결제란 익숙한 주문과 결제였던 것이다. 스마트오더는 결제의 편의성을 향상하기에 앞서, 주문을 위해서는 줄을 서야 한다는 인식부터 바꿔야 했다.

　요즘은 무인자판기와 셀프오더에서 확장된 스마트오더가 남녀노소를 가리지 않고 일반화되었다. 줄을 서는 것만큼이나 때와 장소를 가리지 않고 주문을 하는 데 익숙해지고 있는 모습을 보면 원격 주문과 결제가 서서히 문화가 되어가고 있음을 알 수 있다. 결제가 이렇듯 익숙함에 의존하는 문화적 행태라는 깨달음은 삼성페이 출시 전략에서 삼성페이를 문화적 코드로 만들어 전파하고 확산하는 것을 중요한 과제로 설정하게 했다.

실패에서 배운 개선 방안

원카드 설문 결과에 따르면 가장 큰 문제는 사용성이었다. 등록 절차가 어렵다고 한 사용자는 반이 좀 덜 되었고, 결제할 때마다 선先인증(스마트폰에서 월렛 앱을 열고 본인 인증을 하여 카드 사용 대기 상태를 만드는 과정)을 해야 하는 것이 불편하다는 사용자가 절반 이상이었다. 이것은 원카드의 기본 가정인 '휴대폰에 여러 개의 카드를 담고, 하나의 카드를 들고 다니면서 필요할 때마다 카드를 선택해서 사용하는 것이 편리할 것이다'라는 생각을 무너뜨리는 치명적인 결함이었다. 만약 이런 피드백만 있었다면 우리는 좌절하고 포기했을 것이다. 하지만 한편으로는 전체 상점에서 사용이 가능하다면 사용 의사가 있다고 답변한 사용자가 절반에 달했다. 이것도 쉬운 일은 아니었지만, 매장에서 긁히는 플라스틱 카드 정보를 처리하는 VAN사와 잘 협의하면 해결 가능했다. 이 사실이 우리에게 한 줄기 희망이 되었다.

우리는 파일럿 테스트와 임직원 피드백을 통해 도출한 개선 사항을 정리했고, 원카드를 통해 삼성월렛 모바일 간편결제를 오프라인 결제로 확대하는 단계적 방안을 수립했다. 1단계는 원카드에 부가가치를 추가해 고객이 원카드를 사용하게 하는 고객 경험 개선 작업이었고, 2단계는 선인증 단계를 축소 혹은 제거할 수 있는 신규 결제 수단의 적용이었다. 그리고 1, 2단계 내내 원카드 적용 상점을 확대하기 위한 VAN사와의 협업과, 원카드 사용이 문화가 될 때까지 지속적으로 고객 혜택을 제공할 수 있는 비즈니스 모델 발굴을 진행하기로 했다.

1단계에 해당하는 아이디어는 매장에서 원카드를 제시했을 때 결제만 하는 것이 아니라, 그 매장의 멤버십 포인트도 같이 적립할 수 있게 하자는 것이었다. 삼성월렛에는 결제 카드와 멤버십 카드가 동시에 담겨 있으니 원카드를 한 번만 그어도 결제와 적립이 동시에 이루어지는 새로운 경험을 제공할 수 있었다. 우리는 이런 경험을 통해 고객에게 원카드 사용 동기를 부여하려 했다. 원카드가 단순히 카드 결제를 대체하는 것을 넘어서서 휴대폰에 등록된 여러 혜택과 기능을 동시에 제공하는 새로운 도구임을 고객에게 인지시키려는 것이었다.

2단계에 해당하는 아이디어는, 규제 대상이 아니어서 사용할 때마다 본인 인증을 하지 않아도 되는 결제 수단, 즉 휴대폰 소액결제나 선불카드/상품권 등을 삼성월렛에 등록한 뒤에 원카드와 연결하여 사용할 수 있게 하자는 것이었다. 원카드를 잃어버렸을 때 무단으로 사용되는 사고를 방지하는 보완책이 필요했지만, 선인증의 불편함을 없애기 위한 하나의 선택지가 될 수 있는 방안이었다. 휴대폰 소액결제의 경우에는, 결제 수수료의 일부를 통신사 요금 할인 혜택으로 돌려준다면 고객이 원카드를 더 많이 선택하지 않을까 하는 생각을 했다. 열정을 갖고 몰입하면 비즈니스 모델은 얼마든지 만들어낼 수 있다.

원카드 프로젝트의 후속 작업으로 진행되던 1단계 개선 과제 중 결제와 포인트 적립을 동시에 처리하는 기능은 향후 삼성페이에서 '멤버십 포인트 자동 적립' 기능으로 현실화되었다. 삼성페이에서 '자동 적립' 기능이 추가된 해피포인트 멤버십과 CU 멤버십은 설정화면에서 '자동 적립' 기능을 활성화하면 결제 전후에 별도로 바코드를 보여줄 필요가 없다. 해당 매장에서 삼성페이로 결제만 해도 포인트가 자동으로 적립된다. 삼성페이의 편의 기능은 어느 날 갑자기 하늘에서 뚝 떨어진 것이 아니고, 이런 시행착오와 그 시행착오를 해결하기 위한 아이디어, 그리고 상상을 현실로 만들려는 끈기 있는 실행을 거쳐 세상에 나온 것이었다.

원카드의 후예, 애플카드

우리는 삼성월렛 간편결제를 오프라인 매장 거래에 적용하는 것을 포기하지는 않았지만, 예상을 넘어선 저조한 반응 때문에 원카드 프로젝트 진행이 많이 힘들어진 것은 사실이었다. 우리는 다른 방식으로 오프라인 확대를 추진하면서, 원카드 개선의 기회를 엿보았다. 하지만 기회는 쉽게 오지 않았다.

그렇게 원카드에 대한 기억이 희미해질 정도의 시간이 흐른 2019년 3월, 원카드를 생각나게 하는 사건이 발생했다. 애플이 골드만삭스를 카드 발급 은행으로, 마스터카드를 카드 중계 브랜드로 제휴를 맺고 실물 카드를 만들어 배포하겠다고 발표한 것이다.

애플의 '애플카드'는 아이폰 월렛 앱에서 신청 가능하고, 발급 이후 애플페이를 통해서만 활성화할 수 있다. 애플페이를 받지 않는 상점에서는 실물 애플카드로 결제하면 된다. 실물 카드는 다른 플라스틱 카드와의 차별을 위해 티타늄으로 만들어졌다. 카드 앞면에는 소유주의 이름과 IC칩, 애플 로고가 있고, 뒷면에는 마그네틱선과 골드만삭스·마스터카드 로고가 있다. 특이한 점은 카드 번호, 유효기간, 그리고 CVC 번호가 없다는 것이다. 이 정보들은 애플카드를 아이폰과 동기화시킬 경우에 애플월렛 앱을 통해서만 볼 수 있다. 애플카드는 연회비 등의 수수료를 없애고, 최대 3%의 페이백을 제공하는 등 강력한 혜택을 무기로 내세웠다.

애플카드 출시 소식을 접하면서 우리는 모바일 결제에 실물 카드를 적용하자는 생각이 우리만의 것이 아니었음을 확인했다. 결제 단말기를 바꾸는 데 시간이 걸린다면 결제 단말기가 바뀌는 순간을 기다릴 것이 아니라, 기존의 결제 단말기를 활용하는 방법을 병행해서 찾아야 한다는 것이 원카드 프로젝트의 기본 동기였다. 애플도 NFC 결제 방식만으로는 애플페이 활성화에 한계가 있으니, 기존의 결제 단말기에서 읽히는 실물 카드를 발급하기에 이른 것이 아닐까 싶다.

애플은 아직 원카드 콘셉트는 적용하지 않고, 단순히 애플의 생태계 안에서 사용되는 실물 카드를 하나 만들었을 뿐이다. 하지만 NFC 결제 단말기 보급이 계속 늦어진다면, 애플카드의 다음 단계로 아이폰에 등록된 여러 장의 카드들을 통합해서 하나의 애플카드를 통해 결제하는 원카드 콘셉트가 구현될 수도 있다.

이신우 부장과 나는 원카드를 기획하고, 파일럿 테스트를 실행하면서 관련 기술과 콘셉트를 삼성전자의 이름으로 특허 출원해 달라고 요청했지만 담당 부서에서 받아들이지 않았다. 그때 특허가 출원되었다면 언젠가 애플이 아이폰에 저장된 카드들을 실물 애플카드에 연결하여 통합적으로 사용하고자 할 때 삼성전자가 특허로 멋지게 견제할 수 있었을 텐데 아쉽게 되었다.

새로운 돌파구, NFC 패드

원카드 파일럿 테스트 이후, 우리는 삼성월렛 간편결제의 오프라인 적용 및 활성화 방안을 이원화했다. 결제 고객 쪽에서 변화를 만들어내는 원카드 개선 작업을 실행할 기회를 엿보는 한편, 결제 매장 쪽 인프라를 변화시켜서 오프라인에서의 삼성월렛 간편결제 활성화 작업도 병행해보기로 한 것이다.

앞에서도 언급했지만, 오프라인 매장의 결제 인프라 변경은 십수 년 동안 NFC 결제 사업자들이 줄기차게 공략했음에도 한 번도 함락

되지 않은 난공불락의 요새였다. 그럼에도 감히 변화를 시도해보자고 결심하게 된 계기는 한국 카드사들이 만든 '앱카드'의 재발견이었다.

앱카드는 휴대폰 내부에 카드를 발급하는 이통사의 방식에 대응하여, 휴대폰 외부에 카드를 저장하고 결제하는 순간에만 카드를 발급하는 카드사의 새로운 모바일 카드 규약이다. 휴대폰 스마트칩에 버금가는 안전성을 확보하기 위해 앱카드는 카드사 서버에 저장한 실제 카드 번호는 절대 밖으로 노출하지 않고, 일회용 카드 번호만 결제 네트워크에 태워서 결제를 승인한다.

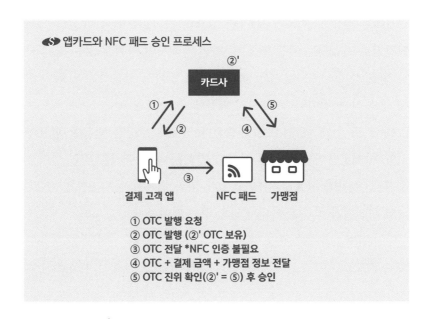

결제 시점에 고객이 자신의 스마트폰에 설치된 앱카드 앱을 통해 본인 인증을 하면 카드사 서버에서 OTC One Time Card(일회용 카드)

를 만들어 고객의 앱카드 앱으로 발행한다. 고객의 앱이 받은 OTC는 바코드나 NFC 신호 형태로 노출된다. 매장은 결제 매장에 설치되어 있는 바코드 스캐너 혹은 NFC 리더기로 고객이 받은 OTC를 읽어서 VAN사를 거쳐 카드사 서버에 전달한다. 카드사 서버는 전달받은 OTC가 자신이 발행한 OTC인지 그 진위를 파악한 후, OTC와 매핑되어 있는 실제 카드로 결제를 승인한다. 일회용 카드 번호는 네트워크를 돌다가 해킹을 당해 유출되어도 재활용이 불가능하기 때문에 유심칩 같은 스마트칩 저장 방식만큼이나 안전하게 모바일 결제를 할 수 있다.

우리가 새롭게 주목한 부분은, 고객의 스마트폰에서 매장의 결제 단말기로 전달되는 카드 번호가 '한번 정해지면 바뀌지 않는 실제 카드 번호'가 아니고, '결제할 때마다 새로 받아서 사용하는 일회용 임시 번호'라는 것이었다. 그렇기 때문에 그 번호를 받는 NFC 패드는 EMV 카드 거래 규격°으로 인증된 보안 프로토콜을 적용할 필요가 없었다. 재활용이 불가능한 일회용 번호는 해킹 방지를 위한 까다로운 인증 절차가 필요하지 않고, 그에 따라 비용도 들지 않는다. NFC 신호 수신기가 비싸질 이유가 전혀 없는 것이다.

만일 NFC 신호를 주고받을 수 있는 최소한의 사양만을 적용한 NFC 패드를 대량으로 만들어 그 단가를 바코드 스캐너 이하로 낮춰

° 유로페이Europay, 마스터카드Mastercard, 비자Visa 등 카드 브랜드사가 공동으로 제정한 IC 카드의 표준 규격.

서 보급할 수 있다면, 오프라인 매장에서 앱카드를 활용하여 자유롭게 결제한다는 꿈이 실제로 이루어질 수도 있었다. 그렇게 되면 앱카드를 담고 있는 삼성월렛도 우리가 바랐던 것처럼 그 간편결제의 편의성을 유지하면서 오프라인 매장에서 결제 수단으로 쓰일 수 있게 되는 셈이다. 그래서 우리는 새로운 전략을 세웠다. NFC 보안 인증이 필요 없이, 일반적인 NFC 통신 신호를 수신하는 단순 NFC 패드를 만들어 배포하는 것이었다.

우리는 앱카드 협의체에 NFC 패드 배포 협력을 제안했다. 기왕 삼성월렛에 앱카드 공통 규격이 적용되었으니 이를 활용하여 온라인뿐만 아니라 오프라인 결제도 한번 바꿔보자는 것이었다. 삼성전자라는 중립적 위치에 있는 파트너가 가진 막강한 마케팅 역량을 활용하여 6개 카드사 간의 경쟁을 유도하지 않고 앱카드 전체를 홍보할 수 있는 기회를 제안한 것이니 앱카드 협의체에서도 거부할 이유가 없었다. 앱카드 공통 모듈을 삼성월렛의 온라인 결제에 적용할 때부터 서로의 필요를 채우며 차근차근 신뢰를 쌓아간 결과, 삼성전자와 앱카드 협의체는 NFC 패드라는 새로운 기기를 활용하여 오프라인 결제용 신규 인프라 구축이라는 꿈도 같이 꾸게 되었다.

왜 NFC 결제 단말기는 잘 보급되지 않을까?

매장용 결제 단말기는 고객용 결제 매체와 한 쌍을 이루는 전자 결제 시스템의 핵심 인프라다. 결제 매체와 결제 단말기가 동시에 존재해야 결제의 양면에 있는 고객과 매장이 연결되어 결제가 일어난다.

매장용 결제 단말기는 플라스틱 카드의 마그네틱선이나 IC칩, 바코드나 QR코드, NFC 통신이 되는 스마트칩 등 고객이 가진 결제 매체로부터 카드 정보를 추출하여 신용카드사에 결제 승인을 요청하고, 카드사로부터 승인된 정보를 받아 결제 요청을 완료하고, 최종적으로 영수증을 인쇄하여 결제가 완료되었다는 것을 알리는 역할까지 수행한다.

그런데 이 모든 단계와 과정은 인증된 보안 프로토콜에 맞춰서 진행되어야 한다. 혹시나 프로토콜을 따르지 않아 결제 과정에서 문제가 생긴다면 따르지 않은 쪽에서 모든 책임을 져야 한다. 그래서 모든 매장용 결제 단말기는 고객의 결제 매체에서 전달되는 카드 번호를 안전하게 주고받을 수 있는 보안 프로토콜을 갖추고 있다. 이런 프로토콜은 합의된 규격을 실제로 따랐는지 절차대로 확인을 거친 후, 인증을 받는다.

그런데 이 모든 과정에는 비용이 들고, 그 비용은 그대로 원가 상승 요인이 된다. 당시 일반 플라스틱 카드용(삽입) 단말기가 4~6만 원, 바코드 스캐너가 7~10만 원 할 때, EMV 규격을 따랐다는 인증을 받은 NFC 결제 단말기는 15~20만 원이었다. 모바일 결제가 아무리 유망해 보여도 가격이 3~4배 차이가 나면 매장 주인 입장에서는 자기 돈을 들여서 매장용 결제 단말기를 NFC 결제 단말기로 바꾸기 어렵다.

매장 주인의 주요 관심사는 상점에서의 매출 확대와 비용 감소다. 그런데 NFC 모바일 결제는 단말기 교체 비용만 나갈 뿐, 매출 확대를 도와주지 않는

118

다. 그러니 단말기 교체가 우선순위가 될 수 없다. 만일 결제 단말기를 NFC 결제 단말기로 교체해서 단 10원이라도 매출이 늘거나, 1원이라도 결제 수수료를 줄일 수 있다면 매장 주인은 거기에 관심을 가질 것이다. 하지만 NFC 결제 단말기 교체에는 그런 사업 모델이 없었다.

게다가 꼭 NFC로 결제를 해야만 하는 고객들은 거의 없다. 휴대폰의 NFC 결제가 아니면 결제를 못하겠다는 고객들이 하루에 10명씩 찾아와서 귀찮게 하면 매장 주인은 조금 더 적극적으로 기존 단말기를 NFC 결제 단말기로 교체하는 것을 고민할 수도 있다. 하지만 닭이냐 달걀이냐 하는 상황에서 그런 일은 쉽게 일어나지 않는다. 혹시 보안성 강화를 위해 NFC 결제를 의무화한다는 법적 조치가 있으면 모를까, 일반적인 상황에서는 결제 단말기를 교체할 동기가 없다.

수익은 없고 비용만 발생하며 무엇보다 조작법을 다시 배워야 하는 신규 결제 단말기는 당연히 매장 주인의 관심 밖이다. 원래는 2~3년의 단말기 교체 주기에 자연스럽게 더 좋은 인프라의 신규 단말기로 교체하면서 새로운 결제 수단을 받는 기능을 추가하는데, 그렇게 추가하기에는 NFC 처리 단말기가 너무 비쌌다.

NFC 결제는 고객 쪽에서는 혹시 있으면 신기한 서비스고, 매장 쪽에서는 없어도 그만인 서비스다. 그러니 매장의 NFC 결제 단말기 보급이 확산되지 않고 답보 상태에 머물러 있는 것이다. 결제 단말기 가격이 일반 단말기만큼 떨어지거나, NFC 결제로 인해 추가 매출이 발생하거나, 보안성 강화를 위해 NFC로 의무적으로 교체해야 하는 일이 생기지 않으면, NFC 결제 단말기 보급은 계속 지연될 것이다.

애플페이가 발표되다

우리는 2014년 초 원카드 파일럿 테스트를 통한 학습 과정을 거쳐 2014년 중반부터 카드사들과 함께 NFC 패드를 배포하여 삼성월렛에 담긴 앱카드를 오프라인 매장에서도 쓸 수 있는 간편결제를 통해 활성화시킬 계획을 세웠다.

그러던 중 2014년 9월, 애플이 아이폰6 공개와 함께 애플페이 서비스를 발표했다. 애플은 정말 대단했다. 애플페이를 처음 접했을 때, 우리는 우리가 머릿속으로 그려왔던 모바일 결제 신사업의 정석을 애플이 풀어가고 있다는 느낌을 받았다. 그만큼 애플페이는 지지부진했던 모바일 결제 시장에 활력을 주었다. (NFC 결제 방식을 채택했다는 것 말고는) 애플페이가 시도한 혁신 하나하나가 모바일 결제 발전에 영감을 주었다. 애플은 자신들이 보유하고 있는 결제 고객 자산을 충분히 활용하여 보안성과 편의성을 조화시켰고, 수익 모델까지 단단하게 준비해서 애플페이를 세상에 출시했다.

애플페이의 첫 번째 특징은 자신들의 막강한 자산인 모바일 결제 회원 기반을 제대로 활용했다는 것이다. 당시 애플은 8억 명의 아이폰 사용자 계정을 갖고 있었으며, 그중 5억 명의 사용자 계정에는 신용카드 정보가 저장되어 있었다. 아이폰 사용자들은 사용자 셋업 단계에서 계정을 만들어야 했고, 앱스토어에서 구매를 하기 위해서 그 계정에 카드 정보를 입력해야 했다. iOS를 보유하고 있다는 독점적 지위를 이용해 고객에게 카드 등록을 요구하는 것이 어찌 보면 부당할 수도 있지만, 그 부당함은 편리함으로 상쇄되었다. 한 번만 카드 정보를 등록하면 애플의 생태계에서, 심지어 오프라인에 있는 애플스토어에서까지 모든 결제가 간편하게 진행되었기 때문이다.

두 번째 특징은 모바일 결제의 보안성과 편의성을 절묘하게 결합해 혁신을 일으켰다는 것이다. 애플페이는 아이폰에 내장된 eSE 안에 IC칩 거래 규격 협의체에서 제정한 규격에 따른 비자/마스터카드의 토큰(일회용 카드 식별값)을 발급받고, 암호화 키 생성기를 함께 활용하여 결제를 한다. 1차로 eSE가 철통같이 토큰과 키 생성기를 보호하고, 2차로 혹시 토큰이 해킹되어도 실제 카드 번호는 원천 보호되며, 3차로 암호화 키가 계속 변동되면서 유출된 토큰을 재사용이 불가하게 만든다.

이런 막강한 보안성을 확보한 후에 애플페이는 고객 편의성을 강화했다. 우선 애플페이에서 결제 서비스를 이용할 수 있도록 하는 셋업 과정을 아주 간편하게 만들었다. 애플 계정에 카드가 이미 등록되어 있는 고객의 경우에는 추가 절차 없이 등록되어 있는 본인 카드를 불러와서 간편하게 애플페이에 사용할 수 있게 했고, 신규 카드를 등록해야 할 경우에도 플라스틱 카드를 카메라로 찍으면 자동으로 카드 번호가 추출되어 손으로 입력하는 수고를 없앴다.

특히 아이폰에서 제공하는 지문 센서인 '터치ID'를 활용한 원터치 본인 인증은 그동안 아무도 구현하지 못했던 모바일 결제의 편리함을 보여주었다. 애플페이 이용자들은 결제를 하기 위해 스마트폰 화면에서 먼저 애플페이 앱을 찾은 뒤에 지문을 스캔하는 식으로 휴대폰을 두 번 조작할 필요가 없었다. 휴대폰 하단에 있는 지문 스캐너에 엄지 손가락을 올린 채로 휴대폰 상단 끝을 매장용 NFC 결제 단말기에 가져다 대기만 하면 애플페이 앱이 자동으로 구동되고, 터치ID로 본인 인증이 되면서 토큰이 NFC 결제 단말기에 전달되어 결제가 완료되었다. 원핸드, 원스톱, 초간단 애플페이 결제는 안전하고 간편한 결제의 '끝판왕'이었다.

세 번째 특징은 결제 수수료 수익 모델을 구현했다는 것이다. 애플은 애플페이 서비스에 참여한 미국 은행(미국은 전업계 카드사가 따로 없고, 은행이 신용카드업을 겸한다)들로부터 애플페이 카드 결제액의 약 0.15%를 수취했다. 당시 미국 은행의 카드 결제 수수료가 약 1~2% 수준임을 감안할 때 이는 은행 수수료 매출의 약 10%에 해당하는 엄청난 비중을 차지한다. 어떻게 애플은 그런 비중의 결제 수수료를 수취할 수 있었을까? 그 이유는 여러 가지가 있겠지만, 무엇보다 애플페이에 참여하지 않는 은행은 애플페이 내에서 다른 은행에게 고객을 뺏길 수도 있기 때문이 아니었을까 추측한다.

애플은 이미 애플 계정에 신용카드를 저장시켜놓은 5억 명의 고객들이 있었다. 그 고객들이 저장된 신용카드를 애플페이에서 사용하기 위해서는 신용카드를 토큰으로 전환/발급받아서 eSE에 저장해야 했다. 그런데 전환 과정에서 어떤 은행의 카드는 전환이 되는데, 어느 은행의 카드는 전환이 안 된다고 한다면 어찌 되겠는가?

애플의 고객들이라면, 자기 카드가 애플페이에서 사용이 불가능하다고 해서 등록을 포기하지는 않을 것이다. 그보다는 다른 은행의 카드를 대신 등록할 확률이 훨씬 높다. 그 어떤 은행도 이런 상황을 내버려둘 수는 없었으리라. 고객 이탈 방지를 위해 어쩔 수 없이 애플이 요구하는 수수료를 주면서 애플페이에 붙어 있어야 했을 것이다. 애플은 충성도 높은 고객들의 편의성을 무기로 은행들이 수수료를 내고서라도 참여할 수밖에 없는 상황을 만든 것이다.

애플페이가 가져다준 새로운 기회

애플페이의 등장으로 모바일 결제 서비스가 주목받게 되자 우리는 쾌재를 불렀다. 드디어 한국에서 삼성전자가 애플을 확실하게 누르고, 모바일 결제 시장을 리드할 수 있다는 것을 보여줄 기회가 왔기 때문이었다. 삼성월렛 간편결제 서비스를 통해 2년간 쌓아놓은 결제 시장 활성화에 대한 노하우와, 대한민국 전체 카드사들과의 원활한 협업 관계는 애플에게는 없는 우리만의 자산이었다. 애플페이에 대한 소문만 무성했던 시절부터 차근차근 모바일 결제 준비를 해온 우리가 드디어 삼성전자가 필요로 하는 역할을 수행할 수 있는 상황을 맞이한 것이다.

애플이 그토록 대단하게 심혈을 기울여서 만든 애플페이도 한국에서만큼은 삼성월렛의 적수가 되지 못할 것이었다. 애플페이가 채택한 NFC 결제 방식은 이미 한국에서 10년이 넘도록 한계를 극복하지 못했기 때문이다. 그리고 그 한계를 똑같이 절감한 우리는 새로운 솔루션으로써 원카드와 저렴한 NFC 패드 방식을 발굴했고, 그 솔루션을 세상에 선보이려는 앱카드 협의체의 노력과 삼성월렛의 전략이 시너지를 내기 일보 직전이었다.

우리는 그동안 쌓은 삼성월렛의 역량을 총결집하고 NFC 패드 인프라에 대한 투자만 확보하면 애플이 불을 붙인 모바일 결제 시장에서 실질적인 열매는 삼성전자가 다 챙길 수 있으리라는 기대로 충만했다. 이에 따라 e-Commerce팀장에게 앱카드 협의체와의 협업 경과와 NFC 패드 투자 전략을 설명한 후, 구두 승인을 먼저 받았다. 앱카드 협의체를 만나서 금융권과 제조사의 협업 전략을 조율하고, NFC 패드 제조사를 수배하고, NFC 패드를 상점에 보급해줄 영업 파트너와 계약 조건을 논의했다. 심지어 패드에서 오는 신호를 처리해줘야 하는 VAN사와 NFC 패드로 앱카드 결제가 일어날 때마다 결제 수수료의 일부를 삼성월렛에 분배해주는 방안까지 논의했다.

실무적으로 분주히 움직이는 사이 팀장은 애플페이 대응 전략을 최고 경영진에게 보고하며, 한국 결제 시장 선점에 필요한 투자를 확보하기 위한 제반 여건을 갖춰나가고 있었다.

공중분해된 프로젝트

좋은 일이 계속되면 안 좋은 일도 생기는 법. 갑자기 청천벽력 같은 엄청난 사건이 터졌다. 2014년 12월 1일자로 MSC가 전격 해체된 것이다. 당시 뉴스에서는 MSC 해체 배경과 전망에 대해 "삼성전자 관계자가 MSC가 소프트웨어 개발이 주 업무임에도 여러 가지 콘텐츠 사업을 벌였지만 대부분 기존 업체들의 서비스를 답습했던 수준에 불과했으며, 앞으로는 콘텐츠 사업을 과감히 정리하고 근본적인 소프트웨어 경쟁력을 강화하는 데 초점을 맞출 것이라고 말했다"라고 묘사했다.

MSC에서 진행되던 대부분의 콘텐츠/솔루션 과제와 인력은 무선사업부로 이관되었고, 광고 서비스는 텔레비전을 제조·판매하는 VDVideo & Display 사업부로, IoTInternet of Things(사물인터넷) 서비스는 생활가전사업팀으로 이관되었다. 개발 담당 임원들은 모두 무선사업부 개발실로 배속되었고, 사업 담당 임원들은 일선에서 모두 물러났다.

당시 e-Commerce팀은 3년여의 투자 끝에 광고, 월렛, 이북/이매거진 등의 콘텐츠 서비스를 가까스로 정상 궤도에 올려놓았다. 광고 서비스는 2014년 연간 100만 달러 수주 목표 달성을 기점으로 1억 달러 매출을 향한 가시적인 성과를 내기 시작했고, 삼성월렛 서비스는 애플페이의 대항마로서 삼성전자만의 차별화된 결제 서비스를 제공할 수 있도록 협업 체계를 구축하고 구체적인 사업 계획에 착수 중이었다. 이북 서비스는 아마존과의 빅딜을 성사시켰고, 이매거진 서비스는 사진이 움직이는 새로운 정보 전달 방식을 적용하여 삼성 태블릿을 비롯한 모바일 기기에서 차별화된 콘텐츠를 제공하고 있었다.

뉴스에서 표현했던 대로 기존 업체들의 서비스를 답습하는 수준의 서비스는 과감하게 정리하는 것이 맞지만, 새로운 미래를 만드는 서비스는 정확하게 선별하여 과감하게 투자하는 것이 맞다. 미래를 만들어내는 서비스를 선별하지 못하고, 도매급으로 폐기시킨 것은 삼성전자가 2000년대 초 디지털 컨버전스Digital Convergence 시대를 선도하기 위해 DSCDigital Solution Center를 신설하고 MSC로 바꾸면서까지 10년 넘게 공들인 삼성전자의 콘텐츠/솔루션 비즈니스를 한순간에 무너뜨리는 결과를 낳았다.

MSC가 해체되면서 애플페이를 능가하는 삼성전자만의 결제 서비스 출시의 꿈은 빛이 바랬다. 신바람 나게 한국 모바일 결제 시장의 미래를 논의하던 카드사, VAN사, 패드 제조사, 패드 영업 파트너들과의 협업은 중단되었고, 파트너들은 크게 아쉬워했다. 그렇게 삼성월렛은 과거의 산물이 되어 역사의 한 페이지로 넘겨졌다.

기획자 노트

'서비스'인가, 서비스 '사업'인가?

지금 시점에서 "삼성월렛에서 구현한 두 가지 기능(eSE 기반의 모바일 카드 발급 서비스와 쿠폰/멤버십/티켓을 담는 한국식 패스북)이 2012년 말 한국 시장에 시의 적절한 서비스였는가?"라고 자문하면, "반드시 그렇지만은 않았다"고 할 수 있다. 이미 삼성월렛 서비스도 종료된 마당에 뒤늦은 평가일 수도 있지만, 지금까지도 휴대폰 내장칩에 카드 번호를 담아서 NFC로 송신하여 처리하는 모바일 카드 결제 서비스는 수면 위로 눈에 띄게 부상하지 못하고 있다. 애플의 패스북 역시 애플페이 기능까지 통합했지만, 고객에게 아이폰 사용 편의성을 유지하는 수준에 머물고 있다.

  지금에 와서 돌이켜보면 그것들은 경쟁을 위해 필요했던 과제였지, 그 자체로 성공할 수 있는 환경과 조건을 갖춘 콘텐츠/솔루션 서비스가 아니었다. MSC의 과제는 종종 경쟁업체가 출시한 서비스에 대해 '우리도 준비하고 있다'는 대응식 논리로 추진되었다. 늘어난 카메라 화소 수나 메모리 용량같이, 새로 출시된 콘텐츠/솔루션 서비스는 스마트폰의 마케팅 요소로 주로 활용되었다. 지속 가능한 사업의 관점이 아닌, 단발적인 출시 이벤트 목적으로 과제를 진행한 셈이다. 특히 MSC는 무선사업부의 예산을 받아서 움직였기에 무선사업부의 요구 사항에 맞추는 것을 조직의 기본 사명으로 생각하는 분위기가 조직 전반에 깔려 있었다. MSC는 무선사업부의 요청 과제를 최우선 순위로 수행해야 했고, 그 요구 사항을 맞추는 것만으로도 버거웠다.

  삼성페이 준비 초기, 삼성페이에 넣었으면 좋겠다는 기능이 여럿 쏟아져 나왔다. 모든 기능을 추가하면 좋았겠지만, 인력과 자원에 한계가 있다 보니 우선순위를 정해야 했다. 내부 직원을 대상으로 선호도 조사를 했고, '마음에 든다'는 답변을 많이 받은 기능을 중심으로 우선순위를 정했다.

그러다 과연 그런 선호도 높은 기능으로만 채운 삼성페이 서비스가 성공할 수 있을까 의문이 들었다. 제품이 마음에 든다고 해서 그 제품을 반드시 구매하지는 않는 것처럼, 기능이 마음이 드는 것과 그 기능을 계속 사용하는 것, 나아가 그 기능에 비용을 지불하는 것은 모두 별개의 문제였다. 결국 삼성페이 기능은 제로베이스에서 다시 검토되었다. '마음에 드냐'가 아닌 '이것 때문에 구매를 할 것이냐'를 기준으로 우선순위를 재배열했다. 삼성페이의 결제, 은행계좌, 교통카드 같은 초기 메뉴는 그런 사업적 효과 검토에 따른 것이었다.

새로운 서비스를 개발할 때는 고객의 요구 사항에 갇히지 말고, 그 요구 사항을 만들어내는 고객의 맥락과 필요를 정의해야 한다고 1장에서 말한 바 있다. 여기서 한발 더 나아가 고객의 필요를 정의하되, 그 필요가 충족되었을 때 회사와 고객에게 미치는 '사업적 효과'를 가늠할 수 있어야 한다. 사업적 효과가 없어도 고객의 필요를 충족시키는 것은 '서비스'다. 반면 '서비스 사업'은 확실한 사업적 효과가 있는 필요부터 충족시켜야 한다.

그런 면에서 애플은 애플페이를 출시할 때부터 은행으로부터 수수료를 수취하는 수익 모델을 구현함으로써 단순 서비스가 아닌 서비스 사업으로서 애플페이를 추진했다. 모바일 결제의 혁신을 선도하며 시장을 부추긴 애플이지만, 정작 애플페이 출시 후에는 결코 서두르지 않았다. NFC 결제 단말기 보급률이 형편없이 낮은 상황에서도 결제 단말기가 언젠가 보급될 것을 기대하면서, 꾸준히 해외 확산을 병행하며 애플페이 서비스를 제공하고 있다.

2019년 말 시장조사 업체 이마케터는 애플페이 사용자가 스타벅스 선불카드 사용자를 앞지를 거라고 예상했다.° 갑자기 스타벅스 선불카드를 언급하

° https://www.emarketer.com/content/apple—pay—overtakes—starbucks—as—top—mobile—payment—app—in—the—us

는 것이 이상하다고 여길 수도 있겠지만, 스타벅스는 2011년 모바일 스타벅스 선불카드를 출시한 이래 모바일 결제 서비스의 압도적 선구자였다. 스타벅스 선불카드는 미국 웬만한 은행의 현금 보유량보다 많은 금액을 선불 충전금으로 보유하고 있으며, 2018년까지 단 한 번도 미국 내 모바일 결제 사용자 규모에서 1위를 놓친 적이 없다. 2018년 이마케터 자료에서 스타벅스 앱 선불카드 사용자 수는 2,340만 명으로, 미국 내 애플페이(2,200만 명), 구글페이(1,110만 명), 삼성페이(990만 명) 사용자 수를 앞섰다.

그러던 것이 2019년 애플페이 사용자가 3천만 명을 넘으면서 스타벅스를 넘어설 것으로 전망된 것이다. 이마케터는 애플페이가 출시된 지 5년이 지나는 시점에 미국 NFC 결제 단말기의 보급률이 증가하면서 단일 매장에서 결제되는 스타벅스 선불카드보다는 여러 매장에서 보편적으로 사용할 수 있는 애플페이의 사용자 규모가 점점 더 커질 것이라고 보았다. 실제로 넘어섰는지는 알 수 없지만, 시간의 문제라고 본다.

고객 만족을 위해 제공하는 서비스와 만족하는 고객이 비용을 지불하도록 하는 서비스 사업은 다르다. 무엇이 낫다고는 할 수 없다. 사안마다 전략적 목표가 다르기 때문이다. 다만 어느 쪽을 선택하든지 목적과 실행 전략을 일치시키고, 일관성을 유지하며 꾸준히 진행할 수 있어야 한다. 서비스인가, 서비스 사업인가?

5

한계를
넘어서다,
MST

MSC 해체로 삼성전자의 모바일 결제 사업은 퇴행하는 듯 보였으나, MST 기술이라는 활로를 찾으면서 새로운 전환기를 맞이했다. MSC에서 무선 사업부로 조직을 변경하는 과정에서 여러 가지 혼란이 있었지만, 삼성월렛으로 다져진 실무진들의 팀워크와 열정으로 위기 상황을 돌파하며 삼성전자 특유의 속도와 추진력으로 삼성페이를 준비해 나갔다.

16 세상에 없던
서비스를 구축하다

첩첩산중의 모바일 결제 서비스 과제

MSC는 해체되었지만, MSC의 삼성월렛에서 수행했던 모바일 결제 서비스 과제는 오히려 더 강화되었다. 모바일 결제 서비스는 무선사업부로 이관된 MSC 과제 중에 가장 시급하고 중요한 과제였다. 애플페이에 대항하여 반드시 조기에 괄목할 만한 성과를 내야 했기 때문이다.

MSC 해체 전, 애플페이가 출시되면서 삼성전자 내부는 물론, 국내외 언론에서는 애플의 가장 강력한 맞수인 삼성전자 MSC가 어떤 결제 서비스를 내놓을지에 관심이 쏠렸다. 세간의 관심을 받는 과제였던 만큼 제대로 된 서비스를 만들어야 했다. 삼성전자는 비록 한국에서는 애플보다 먼저 모바일 온라인 간편결제 서비스를 제공했지만, 글로벌 시장을 대상으로는 애플보다 한발 늦게 모바일 결제 서비스를 내놓게 된 상황이었다. 발빠르게 움직여야 했기에 MSC로부터 과제를 이관받은 무선사업부는 결제 서비스 과제에 인력과 자원을 과감하게 투자하기 시작했다.

먼저 MSC에서 삼성월렛 서비스와 그 주변에 있던 기획 인력과 개발 인력은 전부 삼성페이 서비스 과제에 할당되었다. e-Commerce 팀의 광고 서비스 담당 인력과 삼성월렛의 쿠폰/티켓/멤버십 같은 비결제 서비스 담당 인력들이 하루아침에 결제 서비스 과제로 배속되었다. 이 와중에 MSC 시절에 "해킹의 위험이 있으니 절대 삼성전자가 결제 서비스를 해서는 안 된다"고 주장하며 삼성월렛에 결제 서비스를 적용하는 것을 반대하던 MSC 개발팀 임원이 결제 서비스를 개발한 경험이 있다며 갑자기 삼성페이 서비스 과제의 담당 임원이 되는 일도 일어났다.

미국, 중국, 유럽 주요국(영국, 프랑스, 독일, 이탈리아, 스페인) 등, 애플페이가 출시되거나 출시될 것 같은 국가에서 삼성월렛을 운영하던 담당자들을 중심으로 해당 국가의 결제 서비스 담당 조직이 만들어졌다. 삼성월렛의 한국 간편결제를 담당했던 이신우 부장과 나는 김경덕 사원과 함께 한국의 삼성페이 서비스를 준비하게 되었다. 삼성전자 모바일 결제 서비스의 혼란기와 중흥기가 같이 오고 있었다. 삼성페이를 통해 우리는 그 혼란 속에서 삼성전자 모바일 결제 서비스를 중흥시킬 준비를 했다.

MST 기술을 확보하다

MSC에서 진행하던 NFC 패드 기반의 한국 모바일 결제 인프라 장악 전략은 MSC 해체로 인해 모멘텀을 잃고 중단되었다. 대신 무선사업부에서는 결제 인프라를 장악하기 위한 신규 전략으로 미국의 스타트업 회사인 루프페이Loop Pay를 인수하며, 그 회사의 핵심 자산인 MSTMagnetic Secure Transmission(자기보안전송) 기술을 확보했다.

MST 기술 원리는 간단하다. 일반 플라스틱 카드는 뒷면에 부착된 마그네틱선을 카드 결제 리더기에 긁으면 자기장이 발생하면서 마그네틱선에 저장되어 있는 카드 정보가 전자신호로 바뀌어 리더기 속으로 빨려들어가 카드사 서버로 전달된다. 루프페이의 MST 기술은 플라스틱 카드를 긁어야 발생하는 이 자기장을 스마트폰에서 자체적으로 발생시켜 카드 정보를 전달하는 것이다.

자기신호와 전자신호가 상호 호환이 되는 사례는 개인 컴퓨터가 처음 나왔을 때를 생각해도 된다. 플로피 디스크를 경험하지 못한 세대는 믿기 어렵겠지만, 80년대에 개인 컴퓨터가 대중에게 판매되기 시작했을 때는 컴퓨터에 있는 데이터를 자기磁氣 테이프인 카세트 테이프에 담아서 다른 PC에 전달했다. 지금도 대규모 데이터 백업을 위해서는 대형 마그네틱 테이프를 쓸 정도로 컴퓨터 업계에서는 오래전부터 사용해온 안정된 기술이다. 루프페이는 발상의 전환을 통해 이 오래된 기술을 모바일 결제의 장벽을 허무는 신기술로 탈바꿈시켰다.

루프페이는 별도의 외장 액세서리 형태로 MST 안테나를 스마트폰에 부착시켰지만, 스마트폰 제조사인 삼성전자는 스마트폰 안에 MST

안테나를 내장시켜 루프페이의 액세서리와는 비교도 되지 않을 만큼 깔끔하고 우아하게 MST 신호로 모바일 결제 서비스를 제공하는 스마트폰을 만들 수 있었다.

MST, 삼성페이의 날개가 되다

MST 기술의 장점은 이미 매장에 설치되어 있는 플라스틱 카드용 결제 리더기를 그대로 활용하여 모바일 결제를 처리할 수 있다는 것이다. 물론 나중에 밝혀졌지만, 매장 현장에 실제로 설치되어 사용되는 플라스틱 카드 리더기에서 MST 기술이 제대로 작동하지 않는 경우가 비일비재했다. MST 작동 원리와 실제 MST 작동 사이에는 책상머리에서는 알 수 없는 엄청난 간극이 숨어 있었다.

그러나 이론과 실제의 간극에도 불구하고, MST는 애플페이를 단숨에 제압할 수 있는 막강한 기술이었다. 앞에서 언급한 애플페이의 세 가지 특장점인 수많은 결제 고객, 보안성과 편의성의 조화, 지속 가능한 사업 모델에 비해 모든 면에서 준비되지 않은 삼성페이를 보완하고도 남을 정도로 독보적이고 차별적이었다.

당시 삼성전자는 애플페이의 세 가지 특장점에 대응할 수 있는 경쟁 자산이 아무것도 없었다. 첫 번째로, 애플은 8억 명의 회원 계정에 5억 장 이상의 신용카드를 등록시켰지만, 삼성전자는 단 한 장의 신용카드 정보도 수집하지 않고 있었다. 삼성 계정조차 개인 고유의 식별값을 설정하지 않아, 고객이 휴대폰을 바꿀 때마다 새로운 계정 ID 를 만들면서 새로운 고객으로 인식되는 상황이었다. 계정 기반의 고객 관리도 잘 안 되는 상황에서 결제 정보를 입력한 결제 고객의 확보는 아주 요원한 일처럼 보였다.

두 번째로 애플은 eSE 접근 권한을 애플이 직접 갖고, 애플이 개발한 패스북을 통해 사용자가 직접 eSE에 정보를 넣거나, eSE에 들어간 정보를 확인할 수 있었다. 이에 비해 삼성전자는 eSE 접근 권한을 은행과 카드사 같은 eSE 사용 주체에 임대하는 사업 모델을 취하여, eSE에 대한 직접적인 접근 권한을 갖고 있지 않았다. eSE를 소유했으나, 사용하지는 못했던 것이다. 그러다 보니 eSE에 있는 정보에 고객이 접근하도록 열어주는 사용자 앱을 접근 권한을 임대받은 은행과 카드사가 자체적으로 만들었다. 이 때문에 eSE에 접근하는 사용자 인터페이스가 제각각 달랐고, 고객은 eSE에 새로운 정보를 담을 때마다 새로운 앱을 깔고, 그 앱의 메뉴를 학습하는 불편을 감수해야 했다.

마지막으로, 애플페이는 은행 혹은 카드사로부터 결제 수수료를 받음으로써 지속 가능한 사업 모델을 구축했다. 하지만 삼성전자는 은행과 카드사의 수수료를 요구할 만한 협상 수단이 없었다. 그래서 삼성전자에게 결제 서비스는 수익 사업이라기보다는 스마트폰의 판매 경쟁력을 확보하는 고객 서비스였다. 수익 모델이 없었기 때문에 삼성페이는 시작부터 지속 가능한 사업성에 대한 논란에 언제든 휘말릴 수 있다는 약점을 안고 있었다.

이런 핸디캡이 있었기에 삼성전자는 MST라는 차별화 기술을 기꺼이 큰 비용을 지불하며 확보했다. 그리고 이 MST를 지렛대로 삼아 애플페이에 대항할 전략을 수립했다. 애플페이가 NFC라는 엔진을 달고 출발 준비를 하는 사이, 삼성페이는 MST라는 날개를 달고 하늘로 날아갈 수 있게 되었다.

토큰으로 이중·삼중의 보안을 꾀하다

그런데 전체 카드 결제 시스템에서 MST 기술은 스마트폰에서 카드 리더기로 정보를 보내는 무선 통신 규약에 불과했다. 무선 통신 규약으로 스마트폰 내부에 있는 카드 정보를 스마트폰 외부에 있는 결제 단말기까지 보내려면 아무리 짧은 구간이라도 그 무선 통신 구간에 대한 보안 인증이 필요했다. 문제는 NFC 무선 통신 규약에 대해서는 보안 인증 규격이 있는데, MST 무선 통신 규약에 대해서는 보안 인증 규격이 없다는 사실이었다.

그래서 삼성페이가 MST로 내보내는 카드 정보는 실제 카드 정보가 아닌 일회용 카드 번호여야 했다. 애플페이처럼 카드 정보에 토큰화 tokenization 기술을 적용하여 실제 카드 정보를 직접 다루지 않고, 암호화된 일회용 카드 식별값을 카드처럼 사용할 수 있게 해야 했던 것이다.

애플페이는 아이폰에서 결제 단말기까지의 NFC 통신 구간에 보안 인증 규격이 있음에도 불구하고 비자/마스터카드의 토큰화 기술을 적용했다. 그렇게 함으로써 휴대폰과 NFC 결제 단말기 사이의 NFC

통신 구간을 포함하여, 카드 정보가 전달되는 전체 시스템 네크워크에서 강력한 보안성을 유지했다. 이 NFC 통신용 '토큰'은 애플이 비자/마스터카드와 함께 개발하여 세계 최초로 애플페이에 적용한 것이다. 삼성전자도 이전부터 eSE 기반의 모바일 결제를 위해 비자/마스터카드와 협력 관계를 맺어왔기에, 그들과 MST로 송출할 수 있는 토큰을 개발하기로 협의했다.

문제는 시간이었다. 전통적으로 카드 업계는 새로운 것을 개발할 때 최소한 반년에 걸쳐 보안성을 검토하고, 1차 테스트를 한 후에 상용화 개발을 결정하고, 또 1년에 걸쳐 개발을 추진한다. 그런 카드 업계의 개발 속도가 6개월마다 새로운 스마트폰을 출시하는 삼성전자의 속도를 따라오기란 결코 쉽지 않았다. 들리는 소문에 의하면, 애플페이도 비자/마스터카드와 2년이 넘는 공동 작업을 거친 뒤에야 아이폰 내 토큰 생성이 가능했다고 한다. 하루라도 빨리 삼성페이를 출시하고 싶은 삼성전자에게는 답답한 상황이었다. 삼성전자는 모든 개발 역량을 동원하여 시간을 단축하려고 노력했다.

삼성페이 국가별 대응 상황

삼성페이는 MST로 말미암아 모든 매장에서 모바일 결제가 가능하다는 장점을 강력하게 부각할 수 있었다. 특히 카드의 마그네틱선을 읽는 카드 리더기로 주로 거래하는 미국과 한국 시장에서 집중적으로 실효를 거둘 수 있었다. 삼성전자는 MST에 더해서 NFC로도 결제가 가능하도록 삼성페이를 개발했다. "애플페이가 가능한 모든 곳에서 삼성페이를 쓸 수 있다. 하지만 삼성페이가 가능한 모든 곳에서 애플페이를 쓸 수는 없다." 이것이 MST로 인해 애플페이보다 경쟁 우위에 있는 삼성페이의 모토였다.

신용카드 발행 매수나 결제 가능 매장이 상당히 부족한 중국에서는 MST를 통한 신용카드 결제 커버리지를 넓히기 위해 유니온페이와 제휴했을 뿐 아니라, QR코드를 활용하여 결제 서비스를 제공하는 알리페이나 위챗페이도 삼성페이에 담아 쓸 수 있도록 했다.

유럽은 시장 상황이 복잡했다. 비자와 마스터카드 규격이 유럽 개별 국가 내 결제에서 차지하는 비중이 아주 작았기 때문이다. 영국을 제외한 모든 유럽 국가들은 국가별로 자체 규격의 결제망을 통해 카드 거래량의 95%를 처리하고 있었다. 게다가 매장용 결제 단말기도 마그네틱선의 정보를 읽는 마그네틱 카드 리더기보다는 플라스틱 카드에 부착된 IC칩에서 정보를 읽는 IC칩 리더기가 더 많았다.

이런 특징을 지닌 유럽 시장 때문에 삼성전자는 고민이 많았다. MST로 차별화할 수 있는 부분이 작았기 때문이다. 어디를 무엇으로 어떻게 공략해야 할지 막막했다. 결국 유럽은 시장 상황상 영국에 우선 집중하고, 다른 주요 국가는 진행 추이를 관찰하기로 했다.

애플을 뛰어넘는 사용자 경험을 창조하다

삼성페이의 사용자 경험은 애플페이의 사용자 경험을 넘어서야 했다. 플라스틱 카드의 사진을 찍어서 필요한 정보를 추출하여 카드 등록을 간단하게 처리해주고, 본인 인증에 지문 인증을 적용하는 것은 참고할 수 있었다. 하지만 NFC 결제 단말기에 휴대폰을 대면 애플페이 앱이 올라오는 기능은 NFC 단말기 앞에서만 가능한 것이었다.

삼성페이 개발팀은 MST로 결제할 때, 고객이 쉽게 앱을 구동할 수 있도록 새로운 앱 접근 방법을 개발해야 했다. 그 결과물이 '스와이프 업Swipe-up' 즉 빠른 실행 기능이다. 삼성페이만의 탁월한 앱 접근 방식이 나온 것이다.

스와이프 업이란 잠금 화면과 홈 화면, 심지어 꺼진 화면에서조차 한 손으로 삼성페이를 실행시킬 수 있는 기능이다. 스마트폰의 아래쪽 베젤에서 위쪽으로 화면을 쓸듯이 밀어올리면Swipe-up 결제 카드 이미지가 마치 지갑에서 빠져나오듯이 화면으로 올라온다. 개인적으로는 삼성페이의 이 UXUser eXperience(사용자 경험)가 애플페이의 것다 더 직관적으로 결제 서비스의 정체성을 잘 보여준다고 생각한다.

이런 UX의 발굴은 오직 고객의 편의성을 극대화하려고 수고한 담당자들의 헌신적인 노력의 결과이다. 그들은 삼성페이가 애플페이보다 늦게 준비되었음에도 MST 기술을 지렛대로 삼성페이를 애플페이보다 더 나은 모바일 결제 서비스로 만들기 위해 밤낮없이 고민했고, 수십 번의 시행착오를 겪으면서도 포기하지 않았다.

MST를 통해 결제 가능 매장 커버리지에서부터 압도적으로 우위를 확보하고, 카드사 제휴와 고객 마케팅을 통해 결제 회원을 확보하는 계획을 차근차근 진행시키면서 삼성페이는 애플페이와의 한판을 준비했다.

⑰ 삼성페이 출시 상황 스케치

한국 삼성페이 출시가 임박하다

2014년 9월 애플페이 발표 후, 삼성전자는 2015년 상반기에 예정된 갤럭시 S6 출시 시점에 맞춰 삼성페이를 출시하기로 목표를 세웠다. 먼저 출시한 애플페이와의 출시 기간 차이를 최소화하는 것이 원래 계획이었다. 그러나 2014년 12월 MSC가 해체되고, 조직적으로 혼란의 시기를 거치는 가운데 새로운 갤럭시폰 출시에 맞춰 삼성페이를 개발하기까지 남은 기간은 5개월이 채 되지 않았다. 무엇보다 비자와 마스터카드가 그 기간 안에는 MST를 기반으로 통신하는 토큰 생성 모듈을 개발하기 어렵다고 삼성전자에 통보해왔다. 갤럭시 S6 출시 시점에 맞춰 비자와 마스터카드 토큰 기반으로 삼성페이를 출시할 수는 없다는 의미였다.

하지만 한국은 원래 목표한 대로 갤럭시 S6 출시에 맞춰 삼성페이 서비스를 개시할 수 있었다. 먼저, 한국 내 카드 결제는 비자/마스터카드 규격을 쓰지 않기에 그들의 토큰 생성 모듈을 기다릴 필요가 없었다. 둘째, 국내 카드사들은 비자/마스터카드보다 먼저 토종 토큰인 일회용 카드, 앱카드 규격을 만들어 (비록 바코드 방식이었지만) 이미 시장에서 안전한 모바일 결제 서비스를 구현하고 있었다. 셋째, MSC 출신 한국 개발팀이 이미 준비되어 있었다. 그들은 이미 삼성월렛에 앱카드 공통 모듈을 붙여서 모바일 간편결제 서비스를 제공해본 적이 있었기에 언제라도 삼성페이에 앱카드 생성 모듈을 붙여서 서비스를 제공할 수 있었다. 앱카드 개발자 관점에서 삼성페이 개발은 일회용 카드를 매장의 결제 단말기에 전달하는 기존의 두 가지 방식(바코드와 NFC 통신)에 MST 통신을 추가하는, 일반적인 수준의 개발이었다.

심지어 한국 삼성페이는 카드사와 결제 사업 협력을 위한 책임과 의무를 규정하는 계약을 새롭게 협상할 필요도 없었다. 삼성전자는 MSC의 삼성월렛 서비스를 위한 앱카드 시스템을 연동할 때 한국 전체 카드사와 이미 포괄적인 업무 협약서를 체결했다. 그 협약서에 부칙을 추가하는 것만으로 앱카드 규격을 삼성월렛뿐 아니라 삼성페이까지 확대하여 제공할 수 있었다.

앱카드 규격을 받아주는 NFC 패드 보급 논의가 MSC 조직 해체로 유야무야되면서 앱카드 협의체는 삼성전자에 실망하고, 모바일 결제와 관련한 추가 협력을 주저하고 있었다. 하지만 우리는 새롭게 MST 기술을 제공함으로써 NFC 패드보다 더 간편하고, 안전하게 앱카드 규격을 오프라인 매장에서 사용할 수 있다는 사실을 알렸다. 또 MST

와 삼성페이를 활용하면 한국 결제 시장에 앱카드를 더 널리 알릴 수 있다고 앱카드 협의체에 적극적으로 설명했다. 우리의 설명을 듣고 시제품 시연을 본 앱카드 협의체 카드사 임원들은 MST 기술에 감탄했다. 그들은 NFC 패드 보급 논의 중단으로 인해 가졌던 오해와 불신을 걷어버리고, 과거에 삼성월렛을 지원했던 것처럼 삼성페이 서비스를 지원하기로 협의했다.

그뿐만이 아니었다. MST 기술의 파격적 효과에 대해 들은 하나SK카드와 BC카드에서도 삼성페이에 참여하고 싶다고 연락이 왔다. 두 회사는 유심칩 기반의 모바일 카드 발급과 사용을 주도하며 앱카드 협의체에 참여하지 않은 카드사였다. 우리는 앱카드 규격으로 삼성페이 결제 서비스를 제공할 수밖에 없다는 것을 설명하고, 두 회사도 앱카드 방식을 수용한다면 언제든 환영이라고 했다. 그들은 기꺼이 앱카드 협의체의 조건을 수용하고 앱카드 규격에 맞춘 토큰을 개발하여 삼성페이의 파트너로 참여했다.

한국의 삼성페이는 사실상 애플페이 발표보다 1년 이상 앞서 출시한 삼성월렛의 간편결제 서비스 때부터 준비되어온 셈이다. 한국은 갤럭시 S6 출시 시점인 2015년 상반기에 맞춰 삼성페이를 출시할 수 있는 유일한 국가였다.

미국과 한국에서 동시 출시가 결정되다

삼성페이 경영진은 한국에서만 삼성페이 서비스를 출시하면 삼성페이의 글로벌 전개 의미가 축소된다고 판단했다. 최소한 두 개 이상의 국가에서 함께 출시되어야 글로벌 서비스로서 출시 홍보 효과를 만들어낼 수 있었기 때문이다. 다행히 2015년 상반기에는 어렵다던 MST용 비자 토큰 모듈 개발이 같은 해 하반기까지는 가능하다는 답변이 왔다. 비자 토큰이 완료되면 애플페이가 이미 길을 닦아놓은 미국에서 즉시 서비스를 개시할 수 있었다. 경영진은 2015년 하반기에 한국과 미국 시장에서 삼성페이 서비스를 동시에 출시하면서 글로벌 상용화를 홍보하기로 결정하고, 같은 시기 출시가 예정된 노트 5와 함께 삼성페이 출시 마케팅을 하기로 했다.

출시 일정이 2015년 하반기로 미뤄지는 상황에도 삼성전자는 기회를 놓치지 않았다. 삼성페이 서비스를 위해 하드웨어적으로 필요한 MST 안테나를 2015년 상반기에 출시되는 갤럭시 S6부터 선제적으로 장착하기로 한 것이다. 갤럭시 S6를 구매한 고객도 반년 뒤 2015년 하반기에 출시되는 삼성페이 서비스를 경험할 수 있게 미리 준비시켜놓기 위한 결정이었다. 삼성페이 서비스 운영자 입장에서는 명분도 있고 실리도 큰, 현명한 전략이었다. 출시 시점에 삼성페이 서비스를 경험할 수 있는 스마트폰이 시장에 많이 풀리면 풀릴수록 좋은 일이었기 때문이다.

당시 삼성페이와 관련하여 경영진의 최고 관심사는 삼성페이의 미국 출시와 성공이었다. 아마도 애플페이가 가장 먼저 출시된 미국에서 미국 회사의 기술인 MST를 무기 삼아, 애플페이로는 결제할 수 없는 매장에서 삼성페이로는 결제할 수 있다는 것을 내세우며 기선 제압을 하고 싶었던 것 같다. 애플의 심장에 삼성페이라는 비수를 꽂는 것이다. MSC에서 무선사업부로 이관된 과제들을 이어받고 삼성페이 출시도 책임지게 된 담당 전무는 미국 교수 출신으로, 미국 시장을 기준으로 삼성페이에 대한 의사결정을 내렸다. 미국이 가장 큰 시장이고, 시장을 선점했을 때의 상징성이 높았기 때문에 가장 중요하게 고려한 것이다.

토큰 단일화의 실수

하지만 삼성페이 담당 전무라고 해서 결제 전문가는 아니었다. 그는 삼성페이에 사용되는 일회용 카드인 토큰을 글로벌 호환 규격인 EMV 규격(IC칩 카드 거래 규격)으로 단일화해야 한다고 고집했다. 해외 여러 국가에서 결제가 된다는 것은 카드 브랜드사가 가진 영업력의 결과일 뿐인데, EMV 규격이 글로벌 표준이라고 착각한 것이다. 카드 공급자 입장을 경험하지 못한 채, 카드 소비자 입장에서만 시장을 보았던 셈이다. 이런 태도는 은행과의 협력 범위를 제한하고, 삼성페이 국가 확산의 속도를 늦췄다.

자국 내에서 비자/마스터카드 규격을 사용하는 나라는 미국과 영국밖에 없다. 카드 결제는 데이터 처리 수수료를 비용으로 지불하는 비즈니스이기 때문에 많은 나라는 비용을 줄이거나 없앨 수 있는 자국 규격을 사용한다. 한국은 카드사 공통 규격이라는 한국 규격이 있고, 중국은 유니온페이, 베트남은 나파스NAPAS라는 국내 규격을 쓰고, 대부분의 유럽 국가들도 자체 규격을 통해서 카드 데이터를 처리한다. 자국 규격을 만들어 사용하면 수수료를 한푼도 지불하지 않고도 카드 거래가 가능하고, 설령 수수료를 지불하더라도 자국 은행의 수익이 된다. 아무리 모바일 결제가 좋아 보여도, 군이 국외로 수수료를 지불하면서까지 해외 브랜드 모바일 결제 규격을 자국 내 카드 결제 중계에 적용하려고 하는 은행은 거의 없다.

이렇게 비자/마스터카드에 주는 수수료에 대한 지역 은행의 거부감이 일반적인 상황에서 삼성페이가 EMV 규격 기반의 비자/마스터카드 토큰 모듈만을 적용한 채 삼성페이 결제 파트너로 들어오라고 하는 것은 은행들 입장에서는 비자/마스터카드의 토큰 모듈 영업 대행을 해주는 것으로 보였을 것이다. 삼성페이가 비자/마스터카드 토큰 모듈을 활용하는 모바일 결제 서비스를 강조하면 강조할수록 점점 더 은행이 받아들이기 어려운 제안이 되었다. 그들 입장에서는 삼성페이 결제가 이뤄질수록 불필요하게 비자나 마스터카드에게 지불하는 비용이 증가할 뿐이기 때문이었다.

은행들이 크게 관심을 갖지 않는 것은 당연했다. 이런 상태에서 은행들의 관심이란, 삼성페이의 본업인 지속 가능한 모바일 결제 비즈니스의 구축보다는 삼성전자 브랜드와 함께 자기 은행을 알리는 단발적인 홍보성 과제에 치우쳤다. 삼성전자의 파트너가 되는 것이 은행에 좋은 이미지가 될 수 있겠다고 간주한 것이다.

그렇게 출시한 삼성페이 서비스는, 초기에는 언론의 관심과 홍보 덕분에 서비스가 되는 것처럼 보였지만, 금새 결제 회원 확보에 한계가 왔다. 결제 회원 규모가 작으면 결제 매장에서의 관심도나 프로모션이 줄어든다. 결제 매장에서의 관심도와 프로모션이 줄어들면 은행들도 점차 투자를 줄이고, 은행 회원들에 대한 마케팅이 감소한다. 그런 식으로 은행들의 고객 대상 홍보 효과가 줄어들면 해당 국가의 삼성페이 서비스는 서서히 힘이 빠진다.

다행히 삼성페이 토큰을 단일화하겠다는 입장이 굳어지기 전에 한국 삼성페이는 토종 토큰 규격인 앱카드 규격을 적용하기로 일찌감치 승인받고 개발을 시작했다. 한국 결제 시장을 조금 앞서 접근했던 MSC 출신 개발팀의 빠른 실행 덕분이었다.

아쉬움을 남긴 삼성월렛 종료

토큰 단일화 외에도 삼성페이 개발 초기에 아쉬운 일이 몇 건 있다. 하나는 삼성페이와 시너지 효과가 있는 삼성월렛 서비스를 조기 종료한 것이고, 또 다른 하나는 거의 다 준비된 삼성페이 수익 모델을 계약 직전에 보류한 것이다.

삼성월렛은 전자지갑 서비스로 결제 서비스를 포괄하는 개념이다. 삼성페이가 기획될 당시 삼성월렛은 이미 쿠폰과 멤버십, 티켓 등을 담는 전자지갑으로써 전세계 20여 개국에서 애플의 패스북에 필적하는 서비스로 자리 잡고 있었다. 출시 후 2년여의 안정화 기간을 걸쳐 어렵사리 파트너들을 모아 삼성월렛 생태계를 만들어 가던 상황이었다. 삼성월렛에는 향후에 삼성페이 서비스가 완성되면 삼성페이의 결제 기능과 결합해서 시너지 효과를 낼 수 있는 콘텐츠들이 많이 준비되어 있었다.

그런데 새로 변경된 조직에서는 일단 삼성월렛을 종료하기로 결정했다. 유지 비용이 크다는 이유에서였다. MSC가 해체되면서 삼성전자가 아니면 고객에게 제공할 수 없거나, 고객이 너무 잘 사용해서 도저히 없어서는 안 되는 서비스를 제외한 모든 서비스가 종료 절차에 들어갔는데 삼성월렛도 그 종료 서비스에 포함된 것이다.

새로운 조직에서 다시 삼성페이를 출시하기로 결정한 상황인 만큼, 삼성페이와 시너지가 있는 삼성월렛의 전략적 가치를 재평가하고 어떻게든 서비스를 유지할 필요가 있었다. 우리는 삼성월렛 담당자가 아니라, 삼성페이 담당자로서 여러 번 삼성월렛을 유지해야 하는 이유를 설명했다. 지금 삼성월렛을 없애면 나중에 지금 줄인 비용보다 더 큰 비용이 들 것이라고 설득했다. 하지만 신규 조직은 삼성페이와 삼성월렛의 시너지 효과를 가늠할 전문적 지식이 없었다. 그들은 우리가 MSC 출신이라 삼성월렛을 고수하려 한다는 선입견을 갖고 있었다. 결국 비용 절감 차원에서 결정된 삼성월렛 종료는 그대로 진행되었다.

삼성월렛은 파트너사들이 콘텐츠를 넣어줘야 유지되는 서비스였기 때문에 삼성월렛의 종료에는 우리의 의사결정뿐 아니라 파트너사들의 의사결정도 필요했다. 파트너들도 나름대로 미래의 사업적 가치를 기대하고 자원을 투입해서 삼성월렛과의 시스템 연동을 구현했는데, 일방적으로 서비스 종료를 통보할 수는 없었다. 우리는 파트너들과 일일이 협의하여 서비스 종료에 대한 동의를 얻었다. 위약금이 발생하지 않는 파트너십 계약은 고객 고지를 포함하여 3개월의 유예를 두고 즉시 종료했고, 위약금이 발생하는 파트너십 계약은 계약 만료까지의 유지 비용보다 위약금을 낮추는 협상을 통해 계약을 조기 종료했다. 서비스 종료 결정 3개월만에 2년에 걸쳐 쌓은 서비스 시스템과 파트너사 관계는 깨끗이 청산되었다.

이후 애플의 행보와 삼성페이의 메뉴 구성을 보면 삼성월렛 서비스의 종료가 성급한 결정이었음을 알 수 있다. 애플은 애플페이 출시 후, 기존에 제공하던 전자지갑인 패스북에 애플페이 사용을 위해 입력한 결제 카드를 관리할 수 있는 기능을 추가하고, 패스북의 이름을 '애플월렛'으로 변경했다. 2012년 쿠폰, 멤버십, 영화표, 학생증 등을 디지털 형태로 담는 패스북으로 시작하여, 2015년 드디어 결제 카드까지 디지털 형태로 집어넣으면서 명실공히 완성된 형태의 전자지갑이 된 것이다.

애플은 '지갑은 신용카드를 담는다'는 상식에 맞춰, 패스북을 페이를 포괄하는 월렛 개념으로 진화·발전시켰다. 삼성페이도 출시 이후에 고객의 편의성을 위해 결제 서비스에 멤버십과 쿠폰샵, 쇼핑과 금융 서비스를 추가했다. 삼성월렛 서비스에 결제 서비스를 넣는 것과 비슷한 구성을 갖게 된 것이다.

삼성페이 수익 모델이 불발되다

또 다른 아쉬운 사건은 삼성페이 서비스를 지속적으로 성장하게 할 수도 있었던 수익 모델을 폐기한 것이다. 돌이켜보면 가장 뼈아픈 장면이다. 출시 당시 삼성페이의 주목적은 결제 서비스로 돈을 버는 것이 아니었다. 갤럭시 스마트폰을 사용하는 고객들에게 휴대폰으로 결제하는 새로운 경험을 제공함으로써 휴대폰 판매를 확대하는 것이었다. 모바일 결제 서비스의 성공 가능성이 불확실한 상황에서 결제 서비스 생태계에 무리 없이 들어갈 수 있는 아주 적절한 전략이었다.

그러나 지금 생각해보면 그때부터 수면 아래에서 수익화 사업 모델을 준비했어야 했다. 휴대폰을 다시 구매할 정도로 고객의 경험이 차별화되려면 한 번의 개선으로 끝나서는 안 된다. 휴대폰이 나올 때마다, 혹은 휴대폰이 지겨워질 즈음마다 새로운 사용자 경험을 제공해야 한다.

MST를 활용한 '모든 매장에서의 결제'라는 경험은 출시 당시에는 매력적이고 차별화된 경험이지만, 시간이 지날수록 고객이 거기에 익숙해지면서 평범한 경험이 되어버릴 것이었다. 그래서 삼성페이는 MST 외에 다른 기능도 시의 적절하게 제공하고, 고객들이 삼성페이를 계속 사용할 이유가 되는 재미와 혜택을 지속해서 제공해야 했다. 그래서 삼성페이를 사용할 때마다 '삼성페이로 결제하면 뭔가 다르다. 재미가 있다, 혜택이 있다'는 인식을 만들어야 했다. 그래야 현금이나 플라스틱 카드로 회귀하지 않고, 휴대폰을 꺼내서 삼성페이 앱을 열고 결제하는 행위를 지속시킬 수 있었다.

큰 혜택이 아니어도 됐다. 기존 카드가 주는 혜택과 별도로 공짜 스탬프나 소량의 포인트를 적립하여 삼성페이 결제의 재미를 느낄 수 있는 정도면 충분했다. 그런데 그런 재미와 혜택을 만드는 데는 크든 작든 비용이 들 수밖에 없었고, 그 비용은 삼성페이 서비스 구조에서 자체적으로 생성되어야 했다.

그래서 우리는 삼성페이를 준비하는 초기부터 수익화 사업 모델을 고민했다. 그리고 VAN사를 만났다. VAN사는 상점으로부터 오는 모든 결제 승인 요청 정보를 식별하여 처리해주는 주체다. 우리는 그들에게 삼성페이 결제 처리 후, 거래 정보를 영수증 형태로 전환하여 삼성페이 서버에 전달해줄 수 있는지 문의했다. 결제 정보를 다 전달하지 않아도 상관없었다. 고객의 동의하에 고객의 정보를 호출할 수 있는 식별자만 전달해주면 되었다. 그게 가능하다면 영수증 정보를 저장할 필요 없이 결제할 때마다 영수증 화면에서 결제 상점의 단골 스탬프나 광고 등을 노출해주고, 그 대가로 받은 수수료의 일부를 VAN사에 배분하겠다고 했다.

VAN사는 돈을 주지 않아도 어차피 관리해야 하는 정보인데 단돈 1원이라도 수익을 일으킬 수 있으니 좋은 기회라 여기고 협력에 동의했다. 수익 배분을 위한 재원은 상점 주인들이 매출 발생 후에 후불로 내는 것이라 충분히 설득이 가능했다. 문제는 상점 주인을 일일이 만나서 서비스 내용을 설명하고 서비스에 가입시키는 영업 인력들에게 드는 비용인데, VAN사는 이미 상점을 돌아다니면서 일상적인 관리 활동을 하고 있었기에 추가 비용이 거의 들지 않았다. 서로의 역량을 통해 상대방의 필요를 채우는 궁합이 맞는 협력 구도였다.

다만 상점과 관련된 정보가 VAN사마다 미세하게 달라(예를 들면 같은 회사를 두고 삼성전자, (주)삼성전자, 삼성전자 주식회사 등 사용하는 표현이 다양하다), 상점의 정보를 하나의 기준으로 통합하는 데이터베이스가 필요했다. 약 200만 개가 넘는 결제 상점의 정보를 관리 가능하도록 하나의 데이터베이스를 통합하고, 수백만 삼성페이 고객이 발생시키는 결제를 고객 계정별로, 상점 계정별로 분류하고 관리하는 통합 시스템을 개발·운영할 사업 파트너가 필요했다.

여러 업체를 타진하면서 이것이 보통 작업이 아니란 것을 알게 되었다. 쉽게 생각하고 접근했는데 적합한 업체를 찾을 수 없었다. 그러다 오래전부터 사업 제휴 관계이던 다우데이터의 김성범 이사가 우리 얘기를 듣고, 다우기술의 부사장을 소개시켜주었다. 다우기술은 대한민국의 대표적인 IT 전문회사이면서 다우데이터라는 결제 처리 전문 업체를 관계사로 두고 있어 이런 작업에 적합했다.

다우기술은 기꺼이 관심을 갖고 적극적으로 협력하기로 했다. 거기에 더해서 수익화 사업 모델의 조기 활성화를 위해 또 다른 관계사인 키움증권의 광고를 영수증 화면에 실어 초기 광고 영업을 위한 마중물 역할도 해주겠다고 약속했다. 대신 다우기술은 수익이 생기는 시점에 더 많은 비중의 수익을 배분받기로 했다. 삼성전자의 비용을 하나도 들이지 않고, 파트너사의 투자와 사업 역량으로 갤럭시폰 고객이 혜택을 얻을 수 있는 플랫폼 사업이 이렇게 시작되나 싶었다.

그러나 다우기술과의 계약을 체결하는 과정에서 새로 업무를 맡게 된 담당 임원이 이 계약은 위험하고, 당사 전략에도 맞지 않으니 보류해야 한다는 결정을 내리고 말았다. 전혀 위험하지 않고, 크게 보면 삼성페이 서비스 전략에 정확히 부합하는 계약이었지만, 이미 위험하다는 선입견을 갖고 있는 상대와 공감대를 형성하기란 어려운 일이었다.

결국 다우기술과의 계약은 체결 직전에 보류되었고, 우리는 다우기술에 죄송한 마음을 담아 계약을 보류해야겠다고 통보했다. 계약 체결이 되지 않은 상태에서 인력을 잡아둘 수 없었던 다우기술은 결국 데이터 통합용 시스템 설계팀을 철수했다. 이 자리를 빌어 다우기술의 부사장님과 개발진, 그리고 다우데이터의 김성범 이사에게 다시 한 번 미안한 마음을 전한다.

데이터를 통합해줄 주체가 없어지면서 VAN사들로부터 오는 영수증 정보를 받아서 삼성페이로 중계해줄 방법이 없어졌다. 결국 VAN사와 삼성페이 서버 간 시스템 연동이 불가능해졌고, VAN사의 정보제공 서비스도 없던 일이 되었다. 우리는 VAN사로부터 정보를 받고 수익화를 해주겠다고 약속했다가 약속을 지키지 못한 거짓말쟁이가 되었다.

결제 서비스 운영 경험 없이 추진된 삼성페이가 한국에서 성공적으로 출시될 수 있었던 것은 묵묵히 자기 몫을 담당한 우직하고, 충성스러운 직원들 덕분이다. MSC 시절부터 삼성월렛을 통해 신규 결제 서비스를 개발하고 운영한 경험이 있는 전문 개발자와 기획자들이 자발적으로 헌신하며 부족한 인력과 지식의 공백을 메꿔주었다. MSC 해체 이후, 결제 서비스 과제와 조직의 이합집산이 매일, 매주, 매달 반복되는 불안한 상황에서도 그들은 삼성전자 특유의 추진력과 속도로 MST라는 새로운 무기를 적극 활용하여 세상을 바꿀 한국 삼성페이 서비스를 만들어갔다.

결제는 멀티 로컬 서비스다

"한국 삼성페이는 '후루꾸'°입니다."

한국 삼성페이 출시 후 몇 달이 안 되어 전체 삼성페이팀과 소통하는 타운홀 미팅에서 담당 임원이 뱉은 말이다. 한국 삼성페이가 비자/마스터카드 규격의 토큰을 사용하지 않고, 한국 카드사 규격의 토큰인 앱카드 OTC(일회용 카드)를 사용한다는 것에 대한 한 줄 평가였다. 본인은 농담 반 진담 반으로 한 얘기였 겠지만, 결제 서비스 담당 임원이 결제 서비스의 지역 기반 속성을 모른다는 것을 반증하는 발언이었다.

많은 사람이 비자/마스터카드가 카드 결제의 글로벌 표준이라고 오해하지 만, 사실 그들은 미국과 영국의 규격일 뿐이다. 해외를 돌아다니면서 자국의 카드를 쓰는 미국인과 영국인이 많다 보니 해외 매장들에서 그들의 카드를 받 기 위해 비자/마스터카드 카드 거래 규격을 채택했을 뿐이다. 중국인들의 해 외 방문이 늘어나면서 중국 카드 규격인 유니온페이 카드를 받는 해외 매장들 이 많아진 것과 같은 이치다. 유니온페이가 글로벌 표준이 아니듯, 비자나 마 스터카드도 글로벌 표준이 아니다. 비자나 마스터카드가 글로벌 표준 규격처 럼 보이는 것은 글로벌 카드사의 마케팅과 영업력이 만들어낸 환상이다.

전 세계의 결제 서비스는 단일 규격으로 일사불란하게 움직이지 않는다. 그 런 의미에서, 글로벌 표준 결제 규격이란 것은 없다. 결제 시장은 국가별/권역 별 규제 정책에 따라 파생된 수없이 많은 지역 규격이 느슨하게 연결되어 있

° '뜻밖의 행운, 요행. 당구에서 요행수로 맞아 점수를 얻는 일'을 뜻하는 'fluke'를 일 본식으로 발음한 것.

는 멀티 로컬 규격 시장이다. 스마트폰처럼 한 곳에서 생산해 전 세계에 파는 방식이 적용되지 않는다. 사실 스마트폰도 자세히 들여다보면 소프트웨어는 지역별 시장 상황에 맞게 세부 튜닝을 한다. 하물며 하드웨어 없이 정책과 시스템만으로 운영되는 결제 서비스는 국가마다 서로 다른 내용과 형태를 가진 독립된 서비스 상품이라고 봐야 한다.

결제 서비스를 하나의 솔루션으로 만들어 글로벌 시장에 제공하겠다는 생각은 공상에 불과하다. 결제 서비스를 성공시키려면 비슷한 규제가 적용되는 국가 혹은 권역에서 먼저 자생 능력을 확보할 수 있어야 한다. 철저하게 각 지역의 기준에 따라 결제 처리 프로세스를 잡고, 사업성을 확보하여 그 지역에서 안전하고 편리한 결제 서비스로 안착해야 한다. 그렇게 안착된 서비스 베이스를 만든 다음에야 다른 권역에 또 다른 베이스를 만들고, 그런 베이스들을 연결하여 사업 영역을 확장해나갈 수 있다. 그래야 비로소 결제 서비스가 글로벌 차원에서 성공했다고 할 수 있다.

미국 결제 서비스 기업인 페이팔Paypal은 미국에서 성공했다고 해서 미국 시장에 적용한 프로세스를 그대로 유지하면서 해외 100여 개 국가에 진출하지 않았다. 어떤 국가에서는 은행으로, 어떤 국가에서는 결제 사업자로, 어떤 국가에서는 송금 업체로, 각각 해당 국가의 규제와 정책에 맞춰 회사의 형태를 조정해가면서 로컬 비즈니스를 만들었다. 그리고 그런 로컬 비즈니스를 연결하는 멀티 로컬 네트워크를 통해 글로벌 결제 서비스 운영사로 성장했다.

결제 서비스는 국가별/권역별로 구분한 시장의 특성을 정성스럽게 검토해서 그 시장에 안정적으로 진입한 후, 지속적으로 생존할 수 있도록 현지에서의 차별화 전략을 세워야 한다. 그렇게 개별 시장들에서의 성과를 점을 잇듯이 하나하나 이어가야 멀티 로컬에 기반한 글로벌 네트워크를 만들 수 있다. 비자와 마스터카드가 이렇게 성공했고, 많은 결제 서비스 사업자들이 그 길을 걸어가며 혁신을 만들어내고 있다. 마찬가지로 삼성페이도 한국과 미국, 유럽 등지에서 자생적인 성과를 만들어내야 글로벌 성공 가능성이 높아진다.

차별적 협업 관계: 사업 일류화의 필수 역량

삼성전자는 하드웨어 개발/제조/판매를 사업의 근간으로 삼은 회사다. 1969년 창립해서 흑백 텔레비전을 만들어 파는 것으로 사업을 시작했고, 이후 70년대에는 냉장고, 세탁기 등 살림살이에 필수인 가전 제품을 생산했으며, 80년대 들어서면서 개인용 컴퓨터, 반도체 등의 정보통신 제품을 만들었다. 90년대에는 세계 최초로 최대 용량의 메모리 반도체를 만들며 단순 하드웨어 제조 회사가 아니라 세계적인 개발 역량을 가진 종합 전자 회사가 되었고, 90년대 후반부터는 신경영과 더불어 '애니콜' 돌풍을 일으키며 디지털 컨버전스 시대에 강력한 프리미엄 브랜드를 가진 회사가 되었다. 현재 삼성전자는 텔레비전과 휴대폰, 반도체 부문에서 세계 1위를 차지했다. 이 모든 것의 중심에는 품질 좋은 하드웨어가 자리잡고 있다.

품질 좋은 하드웨어는 어떻게 만들어질까? 먼저 품질 검수 체계가 잘 구축되어 있어야 한다. 부속 자재를 만들고, 그것들을 모아서 조립하고, 소프트웨어를 집어넣고, 완제품을 검수하고, 잘 포장하고, 판매점까지 잘 배달하고, A/S까지의 모든 단계마다 최고의 품질을 유지하는 기준을 만들고, 그 기준에 부합하는지를 상시 체크하는 시스템을 갖추어야 한다. 거기에 더해 그 시스템 안에 들어오면 그 누구라도 자연스럽게 최고의 제품을 만들고자 하는 욕구가 발생하도록 해야 한다. 그래야 시스템이 헛돌지 않고 잘 돌아간다. 삼성전자의 힘은 그런 시스템 구축과 유지에 있다.

삼성전자는 부속 자재를 공급하는 업체를 '납품업체'라고 부르지 않고, '협력업체'라고 부른다. 돈을 받고, 약속한 물건을 공급한다는 사실만 놓고 보면 말장난이라고 할 수도 있다. 하지만 그 단순한 호칭 변화에 담긴 의미는 말장난

이상이다. 삼성전자와 애플에 똑같은 부속 자재를 공급하는 업체는 납품업체라고 할 수 있다. 하지만 삼성전자에서 조립하는 완제품의 완성도를 높이기 위해 특별히 '뭔가 다른' 부속 자재를 공급하는 업체는 협력업체라고 할 수 있다. 그렇게 뭔가 다른 부속 자재를 공급하는 업체가 많으면 많을수록 삼성전자는 탄탄한 경쟁 우위를 갖고 시장에서 잘 싸울 수 있다. 텔레비전과 휴대폰, 반도체 등에서 삼성전자가 세계 1위를 할 수 있었던 것은 그런 협력업체들이 든든하게 받쳐주었기 때문이고, 협력업체와의 '차별적 협업 관계'를 꾸준히 잘 만들어왔기 때문이다.

어떻게 그런 관계가 만들어질 수 있었을까? 그것은 삼성전자가 각 분야에서 오랫동안 공들여 누적해온 투자의 결과다. 삼성전자는 그 분야에서 미래 시장을 선도하겠다는 비전을 협력업체와 나누고, 함께 그 비전을 달성하면서 신뢰 속에 차별화된 협업 관계를 만들어왔다.

하지만 안타깝게도 삼성전자의 콘텐츠/솔루션 서비스 분야는 납품업체에서 협력업체로 협업 관계를 차별화시킬 수 있게 하는 누적된 투자나 뚜렷한 미래 비전이 없었다. 삼성전자의 콘텐츠/솔루션 서비스는 공급 파트너들의 서비스를 그대로 고객에게 전달하는 방식으로 시장에 진입했다. 이후에도 삼성전자는 파트너들로 하여금 '뭔가 다른 것'을 제공해야겠다는 동기를 부여해주지 못했다.

삼성전자가 MSC에서 추진했던 영화, 음악, 게임, 전자책 등의 콘텐츠 중계 서비스가 시장의 주목을 받지 못했던 것은 독자 영역을 구축하지 못하고, 단순 콘텐츠 중개업체로 남은 삼성전자의 애매한 태도에 일부 책임이 있다. 콘텐츠 공급사에게는 애플이나 구글, 또는 네이버와 카카오가 삼성전자보다 더 좋은 파트너였다. 그들은 적극적인 투자와 미래 지향적인 비전을 주면서 콘텐츠 파트너들을 모았고, 자신들만의 영역을 구축하면서 콘텐츠 파트너들의 서비스를 차별화했다. 삼성전자가 하드웨어 분야에서 '납품' 수준의 공급업체를 '협력' 수준의 제휴업체로 그 협업 관계를 차별화한 것과 비슷했다고 할 수 있다.

그런 면에서 삼성페이는 삼성전자의 기존 콘텐츠/솔루션 서비스와는 다르게, 처음부터 파트너사들에게 삼성전자의 투자 의지와 비전을 보여주며 결제 파트너들을 '차별적 협업 관계'로 초대했다. 무엇보다도 수천억 원을 들인 MST 기술 인수는 그 자체로 시장에 삼성전자의 투자 의지와 미래 비전을 함축해서 보여주었다. 카드사도, 은행도, 대형 유통매장도 초기에는 불안해했지만, 점차 모바일 결제 서비스의 차원을 높이는 새로운 시도를 믿어주고, 기꺼이 동참하여 삼성페이의 생태계를 만들었다.

삼성페이는 파트너의 결제 서비스를 전달하면서도, 언제 어디서나 간편하게 스마트폰을 통해 결제하는 새로운 사용자 경험이라는 삼성전자만의 독자적 영역을 제공했다. 철저히 파트너의 서비스에 기반하되, 고객에게 삼성페이만의 새로운 경험을 제공하는 일을 소홀히 하지 않았던 것이다. 결제 파트너들은 단순하게 카드 번호를 제공하는 '납품업체'가 아니라 삼성페이를 위해 함께 고민하고, 고객의 불편함을 개선하는 '협력업체'가 되었다. 그 차별적 협업 관계는 그 이전에는 존재하지 않았던 새로운 관계였다. 그 관계가 한국 삼성페이를 그 어떤 간편결제 서비스 경쟁사도 따라오지 못하는 일류 서비스로 만들어주었다.

혼자서는 절대 신규 서비스를 시장에 안착시키지 못한다. 혼자서는 절대 고객이 좋아하고, 계속 사용하는 일류 서비스를 만들 수 없다. 상대방으로 하여금 나를 신뢰하게 하는 데서 시작한 관계는 곧바로 나로 하여금 상대방을 신뢰하게 하는 수준으로 발전한다. 이런 신뢰 속의 차별적인 협업 관계가 어떤 사업이든 지속적으로 성공하게 하는 사업 일류화의 길이다.

6

세상을 바꾸다,
한국 삼성페이

2014년 애플페이 발표 후 1년 만에 한국 삼성페이
가 출시되었다. 삼성페이가 출시되기까지, 그리고
출시되고 나서도 각종 사건 사고의 위협에 마음을
놓을 수 없었다. 삼성페이가 안 되는 상점도 있었
고, 삼성페이를 거부하는 상점도 있었다. 결제 오
류로 치명적인 위기를 겪을 뻔 하기도 했고, 출시
후 3년 뒤에는 무용지물이 될 뻔한 위기도 겪었다.
하지만 삼성페이는 이 모든 어려움을 극복하고 고
객들에게 꾸준히 사랑받으며 세상의 결제 방식을
바꿔나갔다.

18 삼성페이는
어떤 서비스인가?

2015년 초, 우리는 삼성월렛 담당자로서 서비스를 종료하면서 그와 병행하여 한국 삼성페이 출시를 준비했다. 서비스 기획과 마케팅을 동시에 총괄하던 MSC가 해체된 상태에서, 우리는 준비 첫 단계부터 한국 시장에서 영업과 마케팅을 담당하는 한국총괄과의 협업이 무엇보다 중요하다고 판단했다.

서비스 기획은 서비스 자체의 완성도도 중요하지만, 최종 사용자에게 부각시킬 매력적인 서비스 특성을 정의하는 것이 더욱 중요하다. 그런 서비스 특성을 제대로 정의하고, 고객에게 전달할 방법을 고민하기 위해서는 현지 고객을 가장 잘 아는 현지 시장 전문가의 경험과 통찰이 필요했다. 이에 이신우 부장은 나와 김경덕 사원을 한국총괄에 파견해 한국총괄 담당자들과 함께 삼성페이 출시 TF를 운영하도록 했다.

우리는 먼저 한국총괄에서 휴대폰 판매를 책임지고 있는 모바일 영업팀장에게 MST를 사용한 한국 삼성페이 결제 방식을 설명하고, 한국 삼성페이 출시의 대략적인 방향을 보고했다. 팀장은 한국총괄 사무실에 TF 공간을 만들어주고, 한국총괄에서 콘텐츠/솔루션 업무를 경험한 적 있는 채춘식 차장과 이정훈 과장을 TF에 참여시켜주었다. 이렇게 4명이 모여 한국 삼성페이 출시 전략 개요를 작성하기 시작했다. 세상을 바꾸는 서비스가 비로소 구체적으로 기획되기 시작한 것이다.

대한민국의 모든 카드를 담다

전자 결제 생태계에서 가장 중요한 역할을 하는 주체는 결제 재원을 직접 관리하는 카드사 혹은 은행이다. 그들은 전자 결제 생태계 공급 사슬의 최정점에서 모든 리스크를 책임지고 있다. 전자 결제 처리란, 결제 고객이 신용 혹은 예금 잔액 한도 내에서 전자식 매체(카드)로 재화와 용역을 구매하면 카드사가 결제 상점에게 구매 대금을 지불해주고 나중에 고객으로부터 사용 금액을 정산받는 일이다. 카드사는 이 결제 처리상 발생할 수 있는 모든 위험을 감수하고 결과에 책임을 지면서 전자 결제 서비스가 문제없이 돌아가도록 제반 업무를 수행한다.

물론 카드사들도 수익이 생기기 때문에 이 일을 한다. 하지만 수수료 수익이 너무 크면 정부와 언론으로부터 질타를 받고, 수수료 수익이 줄어들어 마케팅 혜택을 줄이면 고객으로부터 비난을 받는다. 그런 상황에서도 카드 전자 결제 시스템이 멈추지 않도록 노력하는 카드사들은 누가 뭐라 해도 대한민국 소비 경제의 흐름을 안전하게 관리하는 경제 질서 창출과 유지의 역군들이다.

새로운 결제 서비스를 하는 데 있어서 카드사 혹은 은행과의 신뢰에 기반한 협력 관계는 아무리 강조해도 지나치지 않다. 이런 관계를 형성하는 작업은 비록 쉽지 않지만, 반드시 선행되어야 한다. 한국 삼성페이팀은 이미 삼성월렛을 함께 개발하며 만들어놓은 제휴 레퍼런스로 국내 전 카드사와 업무상 신뢰 관계를 쌓았다. 게다가 국내 은행들과 업무 관련 교류가 많은 삼성전자의 재무팀도 필요하면 지원을 아끼지 않겠다며 든든한 지원군이 되어주었다. 특히 한국의 카드 시스템과 정부 정책에 대해 손쉽게 문의하고 조언을 구할 수 있는 삼성카드사의 존재는 타 카드사를 비롯한 금융권과의 관계 강화에 큰 도움을 주었다.

이렇게 결제 서비스 도입에서 가장 중요한 결제 사업자와의 파트너십이 이중·삼중으로 엮이면서 한국 삼성페이의 성공 가능성은 더욱 커져갔다. 휴대폰을 활용하여 카드사의 결제 서비스를 더 고객 친화적이고, 더 마케팅 통합적인 서비스로 재탄생시킨다는 사실이 우리의 가슴을 뛰게 했다.

은행 계좌와 ATM을 담다

2015년 2월, 갤럭시 S6 언팩Unpack(제품 공개 행사) 보도 기사에 한국 삼성페이 서비스 출시 가능성이 언급된 후, 국내의 여러 기업에서 삼성페이에 관심을 보였다. 우리는 다양한 기업과 업무 제휴 협의를 하면서 삼성페이 서비스를 구체화해나갔다.

어느 날 우리은행으로부터 협력 제안이 들어왔다. 국내 카드사와의 제휴는 이전부터 진행해왔지만 은행과의 제휴는 처음이었다. 첫 미팅에서 우리은행은 국내 송금, 해외 송금, 은행 계좌 기반 결제를 제안했다. 송금은 매력적인 제안이었으나 MST를 직접 활용할 수 있는 분야가 아니어서 2순위로 미루었고, 1순위로 은행 계좌 기반 결제를 추진하기로 했다. BC카드가 우리은행 계좌를 위한 토큰을 발행해서 그 계좌로 상점에서 결제하면 BC카드가 매입 처리를 함으로써 삼성페이에서 은행 계좌 기반 결제 거래를 처리할 수 있었다.

하지만 나는 우리은행과 꼭 하고 싶은 서비스가 있었다. 카드사는 제공할 수 없는 서비스로, 바로 삼성페이의 MST 기술을 활용한 ATM 입출금 서비스였다. 당시 한국 삼성페이가 갤럭시 S6 출시 시점인 4월에 동시 출시된다는 소문이 돌고 있었다. 하지만 사실 삼성페이 출시는 8월로 연기된 상황이었다. 나는 출시가 연기된 만큼 시장과 고객들이 예상하지 못한 새로운 서비스를 준비해서 실제 출시 시점에 시장에 충격을 주고 싶었다. 결제 외에 고객에게 유용한 서비스가 은행 ATM 서비스라고 생각한 나는 이를 우리은행 미팅에서 제안했다.

다행히 우리은행도 삼성페이로 작동하는 ATM 서비스 출시에 관심을 갖고 협력하기로 했다. 우리은행 담당자의 적극적인 노력으로 4월경 우리은행 내부에 TF가 구성되었고, 8월 삼성페이 출시 시점에 우리은행 고객이 삼성페이에 우리은행 계좌를 등록하고 삼성페이에서 인증하면, MST 기술로 계좌 기반 결제뿐 아니라 은행 ATM 기기에서 입출금 서비스를 경험할 수 있게 되었다.

출시 효과를 극대화하기 위해서는 극도의 보안 유지가 필요했다. 우리은행은 이 프로젝트에 '광산 프로젝트(계속 뭔가를 파내겠다는 의지를 담았다고 한다)'라는 코드명을 붙여 철저하게 비공개로 진행해주었다. 삼성페이 출시 후, 삼성페이를 통해서 우리은행 ATM이 작동하는 것을 보게 된 다른 은행들이 앞다퉈 자신들도 해당 서비스를 출시하겠다고 연락이 왔다. 비밀이 새어나갔다면 연락이 오는 모든 은행들과 일정을 조율하느라 삼성페이 출시 일정을 못 맞출 수도 있었겠다고 생각할 정도로 반향이 컸다.

사실 ATM 기기에서 삼성페이의 MST 신호를 받도록 하는 것은 쉬운 일이 아니었다. 당시 ATM 기기는 NFC 신호를 받는 수신기가 이미 내장되어 있었다. 비록 MST가 NFC보다 인식률이 높고, 속도도 빠르다는 장점이 있었기에 전환을 결정했지만, 오로지 삼성페이만을 위해 전국 지점에 비치된 ATM 기기 중 최소 1대에 MST 신호 수신기를 넣는 작업은 공수도, 비용도 많이 드는 엄청난 일이었다.

하지만 우리은행은 기꺼이 수개월에 걸쳐 하드웨어를 수정했고, 보안을 위해 수정된 ATM 기기의 삼성페이 MST 터치 패드 위치에는 가림막 스티커를 붙였다. 서비스를 공개하는 날 각 지점의 담당자가 그

스티커를 떼어냈고, 업계에서 전혀 예상하지 못한 '우리삼성페이(우리은행이 MST를 활용한 ATM 입출금 서비스에 붙인 브랜드)'를 깜짝 공개할 수 있었다.

사실 삼성페이로 은행 ATM 서비스를 한다는 것은 좀 특이한 발상이었다. 페이 업계 관련자들에게 삼성페이에 기대하는 것이 무엇이냐고 물으면 휴대폰으로 결제하는 서비스라고만 답을 했다. 그런데 은행 ATM 조작까지 삼성페이로 할 수 있다면 그 사실을 접한 고객은 얼마나 놀라고 신기해하겠는가? 상상만 해도 즐거운 일이었다. 실제로 8월 출시 시점에 ATM 조작 서비스를 소개했을 때, 고객들은 마술쇼를 보는 것처럼 신기해하고 좋아했다.

이 서비스에 대한 제안을 수용하고, 한번 해보자고 의기투합했던 우리은행 팀장님은 중간에 여러 어려움을 만나면서도 최종 목표를 향한 초점을 잃지 않았다. 누구도 생각하지 못했던 서비스를 세계 최초로 내놓는다는 공동의 목표! 이 목표를 향해 어렵고 힘들어도 웃으면서 즐겁게 서로를 격려하면서 프로젝트를 진행했다.

한국 삼성페이는 앱카드 덕분에 세계 최초로 모든 가맹점에서 결제가 되는 모바일 결제 서비스가 되었고, 우리은행 덕분에 세계 최초로 MST 방식으로 현금을 인출하는 ATM 서비스를 오픈할 수 있었다. 원래는 ATM 입출금 기능을 시작으로 국내 송금, 해외 송금까지 서비스를 확장할 계획이었지만, 바람대로 되지는 못했다. 이 자리를 빌어 우리은행 '광산 프로젝트 TF'에 감사함과 미안함을 함께 전한다.

교통카드를 담다

비록 MST 기능을 사용하는 것은 아니지만, 고객들이 가장 자주 쓰고, 휴대폰에서 사용할 수 있기를 원하는 기능인 교통카드도 삼성페이에 담기로 했다. 이에 티머니와 캐시비를 찾아가서 협의를 시작했지만 쉽지는 않았다. 이미 전국민이 돈을 충전하여 사용하는 선불교통카드 혹은 신용카드에 교통카드 모듈을 내장하여 사용하는 후불교통카드를 아무 불편 없이 쓰고 있었다. 교통카드 업체 입장에서는 휴대폰에 교통카드를 담으면 교통카드용 플라스틱 플레이트 판매 수익만 잃어버릴 위험이 존재했기에 이를 견제할 수밖에 없었다.

다행히 후발 주자인 캐시비가 적극적으로 협력 의사를 밝혔고, 티머니도 교통수단을 넘어선 일반적인 모바일 결제 수단으로 확장하고픈 꿈이 있었기에 협의는 꾸준히 진행되어 교통카드도 삼성페이에 포함시킬 수 있었다.

멤버십 카드를 담다

플라스틱 카드를 바코드 형태로 담아주는 디지털 멤버십 카드가 보편화된 상태라 고객의 편의를 위해 멤버십 카드도 삼성페이에 담아야 했다. 하지만 삼성월렛을 중단하면서 100여 개의 가맹점 멤버십 카드를 소싱해주던 파트너와 헤어졌기 때문에, 삼성페이에서는 주요 대형 유통망의 멤버십 카드를 삼성페이 서버와 직접 연동하여 담기로 했다.

당시 100여 개의 멤버십 카드가 시장에서 발행되어 사용되고 있었지만, 실제 포인트 적립과 사용의 90%는 상위 10개 멤버십에서 이뤄졌다. CJ 원포인트, SPC 해피포인트, 롯데 엘포인트, 신세계 포인트, GS 포인트, OK 캐시백, 홈플러스 포인트 그리고 세 개 이통사 멤버십 포인트였다. 이 외의 멤버십 카드들은 자주 쓰이지 않았기 때문에 삼성페이에까지 넣을 필요가 없었다. 고객의 스마트폰에는 이미 시중의 모든 멤버십 카드가 담겨있는 이동사 전자지갑이 설치되어 있었기 때문에 고객이 크게 불편하지 않을 것이라는 판단이었다.

대신 우리는 다른 전자지갑과 달리 어느 오프라인 매장에서나 결제가 되는 삼성페이에서 멤버십 카드를 제공할 때 경쟁사 전자지갑에서는 도저히 모방할 수 없는 차별점을 만들고 싶었다. 매장 결제 창구에서 스마트폰의 멤버십 바코드를 보여주고 별도의 플라스틱 카드를 주고받아야 하는 다른 결제와 달리, 삼성페이에서는 멤버십 바코드를 보여주고 바로 이어서 MST를 활용하여 카드 결제까지 할 수 있었다.

멤버십 바코드 제시와 카드 결제를 거의 한 동작으로 한다는 것은 고객에게는 편한 결제 경험을, 상점주에게는 창구 앞에서 소요하는 시간 단축으로 인한 더 많은 결제 진행을 의미했다. 특히 시간 단축은 상점주에게 상당히 매력적인 제안이었기 때문에 많은 대형 가맹점이 직접 연동에 큰 관심을 보였다.

멤버십 바코드 노출과 카드 결제가 하나의 화면에서 이루어지는 계획은 점차 진화해서 삼성페이로 결제만 해도 멤버십 포인트가 적립이 되는 자동 적립 형태로 발전했다. 삼성월렛 시절에 원카드로 상상했던, 결제와 적립이 동시에 처리되는 복합 결제를 삼성페이에서 실현하게 된 셈이다. 특히 오프라인 대형 마트와는 협의를 거치며 마트 멤버십 카드에 쿠폰을 담고 삼성페이로 결제하면 계산대에서 쿠폰 할인율이 자동 적용되어 총 결제 금액이 계산되는 것까지 함께하기로 큰 그림을 그렸다.

하지만 삼성페이 출시 후, 10대 대형 멤버십 카드와 직접 연결하여 결제와 적립이 동시에 진행되도록 하자는 차별화 전략은 100여 개의 롱테일 멤버십을 삼성페이 앱에 담아주는 일반적인 서비스로 회귀했다. 대형 상점들과 직접 연동하면서 추진하기로 한 포인트 자동 적립과 쿠폰 자동 적용은 해피포인트, CU포인트까지 진행하고 개발 리소스 부족으로 차일피일 미뤄졌다.

결국 삼성페이 멤버십 서비스는 멤버십 소싱 업체와 계약하여 이동통신사 전자지갑과 똑같은 서비스를 제공하게 되었다. 남들도 제공하는 기능을 똑같이 제공하기 위해 소싱 비용을 추가로 지불하는 것이 이상하다는 생각은 들었지만, 고객에게는 이미 익숙한 멤버십 서비스를 제공하는 것이기에 큰 이슈 없이 진행되었다.

만능 컨테이너가 된 삼성페이

삼성페이는 결제 수단이 아니고, 결제 수단인 카드와 계좌를 담은 컨테이너였다. 삼성페이 자체로는 결제를 할 수 없으며, 카드나 계좌 같은 결제 수단 정보라는 알맹이가 들어가야 제 역할을 할 수 있었다. 별것 아닌 것 같은 이 사실은 삼성페이를 이해하는 데 있어 굉장히 중요하다.

삼성페이 출시 준비 과정에서 금융법 관련 자문을 맡았던 법무법인에서 한국 삼성페이 출시를 위해서는 삼성전자가 전자금융업체, 최소한 금융보조업체로 신고해야 한다는 의견을 주었다. 그때 우리는 이런 비유를 들어 법무법인에 설명했다. "삼성페이는 카드사의 플라스틱 플레이트 같은 역할을 할 뿐입니다. 카드사에 납품하는 플라스틱 플레이트 제조사가 전자금융업체로 등록하지 않아도 되듯이, 삼성전자도 등록이 필요 없지 않겠습니까?"

다행히 이 설명 덕분에 금융업체 신고 의견은 없던 일이 되었다. 삼성페이의 구조를 모르는 법무법인 입장에서 나름 철저하게 검토를 하느라 생겨난 해프닝이지만 삼성페이의 정체성을 명확히 하는 데 중요한 역할을 한 사건이었다.

컨테이너 전략에 의해서 삼성페이는 고객이 플라스틱 대신에 선택한, 좀 더 스마트한 매체로써 결제 생태계에 자연스럽게 녹아들 수 있었다. 컨테이너 역할로 자리를 잡고자 한 만큼 삼성페이는 고객이 필요한 기능을 그대로 담는 데 주저하지 않았다. 카드사의 신용카드와 체크카드 서비스를 그대로 담고, 은행의 ATM 서비스를 그대로 담고, 유통점의 멤버십 바코드를 그대로 담고, 교통카드 서비스를 그대로 담았다. 그렇게 삼성페이는 결제 시장에서나 마케팅 시장에서 배척받지 않고, 오히려 환영받는 서비스로 자리잡을 수 있었다.

19 한국 삼성페이의 기적

전국 200만 개 상점 결제 단말기를 조율하다

앱카드 협의체에 속한 6개 카드사는 물론, 유심칩에 모바일 카드를 발급하던 하나SK카드와 BC카드도 삼성페이의 MST 거래를 위한 OTC(일회용 앱카드 번호)를 제공했다. 이런 전체 카드사와의 탄탄한 파트너십 덕분에 삼성페이는 결제 고객에 관해서 100%의 접근성을 확보할 수 있었다.

이제는 카드 고객들이 방문해서 결제하는 200만 개의 카드 가맹점에서 MST 결제가 진짜로 이루어지는지 상점 인프라를 점검해야 했다. 고객의 손 안에 있는 휴대폰 앱으로 전달되는 OTC가 정말 MST 안테나를 거쳐 카드 리더기로 온전히 전달될 수 있을까? 그리고 그 카드 리더기는 전달된 OTC를 아무 문제 없이 결제 네트워크를 거쳐

172

카드사로 보낼 수 있을까? 그렇게 카드사 서버로 들어간 OTC가 아무 문제 없이 검증되고 승인될까?

OTC를 담을 수 있는 한국 삼성페이 앱의 시제품 개발이 끝나자마자 한국 출시 TF는 현장 테스트를 시작했다. 연초 4명으로 시작한 한국 삼성페이 TF는 이미 사업부 인력 10명, 한국총괄 인력 10명이 참여할 정도로 규모가 커진 상태였다.

"안녕하세요. 이걸로 결제해주세요."

현장 테스트 직원들이 편의점이나 분식점, 카페에 가서 계산을 할 때 스마트폰을 내밀면서 요청했다. 처음부터 큰 금액으로 테스트해보지는 못하고, 간단한 비용 처리가 가능한 곳을 중심으로 현장 테스트를 실시했다.

"이게 뭐예요?"(퉁명스럽게)

매장 주인이나 직원들은 익숙하지 않은 결제 수단을 내미는 손님에게 결코 친절하지 않다. 가뜩이나 바쁜데 빨리 카드나 현금을 받아서 결제를 처리했으면 싶은 것이다.

"삼성전자에서 나왔습니다. 새로운 휴대폰 결제 서비스를 준비하고 있는데요, 이것으로 한 번만 결제해주세요."

"안 돼요! 무슨 짓을 할 줄 알고" 하며 의심하는 분들도 있고, "우리 가게 기계는 그런 거 안 돼요" 하며 NFC 결제인 줄 알고 점잖게 타이르는 분들도 있다.

"이것으로 결제되지 않으면 그냥 가야 합니다."

결국 물건 구매를 포기한다고 해야 한번 해보라고 한다.

"와, 이게 뭐예요?"

CAT vs POS

휴대폰을 댄 후 결제가 되었다는 표징으로 영수증이 올라오면, 의심하고 걱정하던 매장 주인과 점원의 입에서는 탄성이 나왔다. 휴대폰을 대기만 해도 결제가 된다는 사실을 처음 경험한 것이다. 우리는 현장의 반응을 보고 이 서비스가 성공할 것이라는 확신이 들었다.

그런데 현장 테스트를 통해 충격적인 사실도 발견되었다. 시제품 앱으로 결제를 시도한 매장에서 MST 결제가 작동하지 않는 경우가 반이 넘는 것이었다. 카드를 긁고 금액을 입력하면 결제 처리가 되는 단순 결제 단말기CAT, Card Authorization Terminal는 그나마 오류가 적은 반면, 매장 관리나 주문 메뉴를 함께 입력하는 모니터 달린 복잡한 결제 단말기POS, Point of Sales는 50% 정도밖에 작동하지 않았다.

알고 보니 POS 결제 단말기 제조 회사와 유통 회사가 정해진 규격의 테두리 안에서 자신들이 사업을 하는 데 필요한 기능과 규격을 임의로 추가하고 있었다. 그런 기능 추가 과정에서 MST 결제에 영향을

174

주는, 알 수 없는 변경이 종종 발생했던 것이다. MST를 사용하면 카드 리더기를 사용하는 모든 상점에서 결제가 될 것이라고 생각했는데, 10~20%도 아니고, 50%의 매장에서 결제가 막히다니… 하늘이 캄캄해졌다. 이 문제를 풀어내지 못하면 지금까지 들였던 모든 노력이 물거품이 되는 절박한 상황이었다.

하지만 우리가 누구인가? 전 세계 하드웨어 제조 1위 삼성전자가 아닌가? 우리는 POS와 MST 결제 신호의 정합성을 맞추기 위해 'POS 특공대'를 조직했다. 결제 단말기를 형태별, 제조사별, 대형 상점별로 분류하여 하나하나 각개 격파로 문제를 해결해나가기 시작했다.

우선 이슈가 적은 CAT 단말기 테스트와 업데이트를 위해 국내 전 VAN사를 일일이 방문했다. VAN사가 운영하는 결제 단말기 연구실에서 그 회사가 배포하는 CAT 단말기를 전부 테스트하여 MST 정합성을 맞췄다. CAT 단말기는 전체 카드 가맹점 중 90%에서 사용되고 있었고, VAN사에서 중앙 통제식으로 그 프로그램을 업데이트할 수 있었다. 그렇기에 우리는 VAN사 연구실 샘플 기기 테스트 검증이 완료되는 즉시 CAT 단말기를 업데이트하여 삼성페이 결제 커버리지를 단숨에 90%까지 확보했다. 국내 약 200만 개의 카드 가맹점 중 180만 개에서 삼성페이 MST 결제가 문제없이 진행될 수 있게 된 것이다.

나머지 10%를 차지하는 결제 단말기는 주로 이마트, 하이마트 등 대형 프랜차이즈 유통 매장에서 사용되는 POS였다. POS는 모니터가 달린 결제기로 일종의 컴퓨터다. 여러 개의 매장을 한 번에 관리해야 할 만큼 큰 상점들은 각 상점의 필요에 따른 메뉴 관리, 재고 관리, 고객 관리 시스템과 결제 시스템을 통합한 컴퓨터를 결제 기기로 사용해왔다.

우리는 일단 상위 200개 대형 브랜드 프랜차이즈 업체를 방문하여 POS를 점검했다. 문제가 되는 POS는 해당 회사의 IT기기 담당자와 문제점을 파악하고, 해당 제품의 제조사나 유지 보수 업체와 연락하여 결제 프로그램을 업데이트했다. 유지 보수 업체에서도 문제를 해결하지 못하는 POS도 있었는데 주로 일본 업체의 제품이었다. 이들은 본사에서 보다 근본적인 문제를 해결해줘야 했다. 이렇게 시간이 오래 걸리거나, 제조사에서도 문제를 해결하기 어려운 POS 제품이 있는 경우 윈도우 컴퓨터에 연결할 수 있는 MST 수신 전용 패드를 제공했다. 그렇게 이가 아니면 잇몸으로라도 매장에서의 MST 결제 정합성을 확보하여 고객들이 불편하지 않도록 했다.

POS 특공대의 헌신적인 노력 덕분에 상위 200개 매장이 보유한 POS 결제기에서 MST 결제 정합성을 거의 다 맞출 수 있었다. 이들 매장이 보유한 POS 숫자는 약 10만 개에 달했다. 이로써 우리는 한국 시장에 있는 200만 개의 유효 상점 중 180만 개의 상점에 설치되어 있는 CAT 단말기와, 10만 POS 결제기의 MST 결제 정합성을 맞추어 총 190만 개의 MST 결제 정합성을 확보했다. 출시 전에 안심하고 결제할 수 있는 삼성페이 결제 커버리지를 약 95%까지 끌어올렸던 것이다.

한국 삼성페이 성공의 숨은 공신, VAN사

MST 결제 정합성 확보를 위한 결제 단말기 수정에 있어 가장 결정적인 역할을 해준 파트너는 VAN사(부가결제통신사업자)다. VAN사는 카드사들을 대표해서 오프라인 상점들과 카드 결제 서비스 계약을 하고, 카드 결제에 필요한 물품(결제 단말기, 영수증 인쇄지 등)을 제공하고, 카드 승인 신호를 처리해주고, 나중에 영수증을 매입·정산한다. 카드사 뒤에서 카드 결제가 돌아가도록 움직이는 숨은 일꾼들이다.

VAN사 체제가 아니었으면 카드사들이 일일이 상점을 돌아다니며 카드 수수료 계약을 하고 결제 단말기를 공급하고 관리·운영해줘야 한다. 가끔 해외에 나가면 매장 내 체크아웃 선반에 CAT 결제 단말기 열댓 개가 일렬로 정렬된 모습을 볼 수 있다. VAN사 체제가 아닌 국가에서는 각각의 매입 은행이 상점과 개별적으로 카드 가맹점 계약을 하고, 제각각 결제 단말기를 제공하기 때문에 생겨난 풍경이다.

VAN사 체제에서 VAN은 오프라인 결제 상점에게 결제에 필요한 모든 것을 제공하는 종합 솔루션 제공 업체다. 신규 결제 수단이 오프라인 매장에 설치되고, 원활하게 작동하는 데 있어서 이들의 도움은 필수다. 이들이 새로운 결제 서비스가 기존 결제 시스템과 연결되도록 시스템 통합 작업을 해줘야 한다. 삼성전자가 아무리 갤럭시폰에 MST를 장착해도 VAN사의 도움이 없었다면 MST는 빛 좋은 개살구고, 삼성페이는 그림의 떡이었을 것이다. VAN사는 삼성페이의 필수 파트너로 큰 역할을 했다.

한국 시장에 VAN사 체제가 정착된 계기는 86아시아게임, 88올림

픽이었다. 큰 국제 대회를 앞두고 해외에서 오는 관광객들이 사용할 수 있는 카드 결제 인프라를 단기간에 대규모로 설치해야 하는 상황이 발생한 것이다. 정부는 가장 빠른 시간에 카드 결제 네크워크를 만들 수 있는 모델로 VAN 체제를 적용했다. 하나의 VAN사가 상점에 가서 계약을 하면 모든 카드사의 카드를 받을 수 있다는 것이 VAN사 체제의 가장 유용한 장점이었다.

하지만 대부분의 상점에 카드 리더기 설치가 완료되어 매장의 카드 네트워크 구축이 일단락되고 나자 VAN사는 더 이상 파이의 규모를 키울 수 없어졌고, 다른 VAN사의 상점 결제를 가져오는 파이 뺏기 경쟁으로 돌입한다. VAN사의 사업 형태가 계약을 통해 일정 기간 상점에서 발생하는 결제 처리 후 수수료를 받는 것이다 보니, 계약 기간 동안 일정한 고정비를 제한 수익의 일부를 상점에게 되돌려주는 식의 제 살 깎아 먹기 수주 경쟁이 심화되었다. 그러다 보니 상점주, 특히 대형 상점주에게 주는 리베이트(대금 되돌려주기)와 가격 덤핑 이슈가 빈번하게 발생했다. 결국 정부는 2015년에 카드 결제기의 보안성 강화를 위해 IC칩 방식 의무 교체를 법제화하는 동시에, VAN사를 정부의 관리 감독하에 두는 것을 법제화했다.

삼성페이가 출시되던 해인 2015년은 VAN사에게 격동의 시기였다. 새로운 규제도 시작되고, 결제 인프라도 카드 리더기 방식에서 IC칩 삽입식으로 바꿔야 했다. 이런 상황에서 그들은 삼성페이가 VAN사에 득이 될지 실이 될지 두고 보면서 협력을 지연시킬 수도 있었지만, 모바일 결제의 도래라는 시대의 흐름에 공감하여 결제 단말기 수정에 전적으로 협력해주었다. 협력 초기에는 삼성페이 영수증 마케팅 사업 모델을 통해 VAN사에게 새로운 수익을 창출할 수 있는 제휴 모델을 기획했지만, 앞에서 언급했던 것처럼 그 제휴 모델은 결국 무산되었다. 그럼에도 불구하고 아무런 대가 없이 삼성페이를 위해 결제 단말기를 성심껏 수정해준 VAN사에게 빚진 마음이 크다. 이 지면을 통해 다시 한번 감사의 마음을 전한다.

저희 상점에서는 결제가 안 되는데요: 결제 불가 사례

당사 직원들로 구성된 POS 특공대와 별도로 우리는 VAN사 임직원들 1천 명에게 삼성페이 시제품 앱과 MST가 탑재된 신규폰을 대여해주었고, 그들은 VAN사와 계약된 상점을 방문할 때마다 삼성페이 결제를 테스트하여 MST 정합성을 검증해주었다. VAN사 임직원들은 삼성전자 직원보다도 더 전문적이고 체계적으로 MST 결제 불가 사례를 정리해주었다.

정리를 해보니 삼성페이 결제 정합성 문제의 대부분은 MST 기술 자체보다는, 앱카드 규격이 매장의 현실과 맞지 않았던 데 그 이유가 있었다. 앱카드는 2014년 5월부터 결제 서비스를 제공했지만, 생각해보면 불과 대여섯 군데의 대형 프랜차이즈 체인점에서 제공했을 뿐이었다. 앱카드 규격을 만든 카드사들조차 이렇게 전국 방방곡곡에 흩어져 있는 온갖 업종의 카드 가맹점에서 앱카드가 생성한 일회용 카드 번호가 어떻게 작동되는지는 한 번도 경험해본 적이 없었던 것이다. 삼성페이 시제품 앱 테스트를 통해 우리는 이론 속의 앱카드가 현실의 결제 인프라와 어떤 충돌이 일어나는지 하나둘씩 경험하기 시작했다.

첫 번째로 앱카드 결제가 불가능한 경우는 주유소와 호텔 같은 곳에서 결제하는 경우였다. 한 번의 거래에 두 번 이상의 승인이 일어나는 결제 유형이어서 앱카드가 대응하지 못했던 것이다.

주유소에서 주유를 할 때, '가득 채우기'를 하면 차량에 연료를 가득 채우기 전까지 실제 결제 금액이 얼마인지 알 수 없다. 그나마 주유소에 직원이 있는 경우에는 다 채운 후에 카드를 줘서 결제를 하면 되지만, 셀프 주유소는 그럴 수가 없다. 보통 고객이 셀프 주유소의 무인 주유기에서 가득 채우기를 선택하면, 일단 넉넉한 금액이 '가假승인'된다. 주유가 끝나면 실제 주유된 금액이 '실實승인'되고, 가승인된 금액은 승인이 취소된다. 따라서 가승인 때 한 번, 실승인 때 또 한 번, 총 두 번의 결제가 일어나는 것이다.

호텔 역시 체크인을 하면서, 투숙 기간에 혹시 발생할지도 모를 룸 서비스 비용 정산을 위해 카드로 일종의 보증금을 책정하면서 한 번 가승인을 하고, 체크아웃을 할 때 실 비용이 발생된 만큼만 최종 결제한다. 그런데 카드사의 승인 시스템은 그런 프로세스에 앱카드 OTC를 사용할 준비가 되어 있지 않았다.

삼성페이 결제 불가의 원인이 POS 정합성이 아니고, 예외적인 결제 프로세스였기 때문에 한동안 셀프 주유소의 가득 채우기와 호텔 보증금 용도로는 삼성페이 결제가 불가하다고 안내해야만 했다. 삼성페이 출시 후, 카드사에서는 시간이 좀 걸렸지만 기꺼이 주유소 가맹점에서 가득 채우기를 위한 가승인 요청이 오면 예외적으로 일회용 카드 번호를 두 번 사용할 수 있도록 앱카드 시스템을 변경해주었다.

두 번째로 앱카드 결제가 불가능한 경우는 기차역, 고속버스터미널, 영화관같이 부분 취소가 발생할 수 있는 예약 결제였다. 결제 후 예약 취소에 의한 전액 취소는 큰 문제가 없었는데, 예약은 유지하면서 부분 취소가 필요한 경우에는 앱카드 OTC가 문제가 되었다.

기차표나 영화표를 결제한 후에, 일정이나 사람 수가 변동되어 예약을 수정하고 변동된 금액을 재결제하는 경우가 있다. 이럴 경우 예약은 취소하지 않은 상태로 결제 취소 및 재결제로 수정 처리를 해야 한다. 예약을 유지하려면 예약 상점과 카드사가 특정 고정값을 공유하고 있어야 했는데, 그것이 카드 번호였다. 이렇게 상점과 카드사 사이에 고정된 카드 번호 기반으로 설정된 '부분 예약 취소 프로세스'가 일회용 카드 번호 기반으로도 이루어지도록 프로세스를 개선해야 했다.

이것 역시 시간이 걸리는 일이라 일단 결제 불가 안내를 하고 상점과 카드사가 해결해주기를 기다렸다. 기차표를 예약해주는 코레일은 공기업인 관계로 국민의 편의를 위해 적극적으로 프로세스를 개선해주었고, 영화관의 경우에는 부분 취소율이 높지 않아 개선 동기가 약해서 조금 더 오래 걸렸다.

세 번째로 앱카드 결제가 문제가 된 경우는 택시 결제였다. 서울시를 중심으로 2000년대 초부터 10년 동안 사용된 스마트 교통카드(티머니)가 택시에도 통용되어 많은 사람이 교통카드로 택시 요금을 결제하는 것에 익숙했다. 삼성페이도 그런 교통카드의 편리함을 제공해야 했기에 신용카드(후불교통카드)뿐 아니라 티머니와 캐시비 같은 모바일 교통카드를 담았다.

그런데 삼성페이에 모바일 교통카드를 담으면서 예상치 못한 문제가 생겼다. 택시 안에서 교통카드 결제와 신용카드 결제 사이에 혼동이 일어난 것이다. 예를 들어, 서울 택시는 서울시 조례에 따라 뒷좌석에 앉은 승객의 편의를 위해 운전자 팔걸이 부분에 (신용카드가 아닌) 교통카드를 받을 수 있는 패드를 설치하게 되어 있었다. 문제는 이 패드가 'NFC 통신'으로 '교통카드 거래 규격'만 받아들인다는 것이었다. 'MST 통신'으로 '앱카드 거래 규격'을 보내는 삼성페이는 이 패드에서 결제를 할 수 없었다.

이렇게 되면 삼성페이 안에 신용카드와 교통카드를 동시에 등록해 놓은 고객이 삼성페이 안에 등록된 신용카드로 결제를 하려고 휴대폰을 패드에 갖다 댈 경우, 결제가 되기는 되는데 원래 의도한 신용카드가 아닌 삼성페이에 담긴 모바일 교통카드로 결제된다.

신용카드 결제가 되지 않는 것도 문제이긴 하나 사고는 아니다. 하지만 의도하지 않은 카드로 결제가 되는 것은 사고다. 고객의 체감에 따라 아주 큰 사고로 여겨질 수도 있었다. 결제가 되지 않으면 고객에게 불편함을 주는 것으로 끝나지만, 자신이 사용하고자 했던 카드가 아닌 다른 카드로 결제가 되면 불편함을 넘어 '불안한' 결제가 된다. 안전하지 않다고 인식된 결제 서비스는 지속되기 어렵다. 이것은 아주 심각한 문제였다.

그런데 다행히도 삼성페이는 결제 단말기로 정보를 송출하는 통신 프로토콜로 NFC도 사용했다. 한국스마트카드사가 택시에 설치되어 있는 NFC 패드에 앱카드를 수용할 수 있도록 규격만 넣어주면 택시

뒷좌석에서도 고객이 의도하는 대로 삼성페이에 등록한 신용카드 앱 카드 결제로 택시 요금을 지불할 수 있었다.

그러나 택시의 NFC 패드는 승객 입장에서는 편의성을 위한 도구 이지만, 교통카드 서비스 사업을 운영하는 한국스마트카드사 입장에 서는 비즈니스 도구였다. 한국스마트카드사는 자본을 투자해서 NFC 패드를 설치하고, 거기서 결제되는 교통카드(티머니)의 수수료를 수취 했다. 자신이 설치한 패드에서 앱카드 규격으로 결제를 처리할 수 있 게 된다는 것은 결제 수수료를 VAN사와 신용카드사와 나누어 가져 야 한다는 뜻이었다. 티머니 교통카드로 결제하면 모든 결제 수수료 가 자신의 수익이 되는 수익 모델을 향유하고 있는데, 택시 안의 모든 결제를 교통카드로 강제하지는 못할망정 앱카드 신용카드 규격을 받 아주도록 고쳐서 자신의 결제 수수료 수익을 포기할 이유는 전혀 없 었다.

처음 미팅에서 한국스마트카드사는 자신들이 투자해서 설치한 패 드로 남의 사업을 도와줄 수 없다며, 정 필요하면 삼성전자도 별도로 패드를 구매해서 택시에 설치하라는 식으로 자신들의 뜻을 전달했다. 자기 비즈니스를 최우선으로 해야 하는 회사 입장에서는 아주 당연 한 태도였다.

이렇게 답보 상태로 시작한 협력 협의에 물꼬가 트인 것은 한국스 마트카드사도 모바일 교통카드 발급과 확산에 관심이 있다는 것을 알게 되면서부터였다. 우리는 그들에게 플라스틱 카드 기반에서 스마 트폰 기반으로 교통카드 서비스를 전환할 수 있도록 도와줄 테니, 택 시의 NFC 패드에 삼성페이 앱카드 규격을 넣어달라고 제안했다. 알고 보니 한국스마트카드사는 택시에서 신용카드 결제를 처리하는 택시 VAN사 역할도 수행하고 있었다. 그들 입장에서는 앱카드 규격을 수용한다고 해도 결제 수수료 손실이 생각만큼 크지 않았다. 그들은 일부 택시 결제 수수료의 손실보다 모바일 교통카드 전환에서 얻는 혜택이 더 크다고 판단하고, 택시 패드에 삼성페이 앱카드 규격을 넣어주었다.

택시에서는 이것 말고도 앞좌석에 있는 신용카드 리더기가 모델에 따라 MST 신호를 잘 읽지 못하는 오류가 간혹 발생했다. 도로 위에서 급하게 이루어져야 하는 결제 상황상, 처리가 지연되거나 에러가 발생하면 기사들의 불만이 이만저만이 아니었다. 한 번이라도 삼성페이 결제의 불편을 경험한 기사는 격하게 삼성페이 결제를 거부했다. 택시에서 결제가 되지 않는 사례가 발견되면, 한국 삼성페이 출시 TF 인력들은 해당 리더기 제조 회사를 찾아가서 수정 요청을 했다. 그리고 수정된 제품을 갖고 택시 회사를 찾아가 기사들 앞에서 시연하면서 다시는 이런 일이 일어나지 않을 것이라고 교육 홍보를 했다. 더불어 유명 기사 식당을 찾아가 삼성페이 결제에 문제가 없다는 홍보 전단을 돌렸다.

그런 진정성이 전달되었는지, 택시 기사들 사이에서 삼성페이에 대한 부정적 여론이 더 이상 형성되지 않았고, 불만도 점차 사그라들었다. 이런 과정을 거쳐 택시에서도 아무 문제 없이 삼성페이로 결제할 수 있게 되었다.

저희 상점에서는 받지 않겠습니다: 결제 거부 사례

POS 특공대 활동과 VAN사 직원들의 현장 테스트가 거듭 진행됨에 따라 MST 오류들이 점차 개선되었고, 결제 업계에는 한국 삼성페이의 막강한 효과에 대한 소문이 나기 시작했다. "NFC 리더기가 설치되어 있지 않아도 모바일 결제가 된다" "앞으로 전국의 모든 상점에서 모바일 결제가 된다"는 황당한 소문이 사람들의 관심을 끌기 시작했다. 다른 모바일 결제 서비스 업체는 설마 하면서도 긴장했고, 상점주들은 기대 반 의심 반으로 새로운 결제 서비스를 궁금해했다.

이렇듯 휴대폰을 갖다 대는 순간 모바일 결제가 된다는 거짓말 같은 이야기가 서서히 현실이 되어가고 있을 즈음, 대형 프랜차이즈 상점 중 몇몇 업체가 POS와 삼성페이 간 기술적인 호환성에 별 문제가 없음에도 자사의 전략과 정책에 맞지 않는다는 이유로 매장 내 삼성페이 결제를 막겠다는 의사를 밝혀왔다. 가만히 놔두면 삼성페이 결제가 되는데, 시스템을 변경하여 삼성페이 결제가 불가능한 상태로 만들겠다는 것이었다. 황당한 일이었지만, 각 상점 입장에서는 나름대로 타당한 이유가 있는 행보였다.

가장 강력하게 결제 거부 의사를 밝힌 대형 유통 매장은 신세계 그룹이었다. 신세계 그룹은 최고 경영진의 의지에 힘입어 신세계 I&C라는 관계사가 결제 사업자 등록을 마치고 그룹 내 매장의 모든 결제 처리를 주관하면서 자체 결제 브랜드인 SSG페이를 1년 가까이 준비 중이었다. SSG페이는 2015년 7월 출시 예정이었는데, 바로 한국 삼성페이 출시 한 달 전이었다. 혹시라도 삼성페이가 소문대로 막강하여 신세계 매장에서도 SSG페이보다 더 많이 사용된다면 신세계 그룹이 1년 동안 준비한 서비스가 김빠지는 상황이 될 수 있었다. 그러나 출시를 한 달 남기고 SSG페이 서비스 전략을 수정할 수는 없었기에 삼성페이 불허 정책을 통해 변수를 최소화하려 했던 것 같다.

신세계는 일단 그룹 내 매장에서 삼성페이 사용 불가 공지를 하고, 신세계 I&C를 통해 삼성페이 결제가 작동하지 않도록 시스템적인 조치를 취했다. 그리고 신세계 매장에서 처리 가능한 모바일 결제는 SSG페이로 국한시켰다. 그래서 삼성페이 출시 후 1년여 동안 신세계 백화점, 이마트, 스타벅스 등에서는 삼성페이 사용 불가 공지를 봐야만 했다. 공지를 미처 보지 못한 삼성페이 고객이 갤럭시폰을 결제 리더기에 대려고 하면, 점원들이 리더기에 휴대폰이 닿지 않도록 리더기를 감싸는 해프닝까지 벌어지곤 했다.

삼성페이 출시 이후, 우리는 포기하지 않고 신세계 I&C도 만나고, 신세계 그룹 고위 경영진도 만나면서 삼성페이 거부 상황의 부작용을 설명했고, 신세계 매장에서 두 개의 페이 서비스가 공존할 수 있다고 설득했다. 그리고 마침내 1년이 지날 즈음, 신세계에서 삼성페이 결제를 허용하겠다는 연락이 왔다.

추측컨대, 신세계 태도 변화의 첫 번째 이유는 자신감인 듯하다. SSG페이 출시 1년이 지나는 시점에서 신세계 매장 내에서 SSG페이를 사용하는 고객은 이미 SSG페이에 락인°이 되었기에, 신세계 매장

° Lock-In. 교체 비용이 엄청나 소비자가 다른 곳으로 전환을 하지 못하는 일종의 감금 상태.

내에 삼성페이가 허용되어도 영향이 미비할 것이라고 판단한 것 같다. 두 번째로, 삼성페이가 예상보다 빨리 활성화되면서 시간이 지날수록 신세계 매장에서만 삼성페이가 안 된다는 여론을 무시하기가 어려웠을 것이다. 여하튼 신세계 매장에 삼성페이를 적용하자는 연락이 오고 3개월 후, 신세계 매장에서 삼성페이 결제가 처리되었다. 오랜 숙제를 해결한 기쁜 순간이었다.

두 번째로 거부 의사를 밝힌 상점은 CJ그룹이었다. 신세계도 CJ도 크게 보면 범삼성가인데 삼성페이에 대해서는 공교롭게도 두 회사의 전략과 정책이 삼성페이와 조화를 이루지 못했다.

CJ그룹의 거부 이유는 삼성페이로 결제를 하면 점원이 CJ 제휴 카드 고객에게 제공하는 현장 혜택을 제공할 수 없다는 것이었다. CJ그룹에서는 CGV 영화관이나 올리브영 매장 등에서 점원에게 제시하면 현장에서 1~2천 원을 할인해주는 제휴 카드가 있다. 플라스틱 플레이트 디자인이 고객을 식별하는 매체로 사용되기도 하고, 카드사에서 그 카드로 결제 승인 요청이 오면 현장 할인이 필요하다는 피드백을 POS에 전달해주는 방식으로 혜택 제공이 진행되었다.

문제는 삼성페이에 그 카드를 등록하면 혜택을 줘야 하는 고객으로 식별할 수 없다는 것이었다. 플라스틱 플레이트 카드 디자인은 삼성페이 화면에 노출이 되기는 하지만 디지털 이미지라 복제로 오인될 수 있어 식별 매체로 사용할 수 없었고, 카드사에서 POS로 신호를 전달하는 피드백 프로세스는 고정된 카드 번호를 기준으로 고객을 식별하기 때문에 임시 번호인 앱카드 OTC로는 고객 식별이 불가능했다.

현장 혜택을 제공하기 위해서는 앱카드 OTC를 받았을 때 그 OTC

에 연결된 실물 카드가 현장 혜택을 제공하는 카드인지 실시간으로 알려주는 시스템을 개발해야 했다. CJ그룹도 카드사도 단지 삼성페이를 위해 그런 개발을 해야 하는지 확신하지 못했기 때문에 CJ 매장 내에서 삼성페이 불가로 방침을 세운 것이다.

우리는 CJ 매장에서 삼성페이를 허용하되 특정 제휴 카드의 현장 혜택이 불가함을 공지하자고 제안하면서, 혹시 공지를 보지 못하는 고객이 있을 수도 있으니 해당 카드는 아예 삼성페이에 등록할 수 없도록 삼성페이 등록 서버에서 막겠다고 했다. 해당 카드를 등록할 수 없다면, CJ가 가장 걱정하는 사태인 '매장에서 결제한 후에 할인 혜택을 받지 못해 현장에서 실랑이를 벌이는 사태'도 원천봉쇄할 수 있지 않겠냐고 설득했다.

다행히 CJ도 납득했고, 제휴 카드 등록 자체를 막는 것을 조건으로 삼성페이 결제 거부를 철회했다. 나중에 출시 후, 삼성페이 고객이 늘어나는 속도를 보고 CJ와 카드사가 서로 협력하여 필요한 프로세스에 맞는 시스템을 개발해주었다.

세 번째로 거부 의사를 밝힌 상점은 홈플러스였다. 홈플러스는 고객이 등록한 결제 카드와 홈플러스 멤버십 카드 번호를 서버에서 매칭시켜놓고 할인·적립 서비스를 제공했다. 홈플러스 서버에 등록된 카드로 결제하면 멤버십 계정의 할인 쿠폰이 자동 적용되었고, 결제가 완료된 뒤에는 멤버십 카드에 포인트가 자동 적립되었다. 이 또한 고정된 카드 번호가 들어와야 가능한 서비스였기 때문에 삼성페이의 일회용 카드 번호로는 서비스가 되지 않았다. 고객은 삼성페이에 그 카드를 등록하고 결제하면서 동일한 서비스가 자동 적용되기를 기대할 텐데, 그 기대가 충족되지 않았을 때 고객의 클레임을 받는 곳은 삼성페이가 아닌 홈플러스가 될 터이니 아예 삼성페이 결제를 받지 않겠다고 한 것이다.

고객이 가진 어떤 카드라도 홈플러스 시스템에 등록만 하면 받을 수 있는 혜택이라 CJ 제휴 카드처럼 특정 카드를 막아서 해결될 문제가 아니었다. 결국 이것도 카드사에서 해결해줘야 했다. 일회용 카드 번호를 고정된 식별값으로 전환시켜서 상점 시스템에 전달하는 것이다. 하지만 카드사에서 홈플러스 한 곳만을 위해 카드의 시스템을 바꿀 리가 없었다. 할 수 없이 삼성페이를 출시하는 시점에는 홈플러스의 해당 서비스는 삼성페이에서 제공할 수 없음을 공지하고 시간을 벌어야 했다.

불행인지 다행인지 위의 세 가지 경우 외에도 일회용 카드 번호인 앱카드 OTC를 실카드 번호와 매칭해서 상점에게 피드백을 줘야 해결되는 문제들이 지속적으로 발생했다. 앱카드 차원에서 이러한 불일치의 문제를 해결하지 않으면 안 되는 상황이 자꾸 누적되다 보니, 카드사들이 적극적으로 움직였다. 그들은 고객이 결제에 사용하는 OTC를 상점에서 고객을 식별할 수 있는 고정값으로 전환하여 상점 시스템에 제공할 수 있도록 시스템을 변경했다.

카드 번호 하나하나에 담긴 의미

삼성페이는 카드사의 앱카드 규격을 그대로 사용하여 결제를 진행한다. 그래서 초기에 카드사는 카드 리더기로 들어오는 삼성페이 거래와 바코드 스캐너로 들어오는 일반 앱카드 거래를 구분하지 못했다. 그런데 삼성페이 결제 건수가 계속 늘어나면서 자사의 앱카드 앱에서 발생하는 앱카드 결제와, 삼성페이에서 발생하는 앱카드 결제를 구분해서 관리할 필요가 생겼다. 그러나 계속 변하는 일회용 카드 번호로는 그 두 가지 결제를 구분할 수 없었기에 앱카드 규격에서 고정값으로 정의되어 있는 '카드 유효기간'으로 거래를 구분하기로 했다.

카드사는 앱카드를 일반 플라스틱 카드와 구분하기 위해서 유효기간을 '2089년 11월'로 고정하여 결제에 사용했다. 먼 미래의 날짜를 임의로 지정한 것이다. 단말기에서 카드사로 보내는 카드 정보 중 유효기간 자리에 '8911'이라는 숫자가 들어오면 카드사들은 앱카드로 인식하고 처리했다. 유효기간 값이 빠져 있거나, 13월 같은 엉뚱한 숫자가 그 자리에 들어 있으면 가짜 카드 번호라고 판단하여 카드 승인을 거부했다.

카드사는 삼성페이를 식별하기 위해 일반 앱카드 식별값인 8911 외에 삼성페이에서 사용되는 앱카드 식별값을 하나 더 정의해야 했다. 그 값은 4011(유효기간 2040년 11월)이 되었다. 왜 2040년 11월이었을까? 들리는 말에 의하면 일반 앱카드보다는 유효기간이 짧아야 했고, 어떤 마트에서 부정 거래를 막기 위해서 시스템 유효기간을 2045년까지만 잡아놓았기 때문에 그 이하로 정해야 했다고 하는데 믿거나 말거나다(그 마트가 정말로 그랬다면 유효기간 제한 설정을 풀기 전까지 일반 앱카드 결제가 불가능했을 것이다).

이렇게 삼성페이만의 구분값이 생기고 나서야 비로소 카드사를 비롯한 결제 시장은 삼성페이의 위력을 실증 데이터를 통해 확인했다. 8911로 발행되는 앱카드 OTC보다 4011로 발행되는 앱카드 OTC가 비교할 수도 없이 더 많았던 것이다. 하지만 단점도 생겼다. 일반 앱카드 결제에서 삼성페이를 구분할 수 있게 되자, 그 구분값을 기준으로 삼성페이 거래를 차단할 수 있게 된 것이다. 신세계 매장에서 삼성페이 결제를 시스템적으로 막을 수 있었던 것은 이 구분값을 활용했기 때문이다.

이렇게 카드 번호 하나에도 다양한 비즈니스 논리가 적용되며, 그 논리를 관철시키기 위한 수많은 이해관계가 부딪히고 있다.

대형 프랜차이즈와의 협업

정책적인 이슈로 삼성페이를 거부하는 상점들도 있었지만, 삼성페이를 활용하여 자사의 서비스를 확대하고 혁신적인 이미지를 강화하려는 대형 프랜차이즈 상점도 있었다. CU와 롯데가 그런 곳이었다.

CU는 새로운 결제 서비스 도입에 아주 적극적인 회사였다. 편의점이라는 것은 새로운 동향을 빠르게 실험하여 남들보다 먼저 좋은 것을 체득하고 나쁜 것을 제거해야 시대의 흐름에 따라갈 수 있다고 생각했다. 훼미리마트에서 CU로 회사 이름을 바꾸기 전까지 일본 투자자의 지분이 있던 회사였기 때문인지 매장에는 일본 제조사의 POS가 많이 설치되어 있었다. 후지쯔와 도시바 계열의 제품이었다. 그런데 일본계 POS에서는 MST 결제가 실패하는 경우가 많았다. POS가 너무 정교한 것이 문제였다.

정식 규격에는 플라스틱 카드 뒷면에 있는 약 1cm 폭의 마그네틱 선을 세 개로 분할하여 트랙 1, 트랙 2, 트랙 3으로 나눈 뒤, 각 트랙에 서로 약속된 정보를 저장하게 되어 있다. 신용카드의 경우, 트랙 1에 는 카드 주인의 영문 이름을 저장하며, 트랙 2에는 카드 번호를 저장 하고, 트랙 3은 예비로 비워둔다. 일반 멤버십 카드의 경우, 트랙 1과 2는 비워두고, 트랙 3에 멤버십 정보를 저장한다. 정식 규격을 따르는 POS는 세 개의 트랙을 구분해서 정보를 읽도록 제조되어야 한다.

하지만 대부분 POS는 트랙 1, 2, 3을 구분없이 읽는다. 일단 무조건 정보를 읽고 난 후, 사후처리를 통해 필요한 포맷의 정보만 추출해서 처리하도록 만든다. 이런 POS에서는 앱카드 OTC를 처리하는 데 문 제가 없다. POS에 어떤 정보가 들어가든지, 카드 번호 포맷에 해당 하는 정보만 존재하면 그것을 추출하여 카드 결제 처리를 하기 때문 이다.

그런데 일본 제품의 POS는 트랙 1, 2, 3을 모두 구분해서 읽도록 만 들어져 있었다. 그래서 신용카드를 처리할 경우에는 트랙 2에서 읽은 정보만 처리했던 것이다. 그런데 앱카드는 트랙 1, 2, 3의 경계를 구 분하지 않는다. MST로 송출한 데이터가 구분되지 않은 채 POS로 들 어가니, 일본제 POS 입장에서는 정체불명의 데이터가 엉망진창으로 들어온 셈이고, 그런 데이터로는 결제 처리를 할 수 없어서 에러를 냈 던 것이다. POS의 카드 리더기 부분을 업그레이드하기보다는 오히려 다운그레이드해야 할 판이었다.

당시 CU에서 신규 결제 시스템 도입을 맡고 있던 오현진 팀장은 이 미 자사 매장의 몇몇 POS에서 삼성페이 결제가 에러가 나는 이유를 파악하고 대안을 준비하고 있었다. 처리 방안이 무엇인지 구체적으로 알려주지는 않았지만, CU 내부에 있는 POS 개발팀을 통해 문제를 해결하고 자체 랩lab 테스트를 통해 검증을 완료하여 CU에서 삼성페이 결제가 문제가 없도록 만들어주었다. 그 덕분에 수많은 고객이 수시로 방문하는 편의점에서 삼성페이 결제가 원활하게 처리되었다. 이렇게 원활한 결제가 가능해지면서 우리는 편의점의 참여가 필요한 삼성페이 프로모션에 CU가 참여하도록 적극적으로 추진했다. 양사 협업을 거치면서 CU를 통해 삼성페이 사용자가 확산되었고, 삼성페이를 통해 CU 매장으로 고객이 모여들었다.

롯데의 경우, 신규 사업 추진 조직에서 연락이 왔다. 그 조직의 임원이 어떤 모임에서 삼성페이에 대해 듣고 난 후, 롯데와 협력할 수 있는 부분을 논의해보라고 하셨다는 것이었다. 당시 롯데는 그룹 내를 관통하는 로열티 포인트인 엘포인트L.point와 교통카드인 캐시비를 연계하고, 자체 결제 서비스로 준비 중인 엘페이L.pay에서 모든 것을 통합할 기획을 하고 있었다. 우리에게 연락한 사람은 엘페이의 통합기획 담당자였다.

몇 번의 미팅 끝에 롯데 담당자는 엘페이가 가장 필요로 하는 것은 스와이프업(빠른 실행) 기능으로, 삼성페이의 스와이프업 기능을 엘페이 앱에도 적용해달라고 요청했다. 그것이 가능한지 개발팀에 물었더니 불가하다는 답변이 돌아왔다. 일단 외부 앱에 적용하는 개발이 너무 어려웠고, 이미 삼성페이가 사용하고 있는 화면을 다른 페이와 공유할 수는 없었다. 그 어려운 개발을 감행하고, 삼성페이와의 경쟁을 피하면서 스와이프업 기능을 반영하는 유일한 방법은 롯데에서 개발

비를 상쇄할 수 있는 규모로 엘페이 전용폰을 구매하는 것이었다. 전용폰에 대해서는 엘페이용 스와이프업을 개발해줄 수 있었다. 하지만 롯데 역시 수십 억 원이 소요되는 전용폰 구매까지 감행하면서 이 일을 추진하기는 어려웠다.

그러나 우리는 롯데와의 협력을 이렇게 끝내고 싶지 않았다. 롯데 역시 엘페이의 확산을 위한 삼성페이와의 창의적 협업에 여전히 관심이 있었다. 우리는 고민 끝에 다음과 같이 제안했다.

"엘페이가 롯데 매장 안에서 사용하는 결제 수단으로 기획된 것이라면, 삼성페이는 롯데 매장 밖에서 엘페이를 지원할 수 있습니다. 삼성페이에 등록할 수 있는 엘페이 제휴 카드를 하나 만들어서 삼성페이에 담으면 좋겠습니다." 롯데는 관계사로 앱카드 협의체 중의 하나인 롯데카드가 있었기 때문에 삼성페이에 등록할 수 있는 제휴 카드를 만드는 것은 어렵지 않았다.

"시나리오는 이렇습니다. 먼저, 고객이 엘페이 제휴 카드를 발급받아서 삼성페이에 등록합니다. 고객이 롯데 매장 밖에서 삼성페이를 통해 엘페이 제휴 카드를 쓸 때마다 엘포인트를 쌓아줍니다. 엘포인트를 쌓아줄 때마다 삼성페이에 포인트가 적립되었다는 알림을 보내면서 엘포인트로 구매할 수 있는 롯데 매장의 상품을 같이 노출해줍니다. 일종의 광고 효과를 발생시키는 셈입니다. 옵션으로 노출된 상품을 클릭하는 고객에게는 엘포인트를 추가로 쌓아줍니다. 그렇게 삼성페이 결제와 상품 클릭 대가로 쌓은 엘포인트를 롯데 매장에서 엘페이를 통해 사용합니다."

"아주 좋습니다. 삼성페이 결제가 활발해지면 활발해질수록, 궁극적으로 롯데 매장에서의 엘페이도 활성화되는 윈-윈 관계를 만드는 것이네요."

롯데 담당자도 이 제안에 동의하여 구체적인 협력 방안을 세우기 시작했다. 롯데카드, 엘페이, 엘포인트를 망라한 실무 협의체가 꾸려지고, 우리도 참석하여 두세 차례 회의를 거듭했다. 처음에는 잘 진행되었다. 그러나 세부 사항이 문제였다. 논의를 할수록 '어떤 주체가 삼성페이 결제자에게 엘포인트를 쌓아주는가'에서 논의가 막혔다. 수혜자가 적립을 해줘야 논의가 진행되는데, 롯데 매장 밖에서 삼성페이로 결제하는 시점에는 그때 쌓아주는 엘포인트가 롯데 그룹 내 어느 회사의 매장에서 사용될지 알 수가 없었다.

결국 롯데카드가 먼저 엘포인트를 적립해주고, 나중에 엘포인트가 사용되는 매장에서 포인트 비용을 정산받는 방식을 도출했다. 하지만 롯데카드는 엘포인트와 연계된 시스템이 없었고, 새로운 시스템을 깔기에는 롯데카드의 상황이 녹록치 않았다. 수차례 논의를 했지만, 논의 중간에 엘페이가 오히려 엘포인트에 통합되는 것으로 사업 영역이 재조정되었고, 롯데카드가 엘포인트로부터 배제되면서 논의는 결론을 내지 못한 채 중단되었다. 엘페이와 삼성페이의 협력 사업은 지금 생각해도 많이 아쉽다.

이 와중에 롯데와의 원만한 제휴 관계 덕분에 POS 수정이 원활하게 이뤄지기도 했다. 카드사 중 아멕스는 다른 카드사들이 16자리 카드 번호를 쓰는 데 반해 15자리 카드 번호를 사용한다. 모든 아멕스 카드는 첫자리 숫자가 3으로 시작하기 때문에 롯데 매장의 POS에서는 3으로 시작되는 카드가 들어오면 15자리만 받게 설정이 되어 있었다. 그래서 만일 3으로 시작되는 카드인데도 16자리 수가 들어오면 가짜 카드로 인식하고 에러 처리를 했다.

그런데 삼성페이에 아멕스 카드를 등록하여 사용하면 3으로 시작하는 것은 똑같은데 발생 원리상 마지막에 더미 숫자를 넣어 16자리로 OTC가 생성되어 송출된다. 당연히 롯데 POS에서는 삼성페이에서 송출된 아멕스 카드 번호가 오류로 처리되면서 결제가 거부되었다. 우호적인 협력 관계였던 롯데에서는 기꺼이 카드 번호가 3으로 시작되어도 앱카드인 것이 식별되면(이때 유효기간 4011이 사용되었다) 16자리 카드 번호도 아멕스 카드로 인정하고 처리하도록 POS 시스템을 빠르게 변경해주었다.

한국 삼성페이, 땀과 열정이 만든 기적

이렇게 다양한 결제 불가 사례 및 거부 사례를 사전에 검증하고 처리하며 해결해나갔지만, 대형 프랜차이즈 상점이 아닌 개인 상점주들이 보유한 나머지 POS 10만 대는 전국에 흩어져 있어 어디에 있는지 찾기조차 어려웠다. 그래서 POS 특공대는 출시 이후에도 상시 대기하며, 어떤 상점이든 삼성페이 결제가 안 된다는 신고가 접수되면 전국 방방곡곡을 방문하여 MST 결제 정합성을 맞추었다. 시제품 앱 결제 테스트시 실패율 50%로 시작한 MST 정합률은 출시 전 5%, 출시 후 3개월 시점에는 1% 미만으로 떨어졌다.

단언컨대 지금 갤럭시 고객들이 한국 땅 어느 상점에서나 결제 거부를 염려하지 않고, 갤럭시폰만 들고 자신 있게 결제할 수 있게 하는 삼성페이의 범용성은 MST의 작동 원리만으로는 절대 불가능하다. 이는 전국 어느 곳이든 마다하지 않고 자기 일처럼 열심히 방문한 헌신적인 직원들의 땀과 열정이 있었기에 이루어진 기적과도 같은 일이다.

㉓ 삼성페이가
문화가 되다

삼성페이를 전국에 알리다

결제 플랫폼의 양면이라고 할 수 있는 결제 고객과 결제 상점에서 삼성페이를 사용할 수 있는 제반 인프라가 모두 갖추어졌다. 고객은 자신이 가진 그 어떤 카드라도 해당 카드사를 통해 삼성페이에 등록해서 모바일 결제를 경험할 수 있었다. 상점은 새로운 결제 단말기를 별도로 구매하지 않고도 기존 결제 단말기에 약간의 조치만 취하여 삼성페이를 통한 모바일 결제를 수납할 수 있도록 MST 정합성을 맞췄다.

이제 남은 일은 한 가지뿐이었다. 바로 삼성페이의 범용성과 편의성을 제대로 시장에 알리는 일이었다. 삼성페이 플랫폼의 양면은 서로에게 대응할 준비가 되어 있었다. 이제 고객에게 삼성페이를 많이 알리면 알릴수록 결제 서비스 선순환이 빨라질 것이었다.

결제 서비스의 선순환은 새로운 결제 수단을 가진 고객이 매장을 방문하여 그것으로 결제하는 횟수가 많아질수록 매장에서 그것을 받기 위한 준비가 강화되면서 만들어진다. 새로운 결제 수단을 가진 고객이 매장을 방문하면 매장은 거기에 관심을 갖게 되고, 점원들에게 새로운 결제 수단을 받는 방법을 교육시키면서 그것을 사용하게 하는 프로모션에 기꺼이 참여한다. 또 고객은 매장에서 편하게 사용할 수 있다는 사실을 확인할수록 더 자신 있게 새로운 결제 수단을 꺼낸다.

그러나 확률적으로는 새로운 결제 수단을 도입하면 결제 고객과 결제 상점이 서로 상승 작용을 하는 선순환보다는, 하강 작용을 하는 악순환이 더 많이 생겨난다. 하루에 한두 건은커녕, 한 달에 한두 건도 사용되지 않으면 안 그래도 바쁜 매장 주인 입장에서는 번거롭기만 하고 실소득은 없는 이 결제 수단을 무시하게 된다. 점원 교육도 하지 않고, 프로모션도 하지 않는다.

매장 내 교육과 홍보가 없다면 간혹 고객이 결제하러 오더라도 점원으로부터 "이것은 여기서 결제가 안 된다" 내지는 "나는 이것을 받을 수 없다" 식의 거절을 경험하게 된다. 점원 입장에서는 당연한 반응이다. 생소한 수단으로 결제를 처리하는 일 자체가 불안하기 때문이다. 그런 부정적인 반응을 접한 고객 역시 당황하게 되고, 더 이상 그 결제를 쓰고 싶어 하지 않는다. 그리고 실패할 가능성이 없는 가장 안전한 과거의 결제 방식으로 회귀한다.

신규 결제 서비스의 악순환이 주는 가장 심각한 문제는 그렇게 신규 결제 수단을 버리고 예전 수단으로 회귀한 고객이 어지간한 설득으로는 다시 새로운 결제 방식을 시도하지 않게 된다는 점이다.

그래서 결제 서비스를 출시할 때는 출시 전에 그 완성도를 보장하는 것이 가장 중요하고, 일단 완성도가 보장되었다면 출시 초기에 무조건 그 서비스의 인지도를 높여서 결제의 악순환을 방지하고 선순환을 빠르게 일으켜야 한다. 우리는 바야흐로 '한 번도 안 써본 사람은 있어도 한 번만 써본 사람은 없다'는 삼성페이의 매력을 온 세상에 잘 알리는 일에 집중하기 시작했다.

성공을 감지한 오픈 베타 테스트

삼성페이 출시는 최초의 논의와 달리 2015년 4월에서 8월로 연기되었지만 그 논의 덕분에 4월에 출시한 갤럭시 S6에 MST 안테나가 미리 탑재되어 출시되었다. 우리는 삼성페이를 대세로 만들기 위해 갤럭시 S6 구매 고객들을 대상 삼아 삼성페이 오픈 베타 테스트를 진행하기로 했다. 삼성페이 사용자의 반응을 사전에 수집하고 사용자들이 자발적으로 입소문을 내게 할 목적이었다.

새로운 모델이 출시되기 전에 카드를 발급해야 했기 때문에 삼성페이용 앱카드 발급 시스템 개발이 가장 빨랐던 삼성카드사와 총 34일 동안 2회에 걸쳐 베타 테스트를 운영했다. 갤럭시 S6 사용자 총 3,500명이 테스트에 참여했다. 참여 고객은 삼성전자가 제공한 폐쇄 사이트에서 삼성페이 베타 테스트용 앱을 설치하고, 삼성카드 앱카드를 삼성페이에 발급받아 삼성페이 결제를 사용했다.

베타 테스터의 삼성페이 사용 패턴은 일반적인 신용카드 소비 패턴과 전혀 다를 바 없었다. 외식업종과 편의점의 결제 건수가 가장 많았고, 간이음식점, 커피전문점, 할인점 등에서 점심시간이나 퇴근 후에 결제가 집중적으로 발생했다. 정확히 우리가 고대하던 결과였다.

우리는 모바일 카드 결제가 플라스틱 카드 결제와 동일한 패턴으로 사용되기를 고대했고, 실제로 그런 결과가 나왔다. 이것은 정말 대단한 일이 아닐 수 없었다. 모바일 결제 카드가 고객에게 기존 카드와 동등하게 취급받고 사용되는 것은 모바일 결제 사업자들에게는 상상 속에서나 존재했던 꿈 같은 일이었다. 바로 그 일을 삼성페이가 어느새 이루어내고 있었던 것이다.

고객의 반응은 우리 TF 구성원들이 예상한 것 이상이었다. "쉽고, 편리하고, 간편하다" "생각보다 빠르다" "갤럭시폰 사고 싶다" 등의 긍정적인 반응이 대부분이었고, "매장 직원에게 설명해야 하는 게 귀찮다" "결제 불가 매장이 있어 불편하다" 등의 부정적인 반응은 삼성페이 홍보와 매장 직원 교육이 시급하다는 것을 다시 한 번 확인해주었을 뿐이었다. 게다가 삼성페이를 많이 사용하는 고객 연령이 20~30대에 몰려 있어서, 상대적으로 갤럭시폰의 취약 연령층인 20~30대 고객에게 갤럭시폰을 권유할 고유의 강점이 생긴 듯했다.

실제로 삼성페이가 출시되고 몇 년이 지난 후 경쟁사 제품에서 갤럭시폰으로 전환한 고객을 대상으로 전환 이유를 조사했을 때, 응답자의 절반 이상이 삼성페이 때문이라고 답변했다. 그 정도로 삼성페이는 한국 시장에서 경쟁사 대비 절대적인 경쟁 우위 포인트를 갤럭시 브랜드에 제공하고 있다.

통합 미디어 광고 전략을 세우다

베타 테스트를 기반으로 우리는 통합 미디어 광고Integrated Media Communication, IMC 활동에 대한 전략을 세웠다. 삼성페이는 결제 단말기의 범용성을 확보해 그동안 모바일 결제 서비스가 정상 궤도에 올라가지 못하게 했던 최대 장애물을 뛰어넘었다. 이것은 애플페이도 하지 못하고 있는 일이다. 그리고 OTC와 지문 인증으로 어떤 카드보다도 안전하게 보안성을 담보했다. 이제는 고객이 IMC 활동을 통해 삼성페이를 자주 쓰도록 하기만 하면 되었다.

MSC 시절 여러 갈래의 결제 시범 사업으로 인해 깨달은 바는, 결제는 고객이 익숙해질 때까지 계속 학습시켜야 하는 문화적 행위라는 점이다. 무언가가 익숙하다는 것은 그것이 처음부터 당연했다는 뜻이 아니다. 내가 자주 하다가, 혹은 남이 하는 것을 자주 보다가 어느새 받아들인 것이다. 자연적 현상이 아닌 학습된 결과에 의한 현상이다. 고객이 삼성페이 결제 행위를 아주 자연스러운 문화적 현상으로 받아들이도록 하는 것이 IMC의 전략 방향이 되어야 했다. 삼성페이의 보안성과 범용성이 베타 테스트를 통해 검증되지 못했다면 언감생심 시도할 수 없는 전략이었다.

고객이 삼성페이에 익숙해지도록 만들려면 우선 고객이 삼성페이를 새로운 문화로 인정하고 받아들일 때까지 삼성페이를 계속 고객에게 노출하는 미디어 환경을 구축해야 했고, 고객이 실제로 그 행위를 하도록 인센티브를 제공해야 했다. 미디어 환경은 ① ATL°/BTL°°/디지털 등 전 광고 매체에 삼성페이 노출 ② 결제 매장에서 삼

202

성페이 노출 ③ 스마트폰 판매 접점에서 삼성페이 노출까지 세 가지 방법으로 구축했고, 고객 인센티브 프로그램은 ① 신규 스마트폰 구매 고객 대상 프로모션 ② 시즌별 행사 ③ 결제 횟수 인센티브까지 세 가지 형태로 제공했다.

먼저 우리는 매체비를 조각조각 나누어서 3개월 동안 집행하기보다 초기 1개월에 3개월치를 몽땅 몰아넣어 시장 충격을 극대화하는 광고 투자 전략을 세웠다. 삼성전자 IMC 역사상 최초로 콘텐츠 서비스 단독 광고를 위해 매체용 영상물을 제작하고 대규모 매체 비용을 집행했다.

삼성페이 광고는 하나의 사건이었다. 텔레비전을 포함하여 극장, 신문, 라디오, SNS, 택시, 마트, 카페 등 생활 동선 곳곳에 갤럭시폰으로 결제하는 장면과 "삼성페이로 샥~"이라는 로고송이 들어간 삼성페이 전용 광고를 노출했다. 주요 인기 드라마 PPL은 물론이고, 온라인 입소문을 위해 임직원들이 직접 출현하는 디지털 콘텐츠를 제작하고 배포했다. 출시 순간부터 대한민국 모든 광고 채널에서 갤럭시노트 5와 삼성페이가 화면을 도배했다. 전통시장이든, 도심 편의점이든, 시골 밥집이든, 산 위의 매점이든, 전국 어디에서나 노트 5를 카드 리더기에 대면 결제가 되는 내용의 영상이 뿌려졌다. 매장 주인과

○　Above The Line. 전통적 광고 매체인 텔레비전, 신문, 잡지, 라디오 등에 노출되는 광고 업무와 마케팅을 말한다.

∞　Below The Line. 전통적인 광고 매체를 제외한 쿠폰, 이벤트, 전시, PR 등으로, 소비자가 간접적으로 제품을 경험하고 활동에 참여할 수 있도록 한다.

점원들이 찝찝해하고 의심하다가, 휴대폰을 결제 단말기에 댄 지 1초 만에 영수증이 나오자 환호성을 지르고, 신기해하고, 놀라고, 감탄하는 생생한 삼성페이 결제 장면이 모든 텔레비전 채널과 온·오프라인 매체에서 여과 없이 노출되었다.

매장 직원들과 주인이 고객이 내미는 삼성페이를 적극적으로 받아 줘야 고객들도 처음에 한두 번 머뭇거리다가도 차츰 두려움 없이 삼성페이를 꺼낼 수 있다. 그러려면 매장 점원들과 주인이 먼저 삼성페이를 알고, 신뢰해야 한다. 그렇게 만들기 위해 우리는 MST와 POS 간의 호환성을 검증했던 200개 프랜차이즈 브랜드 매장을 재방문했다.

각 매장에서 우리는 고객으로부터 스마트폰을 건네받아서 삼성페이로 결제하는 방법에 대한 사전 교육을 제공했다. 또 45개 상위 브랜드에는 삼성페이 결제 가능 상점 표식과 포스터를 제작해 배포하고, 현장에 안내 장치를 연출했다. 한국총괄과 디지털플라자 임직원들이 퇴근길에 삼성페이를 소개하고, 삼성페이를 받는 방법이 적힌 책받침을 배포하는 캠페인을 거치면서 약 20만 개의 매장에 책받침 가이드가 배포되었다. 또한 삼성전자 주요 사업장(수원, 기흥, 화성, 온양, 구미, 광주)을 방문해 임직원들에게 삼성페이 사용법을 교육하고, 인근 매장에서 삼성페이로 직접 결제를 해보면서 사업장 주변 매장에서부터 삼성페이를 의심 없이 받고, 결제하도록 전파했다.

휴대폰 판매 접점에도 삼성페이를 노출했다. 휴대폰 판매 사원들이 갤럭시폰을 구매한 고객들을 대상으로 삼성페이 설치와 카드 등록을 하도록 도운 것이다. 우리는 2만 점의 통신 매장에 삼성페이 연출 포스터를 부착하고, 전단지 200만 부를 비치했다. 그중 1천 점의

S-Zone(삼성 갤럭시 제품 전시가 가능한 프리미엄 휴대폰 판매 매장)에는 시연용 휴대폰과 시연 데모용 CAT 단말기를 비치하여 고객이 직접 삼성페이 결제를 체험할 수 있게 했다.

또 우리는 전국의 디지털플라자를 돌며 삼성페이 전용 코너를 신설하고, 판매 사원들을 교육하고, 5천 부의 포스터와 150만 부의 전단지를 비치했다. 특히 삼성디지털플라자 매장에서 고객에게 스마트폰을 판매한 후 삼성페이에 가입시키는 직원에게는 포인트를 제공하고, 그 포인트는 삼성페이로만 구매할 수 있는 폐쇄몰에서 사용하도록 해 판매 사원부터 삼성페이의 편리함을 경험하고 전파하도록 했다.

수십억에 달하는 대규모 매체비 집행을 통해 삼성페이로 가득 찬 미디어 환경을 조성한 결과, 삼성페이 결제가 아무런 문제가 없다는 것을 고객과 상점주들이 급속하게 인지하기 시작했다. 삼성페이 사용 고객과 매장 점원에게 삼성페이는 어디서나 결제가 된다는 인식과, 삼성페이 결제는 안전하다는 인식이 형성되었다.

고객의 인지도가 임계점을 넘자 삼성페이가 안 되거나, 결제 단말기 접촉을 거부하는 매장에서 고객이 오히려 화를 내는 경우가 발생했다. 다른 곳은 다 되는데 왜 여기는 안 되느냐는 고객의 불만이 나오자, 상점주의 태도가 의심에서 수용으로 180도 바뀌고, 그들로부터 삼성페이 결제를 받으려면 어떻게 해야 하는지 문의가 오기 시작했다.

삼성전자의 콘텐츠/솔루션 서비스 중에 이렇게까지 고객의 열렬한 환대를 받은 것이 있나 싶었다. 삼성월렛 출시 시절을 생각하니 격세지감이 느껴졌다. 삼성전자의 콘텐츠 서비스 역사에서 단 한 번도 없었던 팬덤이 만들어졌다. 애플 고객들이 '애플빠'로 불리면서 아이폰에 열광하며 옹호하듯, 갤럭시폰과 삼성페이에 열광하는 갤럭시 매니아들이 생겨났다. 부지불식간에 모든 결제 주체들이 삼성페이를 익숙한 결제 매체로 받아들이기 시작했다. 삼성페이는 마치 처음부터 있었던 것처럼 자연스러운 문화가 되었다.

고객을 끌어들인 '5천원의 행복'

이런 문화화 현상을 고객 개개인의 경험으로 전환시키기 위해 우리는 스마트폰을 구매한 고객이 삼성페이를 등록하고 사용하도록 고객 인센티브를 제공했다. 대표적인 것이 '5천원의 행복'이라는 구매 사은 할인 쿠폰이다. 우리는 노트 5 구매 고객이 삼성페이를 설치하고, 결제카드를 등록하면 5만 원의 무선 충전 패드를 5천 원에 구매할 수 있는 쿠폰을 제공했다. 스마트폰을 사자마자 삼성페이의 설치 및 등록뿐 아니라, 비록 온라인이지만, 삼성페이 결제 경험까지 연결한 것이다.

'5천원의 행복' 쿠폰은 고객이 사용할 경우, 약 4만 원 정도의 실질 비용이 드는 큰 프로모션이다. 한국총괄은 출시 이후 1년 동안 이 프로모션을 한 번도 중단하지 않고 연간 총 1천억 원 정도를 투자하며 지속했다. 그 덕에 출시 1년 만에 한국 삼성페이 가입자 규모를 350만 명으로 키울 수 있었다. 단기간에 300만 명이 넘은 가입자 규모는 삼성페이 서비스를 조기에 한국 시장에 안착시키는 데 결정적인 기여를 했다.

우리는 '5천원의 행복' 구매 프로모션 외에도 수능 시험일, 성탄절, 설날 등 시즌별로 삼성페이 결제 할인 이벤트를 하고, 평상시에도 삼성페이를 지속적으로 사용할 동기를 부여하기 위해 영수증 즉석 당첨, 스탬프 적립, 불타는 금요일 경품 증정 이벤트 등을 추진했다.

삼성페이가 성공적으로 시장에 안착하다

이런 노력 끝에 한국 삼성페이는 2015년 10월, 출시 2개월 만에 일 결제 10만 건, 가입자 100만 명, 누적 결제액 1천억 원을 달성했으며, 다시 7개월 후인 2016년 5월에는 가입자 300만 명, 일 결제 30만 건, 누적 결제액 1조 원을 달성했다. 결제액 1조 원은 당시 대한민국 연간 총 카드 결제 금액 550조 원의 0.2%도 안 되는 미미한 수치지만, 모바일 결제 역사상 오프라인 매장에서는 유일하게 삼성페이만이 달성한 성과였다. 삼성페이는 누구도 가보지 못한 길을 가고 있었다.

2013년 하나SK카드와 BC카드가 유심칩에 발급한 카드 수가 200만 장에 육박했지만 총 결제 금액이 20억 원이 채 되지 않았던 것을 감안하면, 삼성페이는 출시 7개월 만에 모바일 카드 실적의 500배를 넘긴 놀라운 실적을 거뒀다. 한국 삼성페이는 출시 1년도 지나지 않아 고객이나 매장 점원들의 인식 속에 안전하고 편리한 결제 수단으로 확실히 자리 잡았다. 한국 땅에서 누구도 매장에서 휴대폰을 꺼내서 결제하는 것을 이상하게 생각하지 않게 된 것이다.

㉑ 한국 삼성페이 사건 사고

출시 하루 전날 날아온 청천벽력 같은 소식

"삼성페이 서비스에 미흡한 부분이 발견되었는데, 혹시 출시를 연기할 수 있을까요?"

출시를 코앞에 두고 정부의 모바일 결제 정책 담당자로부터 연락이 왔다. 깜짝 놀랐다. 모든 출시 광고와 홍보 활동이 바로 다음 날로 맞춰져 있었고, 프로모션을 비롯한 모든 유통점과의 판촉 계획도·다 내일부터 시행하기로 짜여 있었는데 이게 무슨 일인가 싶었다. 정부의 핀테크 개혁 기조에 힘입어 삼성페이를 한국을 대표하는 글로벌 핀테크 상품으로 만들겠다는 열망을 갖고 앞만 보고 열심히 달리던 우리로서는 정말 예상하지 못한 일이었다.

"미흡한 부분이라는 게 무엇인가요?" 우리는 가까스로 물었다.

"CJ 제휴 카드처럼 유통업체 제휴 카드를 삼성페이에 등록하고 결제했을 때, 제휴 카드 혜택이 자동으로 적용되지 않으면 그것은 고객의 기대를 어기는 것이고, 카드 약관 위반으로도 해석될 수 있습니다." 담당자가 출시로 인해 발생할 수 있는 모든 상황을 검토하고, 작은 구멍도 염려했기에 생긴 일이었다.

"이미 국내외 모든 상점과 갤럭시폰 사용 고객에게 내일 삼성페이를 출시하겠다고 약속을 했습니다. 약속한 출시일을 지키지 않으면 외신기자로 인해 삼성전자는 물론 정보통신 선진국인 대한민국이 웃음거리가 될 수 있습니다." 벌렁이는 가슴을 진정시키며 답변을 했다.

우리를 염려해서 힘들게 권유해준 담당자를 무시하고 출시를 강행할 수는 없었다. 우리는 부랴부랴 그를 만나러 갔다. 삼성페이 출시를 지금 와서 연기할 수는 없는 절박한 상황을 토로한 후, 삼성페이의 특성과 앱카드와의 유사성을 설명하며 안심시켰다.

"삼성페이의 실질 결제 수단인 앱카드 서비스는 이미 1년 전에 출시되어 지금까지 잘 사용되고 있습니다. 삼성페이는 각 카드사가 따로 운영하던 앱카드 앱을 모아놓은 꾸러미 앱과 같습니다. 다시 말해 카드사의 앱카드를 담는 컨테이너입니다. 카드사의 앱카드 앱에서 삼성전자의 삼성페이 앱으로 카드 보관함만 바뀌었을 뿐입니다. 앱카드 앱을 통한 서비스가 문제가 되지 않듯이, 삼성페이 앱을 통한 서비스도 문제 없지 않겠습니까?"

우리는 또한 담당자에게 제휴 카드 오류에 대해서는 사전에 충분히 고객에게 고지를 하고, 오류로 누락된 고객 혜택은 매일매일 수동으로 시스템에서 뽑아서 고객이 절대 불이익을 받지 않도록 하겠다고 거듭 다짐했다. 마침 제휴 카드 약관에 "부득이한 경우에는 혜택 적용을 예외로 할 수 있다"는 조항도 있었다. 결국 우리는 완벽한 핀테크 서비스를 꿈꾸던 담당자의 염려를 해소하고, 문제 없이 출시일을 지킬 수 있었다. 다행히 담당자가 염려한 일은 발생하지 않았다. 그러나 그런 염려 덕분에 삼성페이는 더욱 철저하게 절차를 지키며 출시할 수 있었다.

제휴 카드 수정 작업은 삼성전자와 카드사뿐 아니라, 프랜차이즈 상점의 시스템까지 변경해야 하는 커다란 작업이었다. 혜택 누락 금액은 별로 크지 않았지만, 정부 담당자를 실망시키지 않고 기대에 부응하고자 출시 후 무엇보다 신속하게 문제를 해결했다.

법인 카드로는 삼성페이를 쓸 수 없다?

"삼성전자 임원이 삼성페이를 못 쓴다는 게 도대체 말이 되는가!"

불호령이 떨어졌다. 삼성페이에 카드를 등록하려면 휴대폰에서 본인 인증을 해야 하는데, 삼성전자 임원은 휴대폰과 카드가 자기 명의가 아닌 법인 명의로 된 경우가 많아 삼성페이에 카드를 등록할 수 없었던 것이다.

이는 삼성전자 임원만이 아니라 수많은 프리미엄 고객들이 겪는 일이었다. 자신의 명의가 아닌 휴대폰과 카드는 삼성페이에 카드를 등록하는 과정에서 계속 에러가 났다. 문제는 에러 메시지가 상세하고 친절하지 않았다는 점이었다. "고객님의 명의와 휴대폰의 명의가 달라서 삼성페이 사용이 불가능합니다"라거나, "법인 카드는 본인 명의가 없어서 등록이 되지 않습니다" 등의 구체적인 에러 내용과 함께 그래서 어떻게 하시라는 안내 메시지가 같이 표시되었어야 하는데 밑도 끝도 없이 "등록 불가"라는 식의 메시지가 나온 것이다. 평소에 잘 쓰고 있는 휴대폰과 카드를 이용해서 삼성페이를 쓰려 하는데 갑자기 등록이 되지 않는 상황이 발생하니 프리미엄 고객들이 얼마나 황당하고 답답했겠는가?

법인 폰 고객과 법인 카드 고객은 일반 고객보다 고수익을 가져다주는 중요한 고객이다. 그들로부터 VoCVoice of Customer가 나온다는 것은 이통사와 카드 회사에 큰 부담일 수밖에 없었다. 삼성전자 경영진의 VoC는 특별히 강했다. 삼성페이가 출시되었는데 정작 삼성전자의 임원이 삼성페이를 사용할 수 없다는 것은 그분들 입장에서는 있을 수 없는 일이었다. 그분들의 VoC가 카드사와 이통사뿐 아니라, 삼성페이 담당 부서로 직접 들어오기 시작했다.

카드사와 이통사 그리고 삼성전자는 혼연일치하여 문제를 해결했다. 가장 먼저 해결한 것은 휴대폰 인증이었다. 다행히 법인 폰이더라도 실사용자를 등록하면 법인 폰을 개인 인증 도구로 사용하는 절차가 있었다. 그 절차를 고객들에게 알려드렸다. 다만, 본인 인증이 가능하게 하기 위해서는 직접 휴대폰 매장을 방문하거나, 위임장을 작성하여 본인 확인을 해야 했다. 삼성페이 때문에 휴대폰을 사용한 이후, 휴대폰 매장을 처음 방문하는 임원이 생겨났다.

일단 법인 폰으로 본인 인증이 가능해지자, VoC가 상당히 줄어들었다. 다행히 대부분의 법인 카드 고객이 이미 카드에 실사용자 개인 명의를 동시에 등록하여 사용하고 있었다. 우리는 또 법인 이름으로만 사용되는 카드의 경우에도 일정 과정을 거치면 법인 카드에서 사용자 개인 명의를 등록할 수 있도록 했다. 이렇게 법인 폰과 법인 카드에 개인 실명을 등록하자 고객은 아주 간편한 삼성페이 등록을 경험할 수 있었다.

삼성페이 출시를 준비한 실무자들은 법인 폰과 법인 카드를 사용해 본 적이 없었기에 이런 상황을 사전에 고려할 생각조차 못했다. 그럼에도 서비스를 출시한 우리가 참으로 용감했다는 생각이 든다.

삼성페이를 접게 할 뻔한 시스템 오류

"제가 결제를 하지도 않았는데 제 카드로 결제가 되었다고 삼성페이 앱으로 알림이 왔습니다."

한 삼성 직원이 내부 메일로 삼성페이팀에 황당한 제보를 보냈다.

"게다가 그 시간에 저는 서울에 있었는데 결제 장소는 지방 ○○시로 나옵니다. 카드사에 확인해보니 진짜로 제 카드로 결제가 되었습니다. 어떻게 된 일인가요?"

메일을 다 읽고 나니 하늘이 노랗게 보였다. 이것이 사실이라면 아주 심각한 상황이었다. 삼성페이의 존폐까지도 우려가 되는 사건이었다. 삼성페이 출시 후 3개월 정도 지나 더 이상 문제가 없는 것 같아 출시 TF를 마무리하던 중이었는데… 돌덩이를 삼킨 것 같은 무거움과 갑갑함이 몰려왔다.

삼성페이 시스템이 해킹된 것인가? 아니다, 그럴 리가 없다. 카드 번호가 유출이 되었나? 아니다, 일회용 카드는 유출이 되어도 다시 쓸 수 없다. 일회용 카드는 복제가 되어도 다시 쓸 수 없는데 어떻게 이런 일이 일어났을까? 무언가 잘못되었다. 그래도 만약 문제가 있다면? 안전하지 않은 카드는 즉시 폐기해야 하는데… 삼성페이를 이런 식으로 접게 되는 것인가? 정말 짧은 시간에 별의별 생각이 다 들었다. 카드사에 확인해봤더니 다행히 공식적으로 접수된 사고 건은 없었다.

재빠르게 자체 조사를 했다. 삼성페이 서버에서 발생한 문제였다. 당시 삼성페이 서버는 클라우드 시스템을 이용했는데, 특정 서버에 과부하가 걸리면 서버의 작업을 균형 있게 배분하기 위해 자동으로 서버 간에 업무 분배 작업을 실시했다. 이 과정에서 한 고객이 요청한 OTC가 다른 고객에게로 갈 수가 있었다. 절대 일어나서는 안 되는 심각한 프로세스 오류였다.

예를 들면, A라는 고객이 1번 서버를 통해서 OTC를 요청하고, B라는 고객이 2번 서버를 통해서 OTC를 요청했다고 하자. 이때 서버간 업무 분배 과정에서 1번 서버에서 요청한 A 고객의 OTC가 2번 서버에서 요청한 B 고객에게 전달될 수 있었다. 이 경우 B는 본의 아니게 A의 OTC를 받아 MST를 통해 매장의 카드 리더기에 송출해 결제한다. A는 OTC를 받지 못해서 결제하지 못하고, B는 A의 OTC, 즉 A의 카드로 결제하는 일이 발생하는 것이다. 그렇게 되면 A는 결제는 못하면서 자신의 카드로 결제가 되었다는 알림만 받게 된다. 이 오류 현상을 발견한 삼성 직원은 단순히 지문 인증으로 OTC 발행을 테스트하던 중이었고, 그 타이밍에 지방 어딘가에서 결제를 하려고 OTC를 요청했던 다른 삼성페이 사용자에게 그 직원의 OTC가 전달되어 결제가 이뤄진 것이었다.

A는 1번 서버에서, B는 2번 서버에서 동시에 OTC를 요청하고, 두 서버가 절묘하게 업무 분배가 되어야 발생하는 아주 희한한 경우였지만, 문제는 몇백만 분의 1의 확률임에도 불구하고 실제로 사건이 발생했다는 것이었다. 카드사 시스템이나 카드 번호가 해킹된 것이 아니라는 점은 천만다행이었으나, 삼성페이 서버가 OTC 중계에 취약하다는 것은 치명적인 문제였다.

우리는 바로 카드사에게 이 사건을 이실직고했고, 카드사는 감독 기관에 바로 보고했다. 이 일을 계기로 우리는 서버 중계 프로세스를 개선했고, 삼성전자의 모든 삼성페이 서버는 클라우드 기반을 포기하고 자체 IDCInternet Data Center(인터넷 데이터 센터) 기반으로 전환했다. 다행히 그런 일은 더 이상 발생하지 않았다.

삼성페이의 결제 OTC 전달 오류는 삼성페이 출시 이래 경험한 사건 중에 가장 아찔한 사진이었다. 사내 임직원에게 그런 일이 발생했기에 문제가 해결되는 쪽으로 진행되었지, 외부 혹은 경쟁사 쪽에서 이런 일이 발생했다면, 그래서 그들이 문제를 확대하는 방향으로 사태가 진행되었다면 삼성페이는 아마도 접혔을 것이다. 접히지는 않더라도 한동안 힘들었을 것이고, 이런 꿈 같은 성공은 없었을 것이다.

한국 삼성페이는 불안정하고 느리다?

한국형 토큰(카드 식별값)인 앱카드는 한국 삼성페이에 담기면서 실질적으로 대한민국을 대표하는 모바일 결제 카드 규격이 되었다. 삼성페이 이후 대한민국에서는 유심칩 방식만을 고수하는 모바일 결제 사업자가 없어졌다. 하지만 점점 더 많은 사람이 앱카드를 사용하게 되자, 앱카드 사용과 관련하여 다양한 불만 사항이 발생했다.

첫 번째 불만은 통신 환경이 좋지 않은 곳에서 한국 삼성페이 결제가 불안정하다는 것이었다. 앱카드 OTC는 결제 시점에 매번 카드사 서버와 연결하여, 카드사 서버에서 직접 본인 인증을 수행하고 문제가 없을 때에 한해서 발행된다. 휴대폰은 그 OTC를 받아서 보여주거나 전달하는 매개 역할만 한다. 이동통신망이 막강한 IT 강국 한국에서만 상상하고 실현할 수 있는 방식이다. 그래서 앱카드 결제는 와이파이망에서는 작동되지 않는다. 와이파이망은 해킹의 위협에서 안전하다는 보장이 없기 때문이다. 통신사업자가 네트워크 품질과 안전을 보장하고, 해킹에 대한 대비가 충분한 이동통신망(CDMA, WCDMA, LTE, 5G 등)에서만 작동하는 것으로 정부가 허가를 내주었다.

그런데 비록 한국의 이동통신망 인프라가 전국 어디서나 끊김 없이 빠르고 정확하게 데이터를 주고받을 수 있을 만큼 촘촘히 설치되어 있지만, 간혹 고객이 서 있는 위치가 깊은 지하나 두꺼운 벽으로 막힌 음영지역일 경우 통신 상태가 불안정해지는 것은 피할 수 없었다. 한국은 전체적인 망 인프라는 좋으나 개인 상황에 따라 이동통신망 연결 상태가 완벽하게 보장되지 않을 때가 있다. 그렇게 망 연결이 불안정한 경우, 삼성페이로 앱카드 OTC 발행이 늦어지거나 발행되지 않곤 했다. 이러한 앱카드 OTC의 제약 사항은 미국 삼성페이에 적용된 비자/마스터카드 토큰 발행 방식과 비교되면서 삼성전자 내부에서 심각한 이슈가 되었다.

미국 삼성페이에서 결제시 사용하는 비자/마스터카드 토큰은 휴대폰 내부에서 발생시킨다. 휴대폰 내부의 보안이 철저하고 안전한 저장소 안에 토큰 생성 로직을 집어넣고, 지문 인증을 통해 토큰을 생성한다. 은행 거래를 위해 사용하는 OTP 6자리를 네트워크 연결 없이 단독 기기 내에서 생성하는 것과 비슷하다. 따라서 미국 삼성페이는 결제를 위한 본인 인증과 토큰 발행 시점에 이동통신망을 타지 않기 때문에 망 상태의 영향을 받지 않는다. 고객 입장에서는 훨씬 더 안정적으로 결제를 할 수 있다.

EMV 규격이든 앱카드 규격이든, 카드 결제의 안전에는 문제가 없다. 다만 EMV 규격은 이동통신망에 연결될 필요 없이 휴대폰 내부에서 카드 식별값을 발생시키기 때문에 삼성페이 사용자 입장에서는 더 빠르고, 덜 불안하다. 반대로 한국 앱카드 방식은 이동통신망에 연결되어 있어야 OTC를 받는 방식이어서 덜 빠르고, 더 불안하게 느껴질 수 있다.

만일 한국의 이동통신망 상태가 불안정했다면, 그래서 한국 삼성페이 사용자가 결제를 하기 위해 카드사 서버까지 신호가 오가는 데 체감하는 시간이 길거나 중간에 끊기는 오류가 빈번하게 발생했다면, 한국형 토큰인 앱카드 규격을 사용한 한국 삼성페이는 고객들의 불만만 양산하고 새로운 결제 수단으로 선택받지 못했을 것이다.

출시 초기, 한국 삼성페이의 지문 인증 시간과 카드사로부터 일회용 카드를 받아오는 시간이 미국 삼성페이에 비해 고객 체감상 다소 길다는 것이 삼성페이팀 내부에서 해결해야 할 문제로 계속 제기되었다. 비자/마스터카드식 규격이 정통 방식이라고 믿는 경영진이 많던 상황에서 이 문제 제기는 더욱 거세졌다. 결국 고객 경험 개선을 위해 한국 앱카드 규격을 비자/마스터카드식으로 변경할 수 있는지 검토하라는 지시가 떨어졌다.

앱카드 협의체와 삼성전자는 즉시 협업을 추진했다. 지문 인증 시간과 카드사 서버로부터 OTC를 받아오는 시간을 줄이는 시스템 최적화 작업을 진행하는 한편, 카드사 서버에 연결되지 않고도 휴대폰 내부에서 일회용 카드를 발생시키는 규격 변경 협의를 진행했다.

하지만 모바일 카드 거래 규격을 바꾸는 일은 생각보다 어려웠다. 규격을 바꾸기보다는 여분의 OTC를 카드사 서버로부터 미리 받아놓는 '버퍼링' 방식도 논의되었다. 여분의 OTC를 휴대폰 내부에 임시로 받아 저장하고 있다가, 결제 시점에 본인 인증으로 임시 저장된 OTC를 꺼내서 지체되는 시간 없이 결제하고 결제가 끝난 다음에는 어떤 식으로든 망에 연결되는 시점에 새로운 OTC를 채워 넣는 식으로 바꾸자는 논의였다. 그러나 버퍼링 방식은 OTC 보존 기간을 가늠할 수 없는 상황에서는 카드 번호 유출과 동일한 수준의 위험도를 가지고 있다고 평가되어 논의가 중단되었다.

이런저런 논의를 하던 와중에 한국 삼성페이와 카드사 서버 간에 오고가는 앱카드 OTC 송수신 처리 속도가 충분히 빨라지도록 시스템이 튜닝되어, 휴대폰 내부에서 OTC를 발생시키는 규격으로 변경하기보다는 매번 카드 번호를 받아오는 기존 앱카드 방식을 유지하기로 확정했다. 그리고 지금까지 이 방식은 아무 문제 없이 잘 쓰이고 있다.

한국 삼성페이는 해외 결제가 안 된다?

앱카드와 관련한 두 번째 불만은 한국 삼성페이로 해외에서는 결제할 수 없다는 것이었다. 특히 해외 출장이 잦은 삼성전자 경영진에게 이 사실은 의외의 충격이었다. "해외 결제가 안 되는 카드가 어떻게 카드인가?"라며 여기저기서 불만이 쏟아져나왔다.

그런데 해외 결제가 불가능했던 이유는 카드 규격 같은 기술적 요인이 아니라, 글로벌 카드 브랜드사의 정책을 거스를 수 없는 국내 카드사들의 결정 때문이었다. 비자와 마스터카드는 자사의 토큰이 아닌 일회용 토큰은 중계하지 않는다는 원칙을 세웠다. 그들에게는 자사 토큰의 사용이 우선이었고, 그 원칙에 따라 한국 카드사에게 앱카드 OTC 해외 사용 금지 가이드라인을 내렸다. "비자/마스터카드가 인정한 해외 결제용 일회용 카드는 비자/마스터카드 토큰뿐이다. 이 토큰이 아닌 앱카드 OTC로 해외 결제를 하다가 생기는 모든 문제는 한국 카드사에서 책임을 져야 한다"는 것이 그들의 입장이었다.

한국 카드사들은 브랜드사와의 계약상, 해외 결제에 대해서는 브랜드사의 가이드라인을 준수해야 했다. 그 가이드라인을 준수하지 않아 발생하는 사고는 모두 개별 카드사의 책임이다. 앱카드 해외 결제로 인한 사건의 규모가 얼마인지 산정도 되지 않는 상태에서 책임을 지겠다는 결정을 할 수는 없었다. 그래서 앱카드 협의체는 앱카드 OTC를 해외에서 사용하지 않기로 결정했다.

그런데 해결하는 과정이 재미있게 진행되었다. 삼성페이를 통한 앱카드의 해외 결제를 허용하지 않기로 결정은 했지만, 정작 카드사들이 카드 사용을 막기 위해 할 수 있는 일이 없었던 것이다. 카드사 서버는 앱카드 결제 요청이 국내 결제에서 일어난 것인지 해외 결제에서 일어난 것인지 식별할 수 없었다. 게다가 앱카드 규격이 플라스틱 카드 규격과 동일했기 때문에, 비자나 마스터카드도 기술적으로 앱카드 승인 요청과 거래를 막을 수 없었다. 그렇다 보니 해외 현지 매장에서 삼성페이의 앱카드가 매장용 카드 리더기에 읽힐 수만 있다면 카드 결제가 승인되었다.

글로벌 카드 브랜드사의 가이드라인을 받고, 그것을 준수하겠다고 결정한 국내 카드사들은 이 상황을 그대로 방치할 수가 없었다. 그래서 역설적이게도 앱카드의 해외 사용을 원하는 삼성전자에게 한국 삼성페이의 해외 사용 금지를 요청했다. 한국 삼성페이를 사용하는 휴대폰이 해외에 나가서 로밍 상태가 되면 삼성페이 앱에서 앱카드를 비활성화해달라는 것이었다. 카드사 서버는 해외 거래를 식별할 수 없으니, 삼성전자에서 휴대폰의 위치와 연결된 네트워크 기반으로 해외 체류를 식별하고 막아달라고 했다.

카드사들이 이렇게 삼성전자에 무리한 요구를 하면서까지 적극적으로 한국 삼성페이의 해외 결제를 막으려는 이유에는 글로벌 카드 브랜드사의 가이드라인도 있었지만, 삼성페이 앱카드의 해외 결제로 인한 잠재 VoC에 대한 우려도 있었다. 한국 삼성페이가 해외에서도 결제가 된다고 알려진 이후에 혹시라도 플라스틱 카드 대신 갤럭시폰만 들고 나갔다가 해외 카드 리더기에서 삼성페이 결제가 되지 않을 경우, 고객이 카드사에 클레임을 걸 수 있었기 때문이다. 삼성페이에서 카드 결제가 되지 않아서 중요한 거래를 놓쳤다고 주장할 경우, 카드사가 일정 부분 책임을 져야 하는 상황이 생길 수도 있었다.

카드사는 검증되지 않은 삼성페이 해외 결제 때문에 발생할 수 있는 위험을 감수할 수 없었다. 한국 시장처럼 전체 POS를 다 검증한 것도 아니었기 때문에 하루빨리 삼성페이의 해외 결제를 막는 것이 바람직했다.

결국 한국 삼성페이의 해외 결제 불가는 앱카드 규격보다는 사업적 제약과 그에 따른 정책적 의사결정 때문이었다. 자사 토큰 외에는 해외 결제 지원이 불가하다는 비자/마스터카드의 가이드라인, 앱카드 해외 결제 불가시 VoC를 우려한 국내 카드사들의 암묵적 반대로 앱카드 OTC 해외 결제가 막혔고, 그 결과 한국 삼성페이의 해외 결제도 막혔다.

삼성페이팀 내부에서는 다시 한국형 토큰인 앱카드가 도마 위에 올랐다. 경영진들은 "비자/마스터카드 토큰 방식을 사용하지 않았기 때문에 이런 해외 결제가 안 되는 불완전한 서비스가 나왔다"고 비난했다. 하지만 딱히 해결할 방법이 없었다. 한국 삼성페이의 해외 결제 건은 장기적으로 비자/마스터카드의 토큰을 적용하는 방안을 마련하기로 하고 일단락되었다.

2020년 하반기, 드디어 한국 삼성페이에서 마스터카드 로고가 박힌 국내 카드의 해외 결제가 가능해졌다. 해외 로밍시 한국 삼성페이 앱에서 마스터카드 토큰이 작동하도록 개발을 한 것 같다. 그래서 해외에서는 MST 결제는 안 되고, NFC 결제만 가능하다. 한국 삼성페이 사용 고객은 언제 어디서나 결제되는 범용적인 모바일 결제 경험에 익숙한데, 해외에서는 애플페이처럼 NFC가 되는 곳에서만 결제해야 하는 상황이 되었다. 삼성페이가 플라스틱 카드를 대체할 수 있었던 국내와는 달리 해외에서 사용되는 삼성페이는 플라스틱 카드를 보완하는 방향으로 나아갈 것 같다. 국내와는 다른 삼성페이 해외 결제 서비스가 얼마나 활성화될지는 좀 더 두고 봐야 할 듯하다.

삼성페이는 한 대의 스마트폰에서만 쓸 수 있다?

앱카드와 관련된 세 번째 불만은 '멀티 디바이스multi-device 사용 불허' 정책으로 생긴 제약 때문에 생겨났다. 사실 이것은 카드 보안을 위해 만든 금융 정책의 문제이지, 앱카드 자체의 문제는 아니다. 멀티 디바이스 사용 불허 정책이란 하나의 카드를 다수의 본인 명의 단말기에서 동시에 등록해서 사용할 수 없도록 한 것으로, 한국에서는 한 카드를 여러 개의 디바이스에서 사용하는 행위가 카드 복제에 준하는 행위라고 유권 해석했기에 생긴 정책이다.

멀티 디바이스 카드 사용을 허락하는 중국과 미국에서는 본인 명의의 휴대폰이 두 대이면 각각의 휴대폰에 삼성페이를 설치하고, 같은 카드를 두 대의 휴대폰에 모두 등록하여 동시에 제한 없이 삼성페이 결제를 사용할 수 있었다. 한국은 그런 방식을 허용하지 않았다. 한국 삼성페이는 플라스틱 플레이트를 대체하는 개념이기 때문에 카드 정보는 오직 단 한 대의 본인 명의 모바일 디바이스에만 등록되어야 했다. 그래서 한국에서는 본인 명의의 휴대폰을 교체해서 본인 명의의 새 휴대폰에 삼성페이를 등록하면 이전 휴대폰의 삼성페이는 자동 중지된다.

이 제약은 비록 고객 입장에서는 불편할 수도 있었지만, 카드 사용의 안전을 위한 정부의 보안 정책에 의한 것이므로 처음에는 전혀 이슈가 되지 않았다. 이슈가 되기 시작한 것은 2016년 말 스마트워치인 '기어 S3' 출시 시점에 삼성페이 결제가 기어 S3에서 "단독으로" 사용 가능하다는 보도가 나간 이후부터였다. 멀티 디바이스 사용이 가능한 미국과 불가능한 한국의 '단독으로'는 의미가 달랐는데, 이 차이가 제대로 전달되지 못했던 것이다.

기어 S3에는 삼성페이 결제를 위한 MST 안테나가 장착되었다. 미국에서는 멀티 디바이스 허용 정책에 따라 휴대폰이 없어도 기어 S3에 eSE를 내장하고, 그 안에서 토큰을 직접 생성할 수 있었기에 '폰이 필요 없는' 단독 결제가 가능했다. 하지만 한국에서는 멀티 디바이스 불허 정책에 따라 휴대폰에서 OTC를 받고, 블루투스 같은 근거리 통신을 통해 기어 S3로 보내면 기어 S3가 그 OTC를 받아서 MST로 결제할 수 있게 했다. 다만 휴대폰이 주머니나 가방 속에 있어도 손목의 기어 S3에서 삼성페이를 조작하고 본인 인증을 할 수 있었기 때문에,

기어 S3에서 '폰을 조작할 필요가 없는' 단독 결제가 가능했다.

'단독으로'를 휴대폰 없이 기어 S3만으로 삼성페이 결제가 가능하다는 의미로 받아들인 한국 고객들이 불만을 터뜨리기 시작했다. 멀티 디바이스 불허 정책이란 것을 생전 처음 접해본 고객들이 '단독 사용'의 의미를 '멀티 디바이스 사용'이라고 이해하는 것은 어떤 면에서는 당연했다. 그래서 우리는 이 문제를 심각하게 받아들이고 해결하려고 노력했다. 멀티 디바이스 불허 정책을 어기지 않고도, 휴대폰 없이 기어 S3만으로 결제할 수 있도록 만드는 작업을 삼성카드사와 함께 추진했다.

기어 S3를 출시하고 2년을 넘긴 2019년 2월, 드디어 휴대폰이 근처에 없어도 기어 S3 단독으로 결제가 가능한 삼성페이 서비스를 제공하게 되었다. 사용 고객이 스마트폰의 삼성페이 앱 설정에서 기어 S3의 원격 결제 사용을 허용하면 LTE 통신이 되는 기어 S3에서 휴대폰과의 근거리 무선 연결이 없어도 48시간 동안 단독 결제가 가능하게 된 것이다. 나름대로 정부의 정책을 위반하지 않는 범위 안에서 고객과의 약속을 지키기 위해 삼성카드사와 최선을 다해 도출한 솔루션이었다.

기어 S3 이후 출시한 갤럭시 워치 시리즈에서는 MST 안테나가 빠졌다. 손목에 있는 스마트워치로만 결제하는 고객이 실제로는 거의 없었기 때문이다. 간간히 교통카드를 스마트워치에 담아서 손목으로 결제하는 사람들이 있었지만, 교통카드 결제는 MST가 아닌 NFC로 통신이 되었기 때문에 굳이 MST까지 필요하지는 않았다.

삼성페이, 온라인 결제를 혁신하다

모든 오프라인 매장에서 아무 문제없이 휴대폰으로 결제할 수 있는 한국 삼성페이 서비스의 파급력은 과연 대단했다. 우리는 누구나 상상만 했지 감히 실행하지 못했던 일을 세상에 처음 실현했을 때 느낄 수 있는 감동을 만끽했다. 삼성페이 서비스는 파죽지세로 사람들의 결제 행태를 변화시키기 시작했다. "우리 가게에서는 그런 서비스가 안 된다"며 손사래를 치던 전통시장 상인도, "어떻게 하는지 모른다"며 결제를 극구 거부하던 해장국집 할머니도, "그런 게 되겠냐"며 뒷짐을 지고 바라보던 동네 슈퍼마켓 아저씨도, '삼성페이로 샥' 긋고, 1초 만에 영수증이 올라오면 표정이 바뀌고, 신기해하고, 다시 한번 해보라며 다음번 삼성페이 사용 고객을 기다렸다.

우리는 삼성페이 온라인 결제에서도 오프라인 결제 못지않은 범용성과 파급력을 세상에 보여주고자 했다. 때는 이미 모든 사람이 스마트폰에서 하는 모바일 쇼핑이 PC 화면에서 진행하는 인터넷 쇼핑을 넘어서는 것은 시간 문제라고 전망하던 시기였다(실제로 출시 1년 후인 2016년부터 한국 온라인 쇼핑은 PC보다 스마트폰의 비중이 더 커졌다). 집이나 사무실의 책상 앞에 앉아야 비로소 할 수 있는 PC 인터넷 쇼핑과, 집과 사무실, 화장실과 침실, 자동차와 지하철까지 시간과 장소를 가리지 않고 손 안에서 할 수 있는 스마트폰 인터넷 쇼핑은 그 접근성과 편의성에서 비교가 되지 않았다.

우리는 이 새로운 시장, 휴대폰 안에서 벌어지는 모바일 쇼핑 시장에서의 간편결제는 삼성페이가 주도권을 잡아야 한다고 생각하고 삼성페이 온라인 결제를 기획했다.

MSC에서 삼성월렛을 출시했을 때, 우리는 세상에서 가장 간편한 결제 서비스를 만들어도 결국 PG사나 대형 쇼핑몰이 신규 결제 서비스를 쇼핑 결제 수단 중에 하나로 노출해주지 않으면 아무 소용이 없음을 경험했다. 노출이 없다면 고객은 새로운 결제를 사용하기는커녕, 결제 수단을 알 수 있는 기회조차 가질 수 없었다. 게다가 신규 결제 서비스를 PG사나 쇼핑몰의 결제창에 집어넣는 협상 과정이 얼마나 힘들고, 비용이 많이 드는지 익히 경험했기 때문에 그런 접근 방식을 다시 반복할 수는 없었다. 그래서 우리는 모든 PG사나 쇼핑몰에서 일어나는 신용카드 거래가 최종적으로 거쳐갈 수밖에 없는 길목인 '카드사 인증창'에 삼성페이를 넣는 전략을 세웠다.

온라인 쇼핑을 할 때 고객이 결제 수단으로 신용카드를 선택할 수 있는 화면에는 세 가지가 있다. 쇼핑몰 결제 화면, PG사 결제창, 그리고 카드사 결제창이다.

고객이 제일 먼저 접근하여 결제 수단을 선택하는 결제 화면은 쇼핑몰 사이트의 결제 화면이다. 쇼핑몰이 직접 결제 수단을 노출해서 고객이 선택하도록 한다. 쇼핑몰이 크면 클수록 이 방법을 쓴다. 쇼핑몰이 결제 수단을 직접 관리·통제할 수 있기 때문이다. 신규 결제 서비스를 붙여주면서 프로모션 펀딩을 요구할 수도 있고, 결제 서비스의 메뉴 위치를 바꿔주는 조건으로 결제 수수료를 낮추는 협상을 할 수도 있다. 쇼핑몰이 결제창을 직접 운영하면 결제창 뒤에서 결제 처리를 해주는 PG사를 언제든 다른 PG사로 교체할 수 있기 때문에 PG사들로 하여금 더 낮은 처리 비용을 제안하도록 서로 간의 경쟁을 유도하기에도 좋다.

다만 이 모든 활동이 가능하기 위해서는 쇼핑몰의 거래 규모가 일정 수준을 넘어야 한다. 수수료 매출이 거래 규모로 결정되기 때문이다. PG사 입장에서는 쇼핑몰의 조건을 전부 수용하면서도 고정 비용을 넘어서는 수수료 매출이 나와야 쇼핑몰이 원하는 비용으로 서비스를 제공할 수 있다. 코스트코가 오프라인 매장임에도 일정 기간 동안 한 카드사를 선정해서 매장의 모든 거래를 몰아주고, 타 유통업체와는 비교가 안 되게 결제 수수료율을 낮추는 것과 똑같은 비즈니스 행태이다.

두 번째 화면은 PG사 결제창이다. 결제 수단을 직접 관리하지 못하는 쇼핑몰에서는 고객이 구매 버튼을 누르면 PG사가 만든 결제 화면으로 바로 넘어간다. 이 경우 PG사가 결제창을 만들어서 고객에게 결제 수단을 노출하고 거기서 선택하도록 한다. 주로 거래 규모가 작은 소형 쇼핑몰이나 신생 쇼핑몰이 이용하는 방식이다.

신생/소형 쇼핑몰에게는 사실 선택의 여지가 없다. 거래 규모가 크지 않아 PG 사업자를 통제할 수 없기도 하지만, 규모를 따지기에 앞서 처음 창업한 신생 온라인 쇼핑몰의 경우 카드사에서 가맹점 계약을 체결해주지도 않는다. 신생 쇼핑몰은 카드사가 카드비를 먼저 정산해주고 안심할 만큼의 신용이 없다. 카드사는 카드 고객에게 카드 사용 대금을 받기 전에 판매자에게 먼저 판매 대금을 정산해줘야 하는데, 언제든 폐업을 할 위험이 있는 신규 쇼핑몰에게 신용을 줄 수 없기 때문에 신용이 있는 거래 중개자를 가운데 두려고 한다. 소형 매장과 직접 가맹점 계약을 하기보다 책임을 분산시킬 수 있는 안전장치를 중간에 두는 것이다. 이 중간 안전장치가 PG사다.

PG사는 대형 쇼핑몰에게는 결제 전산 처리를 해주는 시스템 공급사의 역할을 하지만, 중소형 쇼핑몰에게는 카드사로부터 결제 대금을 미리 받아서 중소 쇼핑몰에게 나눠주는 대표 가맹점의 역할도 한다. 소규모 전문 온라인 쇼핑몰에서 물건을 구입하면 카드 명세서에 쇼핑몰 이름 대신에 '네이버페이'나 'KG이니시스'가 적혀 있는 것을 볼 수 있다. 그들은 대표 가맹점 PG사로써 중소 쇼핑몰을 대표해서 카드사와 가맹점 계약을 맺고, 결제 건에 대해 카드사로부터 정산을 받아서 중소 쇼핑몰에 수익을 재정산해준다. 다만 PG사가 대표 가맹점의 역할을 할 때는 대표 가맹점 역할 비용이 부과되어 중소 쇼핑몰이 지불해야 하는 결제 수수료율이 조금 더 올라간다.

세 번째 화면은 최종적으로 고객의 자금이 인출되는 자금 보유처 창이다. 이 창에서 자금 보유 업체가 최종 인증을 한다. 신용카드는 카드사창, 계좌 이체는 은행창, 휴대폰 소액결제는 이동통신사창이

열린다. 삼성페이는 앱카드를 담아서 하는 결제였기 때문에 카드사창을 전략적으로 활용하고자 했다.

대형 쇼핑몰 사이트든, PG사 결제창이든 신용카드 결제를 선택하면 반드시 한 번은 고객에게 카드사의 본인 인증창이 띄워진다. 정부 정책에 따라 반드시 본인 인증을 해야 하기 때문이다. 우리는 이렇게 고객이 무조건 거쳐야 하는 카드사창에 삼성페이를 선택할 수 있는 버튼을 넣자고 제안했다.

카드사 창에서 삼성페이 결제를 선택할 수 있게 되면 삼성페이 입장에서는 쇼핑몰이나 PG사와 협상하느라고 시간과 돈을 낭비할 필요가 없었고, 카드사 입장에서는 16자리 카드 번호와 유효기간 4자리, 공인 인증서 비밀번호 등을 입력하느라 결제 단계에서 구매를 포기하는 고객들의 이탈을 최소화할 수 있었다. 또 고객이 결제하려고 하는 카드사를 먼저 선택하고 난 후에 고객에게 인증의 편의성을 제공하는 서비스라 자기 고객을 남의 카드사에게 뺏길 일도 없었다. 카드사 간의 경쟁을 일으키는 것도 아니고, 자기 고객에게 편의성을 제공하는 것이라 우리는 카드사 입장에서는 잃을 것이 없는 좋은 방법이라고 생각했다.

그런데 의외로 카드사들은 자신들의 인증창에는 절대 외부 서비스를 넣어줄 수 없다고 반대했다. 그 창을 마치 카드사의 성역인 것처럼 여겼고 무조건 보호해야 한다는 식으로 얘기했다. 우리는 그나마 말이 통하는 삼성카드사를 먼저 설득했다. 이미 고객이 삼성카드로 결제하겠노라고 선택한 후에 일어나는 과정이고, 삼성카드의 결제 편의성을 더해주는 기능이니 손해볼 것이 없다고 제안했다. 삼성카드사는 우리의 제안을 기꺼이 받아들여 자사의 온라인 결제 인증창에 삼성페이 선택 버튼을 추가했다. 삼성카드사 결제 인증창에서 삼성페이를 선택하면 결제하기 편하다는 소문이 나기 시작하자, 다른 카드사들도 자신들의 인증창에 삼성페이를 붙여주기 시작했다. 그리고 조금 지나자 그 인증창에 붙는 간편결제가 늘어났다. 삼성페이만 붙어 있던 카드사 인증창에는 이제 페이코, 카카오페이 등의 신규 모바일 인터넷 간편결제가 붙어 있다.

카드사창에 삼성페이를 붙이는 것도 이전에는 없던 혁신이었다. 그 혁신 덕분에 오프라인의 삼성페이처럼 온라인의 삼성페이도 쇼핑몰 어디서나 결제가 가능한 서비스가 되었다. 결제 단계상 쇼핑몰 결제 수단 페이지나 PG사 결제창에서 신용카드를 선택한 이후에 삼성페이가 노출되는 것이 단점이기는 했지만, 신용카드 결제를 선택하면 한 번은 거쳐야 하는 관문에서 삼성페이가 노출되는 것은 큰 장점이었다. 고객이 어떤 쇼핑몰에서 시작하든 신용카드로 결제하겠다고 선택했을 때 삼성페이로 결제할 기회가 한 번은 제공되면서 고객에게 삼성페이 온라인 결제가 어디서나 쓰일 수 있다는 사실을 알렸다.

그런데 삼성페이 출시 이후로 온라인 간편결제에 대한 규제가 대폭 완화되었다. 쇼핑몰이나 PG사도 일정 자격이 되면 카드 번호를 저장할 수 있게 되었고, 카드 번호를 저장한 주체가 본인 인증을 책임지는 구조가 법적인 테두리 안에서 만들어졌다. 쿠팡, 네이버 같은 큰 쇼핑몰에서는 카드사의 본인 인증 과정을 건너뛰어 결제할 수 있을 정도였다. 이렇게 카드사창을 거치지 않는 온라인 간편결제를 사용하는 쇼핑몰이 많아지면 많아질수록 카드사창에 붙은 삼성페이의 노출도는 계속 떨어졌다. 지금은 쇼핑 사이트에서 바로 노출되는 네이버페이, 카카오페이, 페이코 등과 자사 쇼핑 사이트에서 배타적으로 우선 노출되는 쿠페이(쿠팡), 스마일페이(G마켓) 등의 입지가 온라인 결제 시장에서 점점 더 확대되고 있다.

초기 삼성페이는 카드사창을 통해 모든 온라인 쇼핑몰에서 접근 가능한 온라인 간편결제의 범용성을 확보했지만, 점차 카드사창에만 머물지 않고 쇼핑몰에 직접 노출하여 결제 노출도와 접근성을 좋게 만들어야만 하는 상황이 도래하고 있다.

한국 삼성페이가 성공한 이유

2장

혁신적인 기술 덕분에 성공한 것인가?

한국 삼성페이가 왜 성공했느냐고 물으면 100명 중에 50명은 모른다고 할 것이다(관심이 없는 사람). 30명 정도는 삼성전자가 해서라고 할 것이고(관심이 있는 사람), 19명은 MST 기술 때문이라고 할 것이다(관심이 많은 사람). 마지막으로 남은 한 명은 좀 더 생각해보겠다고 할 것이다(관심이 아주 많은 사람). 그 마지막 한 명이 바로 나 같은 사람이다. 왜 한국 삼성페이는 성공할 수 있었을까?

2002년 SK텔레콤의 모네타 서비스에서 2014년 애플페이에 이르기까지, 12년이 넘는 기간 동안 NFC에 기반한 모바일 결제 서비스를 만들겠다는 의욕 넘치는 사업자들이 많이 있었다. 이들의 도전은 예외 없이 용두사미로 끝났다. 그럼에도 2015년 삼성페이 출시 당시 한국에서는 규제 개혁에 힘입어 불어온 핀테크 열풍으로 수많은 간편 결제 서비스가 봇물 터지듯 터져나왔다. 네이버페이(네이버), 카카오페이(카카오), 시럽페이(SK플래닛), 페이코(NHN엔터테인먼트), 티몬페이(티몬), 스마일페이(G마켓), 티페이(SK텔레콤), 페이나우(U+), 모카페이(KT), SSG페이(신세계), 엘페이(롯데), 케이페이(KG이니시스) 등등 열댓 개의 페이 서비스가 온라인 결제 중심으로 페이 춘추전국시대를 만들었다.

이 열댓 개에 해당하는 페이 서비스에게는 없는 무언가가 삼성페이에는 있었기 때문에 성공했으리라는 관점에서 보면, 가장 먼저 눈에 띄는 것은 단연코 MST 기술이다.

한국 삼성페이는 정말 MST 때문에 성공한 것일까? 만일 그렇다면 똑같이 MST를 쓰는 미국을 포함한 해외 국가의 삼성페이는 왜 한국처럼 성공하지 못하고 있을까? 미국 시장에서는 애플페이와의 경쟁이라는 상징성 때문에 삼성페이 출시 초기부터 한국보다 더 과감하게 대량의 마케팅 물량 공세를 지원했다. 그런데 왜 미국 삼성페이는 한국 삼성페이만큼 성장하지 못했고, 여전히 확장되지 못하고 있는 것일까?

MST 기술만으로는 다 설명할 수 없는 뭔가가 한국 삼성페이에 있다고 봐야 한다. 그것이 무엇일까? 무엇이 한국 삼성페이로 하여금 한국 모바일 결제의 새 세상을 열게 했을까?

MST 없는 성공, 스타벅스와 교통카드

MST 없이 모바일 결제를 시장에 안착시킨 두 개의 성공 사례가 있다. 하나는 모바일 교통카드고, 또 다른 하나는 모바일 스타벅스 카드다. 그 둘의 공통적인 특징은 그 사용처(개찰구 혹은 스타벅스 매장)에서만 제공하는 서비스와 상품을 누리기 위해 결제하는 대규모의 고객 기반이 존재한다는 점이다.

대중교통이나 스타벅스는 그 이용자들에게 있어 대체제가 없는 유일한 장소다. 대중교통은 독점적인 공공재 서비스이니 그럴 수 있다고 쳐도, 스타벅스는 대체할 수 있는 다른 커피 전문점이 많지 않냐고 반문할 수 있다. 물론 스타벅스를 단순히 커피를 마시는 곳이라고 생각하면 대체제가 많을 수 있다. 하지만 여기서 말하는 스타벅스 고객은 스타벅스 매장이 제공하는 특별한 경험에 사로잡힌 열성 고객을 의미한다. 스타벅스의 매장 경험에 락인lock-in된 고객은 다른 커피 전문점을 스타벅스의 대안으로 생각하지 않는다. 그들에게 스타벅스는 거의 교통 서비스 수준의 독점적인 지위를 갖는다.

그런 대규모의 충성 고객이 어떻게 모바일 결제를 성공시키는 요인이 될 수 있을까? 결제가 어떤 식으로 바뀌든 개찰구나 매장에서 계속 결제를 하는 기반 고객이 존재한다는 사실은 모바일 결제가 작동하기 위한 신규 인프라에 대한 투자를 결정할 때 투자 회수 가능성을 뒷받침하는 합리적 근거가 된다.

모바일 결제가 작동하기 위해 필요한 인프라 교체 비용을 산정하기는 쉽다. 하지만 그 비용의 회수 가능성과 기간을 가늠하기는 어렵다.

그런 불확실한 회수 가능성을 예측하고, 회수 기간을 조금이라도 단축하게 해주는 중요한 요건이 바로 새로운 모바일 결제 인프라를 기꺼이 활용해줄 고객의 존재 유무와 그 규모다. 대중교통 서비스와 스타벅스는 대규모 충성 고객을 기반으로 모바일 결제로의 전환율을 남들보다 확신을 갖고 추산할 수 있었고, 그 전환율을 근거로 모바일 결제 인프라에 대한 투자 회수 기간을 산정할 수 있었다. 그래서 그들은 모바일 결제를 실현시키는 첫걸음으로써 남들보다 신속하게 매장 단말기 교체 결정을 내리고 과감하게 실행했다.

물론 모바일 결제를 받아주는 단말기로 교체했다고 해서 모바일 결제가 바로 활성화되지는 않는다. 오히려 외면받을 가능성이 더 많다. 플라스틱 카드 결제에 비해 모바일 결제는 고객이 거쳐야 할 단계가 많기 때문이다.

카드 결제는 고객이 지갑을 열고 카드를 건네는 두 단계면 된다. 하지만 모바일 카드 결제를 하려는 고객은 먼저 스마트폰에 앱을 깔고, 카드를 등록해야 한다. 그 과정에서 까딱 잘못하면 로그인, 카드 번호 입력, 본인 인증 등을 다시 처음부터 해야 한다. 그러고 나서도 끝이 아니다. 실제로 결제할 때는 휴대폰을 꺼내고, 앱을 찾고, 카드를 선택하고, 어떤 경우에는 본인 인증을 매번 해야 한다. 비록 반드시 특정 매장에서 결제를 해야 효용가치를 느끼는 열성 고객일지라도, 굳이 결제 과정이 번거로운 모바일 결제를 선택할 이유는 없다. 그냥 하던 대로 하게 된다.

그런 면에서 모바일 교통카드와 모바일 스타벅스 카드는 기존에 존재하던 결제와 크게 다르거나 불편하지 않게 사용자 경험을 잘 디자인해서 제공했다. 모바일 교통카드는 스마트폰 화면이 꺼진 상태에서도 결제 단말기에 스마트폰을 대기만 하면 결제가 되는 탭앤고 Tap&Go를 구현해 플라스틱 교통카드와 다를 바 없는 경험을 제공했고, 모바일 스타벅스 카드도 앱을 구동한 이후 진행되는 바코드 결제가 당시 많은 사용자들이 학습했던 바코드 멤버십 적립 경험과 특별히 다를 바가 없었다.

한편, 고객이 모바일 결제도 플라스틱 카드 결제만큼 익숙하게 느끼기까지는 시간이 필요했다. 그래서 교통카드와 스타벅스 카드는 그 시간 동안 고객이 매장 앞에서 머뭇거림을 이겨내고, 플라스틱 플레이트 대신 스마트폰 꺼내기를 포기하지 않도록 인센티브를 꾸준히 제공했다. 교통카드는 낮은 충전 수수료를, 스타벅스 카드는 결제할 때마다 제공하는 별과 쿠폰을 사용자 인센티브로 제공했다.

무엇보다 중요한 것은 이 인센티브 비용이 모바일 카드 결제 수익(매장 수익)에서 보충되었다는 점이다. 인센티브 비용이 한계 이익을 초과하지 않는 한, 두 회사는 계속 인센티브 프로모션을 제공할 수 있었다. 이것은 굉장히 중요한 사항이다. 결제 인센티브 프로모션은 그 프로모션이 없어져도 고객이 새로운 결제에 익숙해지는 수준까지 밀고 나가야 성공할 수 있다. 두 회사는 자신들이 벌어들이는 수익에서 인센티브 비용을 차감하는 구조를 만들었기 때문에 고객의 변화 시점까지 밀고 나가는 것이 가능했다. 결제 수수료를 벌기 위해서가 아니라, 본업을 활성화하기 위해 모바일 결제 서비스를 제공했기에 매장 결제의 모바일화에 성공한 것이다.

대체제가 없는 사용처에서 인센티브를 독점적으로 가장 많이 제공하는 결제 수단이 있다면 고객의 선택지는 명확해진다. 대중교통을 편리하게 이용하려는 사람들과 아침 출근길에 스타벅스 커피를 한 잔 마셔야 비로소 하루가 시작된다고 느끼는 사람들은 추가적인 혜택을 얻기 위해 서서히 그리고 꾸준히, 개찰구에서는 모바일 교통카드를 터치하고, 스타벅스 계산대에서는 모바일 스타벅스 카드 바코드를 보여주게 된다. 한 번 두 번 시도한 경험이 축적되면 고객은 어느 틈엔가 매장 내에서 모바일 결제를 사용하는 것이 아주 편해지고, 익숙한 문화가 된다. 모바일 결제가 부지불식간에 가장 많이 쓰는, 편리한 결제 수단이 되는 것이다.

모바일 교통카드와 모바일 스타벅스 카드의 성공 요인을 정리하면 ① 반드시 그곳에서 구매를 해야만 효용가치를 누리는 기반 고객에 근거하여 신속하게 모바일 결제 인프라를 구축했고, ② 모바일 결제가 익숙한 결제 문화가 될 때까지 프로모션을 지속할 수 있도록 수익 모델에 기반한 고객 인센티브를 제공했다. 한국 삼성페이의 성공을 교통카드나 스타벅스 카드의 성공 요인에 비춰보면 그 성공 공식에 정확히 부합한다.

첫 번째 성공 요인: 결제 가능 매장과 고객의 빠른 확보

삼성페이에는 특정 매장의 구매에 효용가치를 느끼는 대규모의 기반 고객은 없다. 그런데 사실 삼성페이는 그런 기반 고객이 필요 없었다.

기반 고객이 필요한 이유는 매장에 투자하는 신규 인프라 교체 비용의 회수를 가늠하기 위해서인데, 삼성페이는 인프라를 따로 구축하지 않고 사용 가능 매장을 단숨에 확보했다. MST 기술 덕분이었다.

MST 기술은 결제 매장의 투자와 회수를 가늠할 필요 자체를 없애주었다. 매장이 없는 다른 모바일 결제 사업자는 결제 단말기 교체 비용을 어떻게 낮출 것인가를 고민했지만, 삼성페이의 MST 기술은 결제 단말기 교체 비용 자체를 고민할 필요가 없도록 했다. MST 기술로 말미암아 삼성페이는 단숨에 모든 카드 결제 가맹점을 삼성페이로 결제할 수 있는 매장으로 확보하여 모바일 결제 인프라를 단기간에 완성했다. 교통카드나 스타벅스 카드가 결제 단말기를 교체해야 얻을 수 있는 성공 요인을 삼성페이는 MST 기술 도입으로 확보한 것이다. MST 기술은 이런 측면에서 엄청난 역할을 했다.

또, 삼성페이는 그 인센티브 투자 구조가 교통카드나 스타벅스 카드의 그것과 유사했다. 매장 수익은 따로 없었지만, 본연의 사업인 스마트폰 판매 수익을 활용하여 꾸준한 인센티브를 제공할 수 있었다. 그 결과 삼성페이를 새로운 결제 수단으로 사용하는 일정 수준의 결제 고객을 꾸준히 유지하며 새로운 결제 문화를 만들 수 있었다.

많은 결제 서비스 사업자들이 이 두 번째 요인을 간과하여 실패한다. 신규 결제 서비스 사업자들은 자신들의 결제 수단을 홍보하기 위해 섣불리 프로모션을 실시한다. 프로모션 기간에는 혜택을 귀신같이 알고 사용하는 알뜰한 고객들이 있어 거래가 발생하고 거래 건수가 늘어나지만, 이는 일시적이다. 프로모션을 중단하면 거래가 줄어든다. 그러면 결제 서비스 사업자는 이 일시적인 프로모션 효과를 반복적으로 이어가기 위해 투자를 지속한다. 그러나 이런 소모적 투자의 바닥이 드러나는 것은 시간문제다. 결국 조급해진 사업자는 고객 인센티브를 줄이고, 투자 회수를 위해 무리한 수익 모델을 적용한다.

결제 서비스 사업자의 수익 모델이란 결국 결제 수수료다. 문제는 결제 수수료를 높이는 순간, 그 결제 서비스는 상점 주인에게서 외면당한다는 사실이다. 상점 주인 입장에서는 다른 결제 수단이 차고 넘치는데 굳이 비싼 수수료를 지급하면서까지 그 결제를 받아줄 이유가 없다. 심지어 그 결제 수단을 내미는 고객에게 다른 카드는 없냐는 식으로 부담을 준다. 그래서 신규 결제 사업자가 결제 수수료를 높이는 일은 이론 속에서나 존재할 뿐, 현실에서는 거의 불가능하다.

결제 사업자가 생각할 수 있는 다른 수익 모델은 미미하지만 결제 앱에 광고를 붙이는 것이다. 하지만 누가 결제 시점이 아닌데 결제 앱을 열어 광고를 볼 것인가? 게다가 정작 앱을 여는 결제 시점에는 결제하느라 바빠서 광고를 볼 시간이 없다.

결국 혜택이 없는 신규 결제 서비스는 고객에게 외면당하고, 고객이 사용하지 않는 결제 서비스는 어느새 상점 주인에게도 잊히는 한여름 밤의 꿈 같은 신세가 된다. 인센티브로 근근이 유지되던 결제 수단이 사용자에게 익숙한 문화가 되기 전에 인센티브가 끊기면, 이미 학습으로 익숙해진 과거의 결제 수단으로 즉시 대체된다.

한국 삼성페이도 삼성페이 서비스가 마케팅 효과를 발휘하면서 자동적으로 투자 회수 효과를 만들어내는 메커니즘이 작동했다. 비록 삼성페이 자체에는 수익 모델이 없었지만, 삼성페이 서비스를 통해 갤럭시폰의 고객에게 차별적 경험을 제공하고 홍보할 수 있었기에 스마트폰 판매를 지원하고 간접적으로 수익 창출에 기여했다.

삼성페이의 간접적인 수익 창출 효과를 유지하기 위해서 스마트폰 판매 수익의 일부를 삼성페이 활성화를 위한 인센티브로 활용하는 것은 해볼 만한 투자였다. 갤럭시폰을 판매하는 영업의 관점에서 보아도, 어디서나 결제되는 범용성에 기반하여 삼성페이를 사용하는 갤럭시폰 사용자들이 많아지면 많아질수록 아이폰은 따라할 수 없는 갤럭시폰만의 차별성이 부각되고, 브랜드 위상이 높아졌다.

삼성페이가 갤럭시폰만의 셀링 포인트로 작동하면서 스마트폰 판매에 기여하는 것이 확실했기에 우리는 영업/마케팅팀의 비용으로 1년 가까이 삼성페이 프로모션을 지속할 수 있었다. 시간이 지남에 따라 휴대폰 판매 효과보다는 삼성페이 서비스를 운영하는 비용이 더 크게 부각되면서 삼성페이 활성화를 위한 고객 인센티브 마케팅에 대한 투자가 감소했지만, 다행히 그때는 이미 사용자들이 삼성페이를 사용하는 데 익숙해지는 수준까지 밀어붙인 후였기 때문에 타격이 크지 않았다. 그리고 그 마케팅 효과는 문화화로 인해 지금도 유지되고 있다.

출시 후 삼성페이 마케팅을 가장 활발하게 추진한 1년 동안 우리는 스마트폰 경쟁력이라는 내재적 투자 회수 효과가 분명했던 덕분에 삼성페이가 편하고 재미있다는 사실을 온 세상에 지속적으로 알릴 수 있었다. 한국 삼성페이는 처음부터 삼성전자의 스마트폰 경쟁력 강화가 주목적이었기 때문에 기존의 결제 사업자에게 결제 수수료 배분을 요구하지 않았다. 그 결과, 기존의 결제 생태계와 공존하면서 빠르고 믿을 만한 결제 서비스라는 지위를 자연스럽게 인정받고 고객들에게 쉽게 소개될 수 있었다.

또, 삼성페이는 MST 기술로 인해 기존에 설치된 매장용 결제 단말기를 교체하지 않고도 빠르게 삼성페이 결제 상점을 확보했다. 삼성 스마트폰 사용자들은 카드나 지갑을 들고 다니지 않아도 된다는 편의성과, 가끔 제공되는 프로모션의 소소한 혜택과 재미 때문에 삼성페이를 쓰기 시작했고 어느새 거기에 익숙해졌다. 삼성페이를 사용하는 것이 자연스러운 문화로 굳어진 것이다.

두 번째 성공 요인: 누락 없는 카드사 커버리지

그런데 한국 삼성페이 성공에는 잘 보이지 않는 메커니즘이 숨겨져 있다. 그것은 미국 삼성페이와 비교해보면 좀 더 분명해진다. 한국과 거의 동시에 출시한 미국 삼성페이는 상점 인프라 확보 측면에서나 결제 고객 확보 마케팅 측면에서 한국 삼성페이와 거의 차이가 없었다. 특히 결제 인센티브 프로모션의 내용이나 규모 면에서는 오히려 한국보다 더하면 더했지, 덜하지 않았다. MST 기술 덕분에 미국에서 삼성페이 서비스를 받을 수 있는 상점 커버리지는 애플페이 서비스를 받을 수 있는 상점 커버리지와 비교도 되지 않을 정도로 넓었다. 그런데 5년이 지난 지금 미국 모바일 결제 순위는 애플이 1위, 스타벅스가 2위, 삼성페이가 3위다.

왜 미국 삼성페이는 한국만큼 성장하지 못했을까? 한국 삼성페이의 성공 이면에 숨겨진 요인은 삼성페이 고객 기반의 토대가 되는 '카드사 커버리지'다. 출시 당시 한국 삼성페이는 앱카드를 발급할 수 있는 카드사 커버리지가 100%였다. 반면에 미국 삼성페이는 고객에게 토큰을 발행할 수 있는 발급 은행(미국은 은행이 카드 업무를 수행한다) 커버리지가 약 50% 정도였다.

한국 삼성페이는 처음부터 전 카드사와 제휴했다. 그래서 삼성페이를 원하는 그 어떤 신용카드 사용자도 서비스에서 소외되지 않았다. 고객 본인이 원하기만 하면 자신의 카드를 삼성페이에 등록할 수 있었다. 삼성페이를 알리면 알릴수록 삼성페이 사용 고객이 늘어날 수 있는 메커니즘을 갖추어놓았던 것이다. 하지만 미국에서는 갤럭시폰을 구매하고, 삼성페이에 카드를 등록하고 싶어도 10명 중 5명은 삼성페이를 등록할 수가 없었다. 은행의 50%가 삼성페이 토큰 등록을 지원하지 않기 때문이다. 제아무리 마케팅을 해도 가입자가 전체 카드 사용자의 50%에 수렴하는 구조였다. 이 사실을 간과하고 50%의 은행 파트너십만으로 서비스를 출시한 것은 지나고 보니 간과할 수 없는 실수였다. 한번 실망한 고객을 돌이키는 일은 새로운 고객을 상대하는 것보다 훨씬 더 어려운 일이었다.

그러면 왜 미국 삼성페이는 모든 은행과 제휴할 수 없었을까? 그 이유는 미국 은행들이 삼성전자를 결제 파트너로 완전히 신뢰하지 못했기 때문이라고 본다. 그도 그럴 것이 미국 삼성페이는 은행과의 파트너십에 필요한 기본적인 신뢰를 만들 만한 시간이 없었다. 신뢰 형성에는 공동으로 작업할 시간이 필요하다. 위험도가 적은 일부터 시작해서 차곡차곡 시간의 신뢰를 쌓지 않고서 위험도가 큰 일을 도모

할 수 없다.

삼성전자는 반도체부터 휴대폰까지 전자 제품 제조와 기술 연구 분야에서는 지구상의 그 어떤 기업도 따라올 수 없는 훌륭한 기업이다. 하지만 세계 경제를 쥐락펴락하는 미국 은행의 입장에서 보면 삼성전자의 결제 서비스는 결제 오류에 대해서 단 하나도 책임을 질 수 없는 스타트업 수준이었을 것이다. 미국 은행들에게 좀 더 크고 강한 신뢰를 줄 수 있는 파트너십 전략이 필요했다.

미국 삼성페이팀에는 그런 신뢰를 줄 수 있는 결제 전문가가 많이 있었음에도 이들을 잘 활용하지 못했다. 비자에서 영입한 인력도 있었고, MST 기술 때문에 인수한 루프페이사의 인력도 있었다. 하지만 미국 삼성페이팀은 그들을 미국 은행과의 파트너십 업무에 적극적으로 활용하지 않았다.

파트너십 작업은 수면 아래서 벌어지는 일이라 잘 드러나지 않는다. 하지만 은행과의 파트너십을 통한 은행 커버리지의 확대는 삼성페이의 잠재 고객을 얼마나 확보하는가, 그래서 삼성페이의 모든 마케팅 활동의 효과를 얼마나 증폭시킬 수 있는가를 결정하는 중요한 요건이었다.

삼성페이는 국내 전 신용카드사를 파트너로 삼아 그 어떤 신용카드사의 고객도 삼성페이 고객에서 소외시키지 않았다. MST 기술, 그리고 결제 문화화 인센티브는 시너지를 이뤄 고객의 결제 습관을 삼성페이로 빠르게 전환시킬 수 있었다.

정부 정책의 변화가 한 방향으로 밀어주다

국가 금융 결제 정책의 방향도 한국 삼성페이의 활성화에 도움이 되었다. 삼성페이 출시 1년 전인 2014년 3월 '규제개혁 끝장토론'에서 대통령이 "중국에서 천송이 코트를 사고 싶어도 공인 인증서 때문에 사지 못한다"고 언급하면서 복잡한 결제 시스템이 고쳐야 할 대상으로 부각되었다. 그때부터 금융 당국은 관련 법규를 고치기 시작하여 간편결제 시장의 활성화를 위한 여지를 많이 만들어줬다. 그동안 카드사 서버에만 저장하던 카드 번호를 일정 자격을 갖춘 금융업체에 저장하게 한 결정도 이때부터 논의된 것이다.

이로 인해 간편결제를 통해 온라인 사용자 트래픽을 모을 수 있다고 판단한 PG사들이 너도나도 카드 번호를 저장하면서 간편결제 서비스에 진출하기 시작했다. 기존의 온라인 강자인 포털과 대형 쇼핑 업체들도 수성 차원에서 자기 페이를 만들어 맞대응했다. 삼성페이도 이런 규제 개혁 덕분에 보안성 심의 기간을 많이 줄일 수 있었고, 정부 관료들의 관심을 받으며 한국 삼성페이를 준비하고 출시할 수 있었다.

모든 것을 현실화한 한국총괄의 실행력

한국 삼성페이 확산의 실질적인 손발이 되어 실행을 담당한 한국총괄의 역할은 실로 지대했다. 한국 삼성페이가 이렇게 빠른 시간에 캐즘°을 넘어서 대규모의 고객 기반을 확보하고 새로운 결제 수단으로 안착할 수 있었던 이유는 전세계 어느 해외 법인도 하지 못한 한국총괄만의 조직적인 지원과 꾸준한 마케팅 아이디어의 발굴, 그리고 영업 현장에서 단련된 실행력 때문이었다.

콘텐츠 서비스를 단독으로 다루는 텔레비전 광고를 집행한 것, 5만 원짜리 무선 충전기를 삼성페이로 사면 5천 원에 구매할 수 있는 '5천 원의 행복' 프로모션 아이디어를 내고 그것을 1년 내내 지속한 것은 한국총괄의 실행력을 보여준 대표적인 사례다.

한국총괄은 삼성페이 서비스가 고객과 갤럭시폰에 주는 가치를 믿고 적극적인 투자를 결정하고 그에 맞는 행동을 과감하게 실천했다. 하드웨어 사양만으로는 판매 경쟁력을 확보하기 어렵다는 절박함과 모바일 결제 잠재력에 대한 열망이 결합되어 가능했던 일이었다. 한국총괄장, 모바일 영업팀장, 그리고 출시 TF장을 맡았던 마케팅 그룹장으로 이어지는 한국총괄 경영진의 관심과 열정은 지금도 새로운 일을 시작할 때 많은 용기와 깨달음을 준다.

° chasm, 신기술이 대중화될 때 넘어야 할 간극.

한국 삼성페이 성공 요인 정리

우리가 분석한 한국 삼성페이의 성공 원인을 요약하면 다음과 같다.

첫째, 한국식 일회용 카드 번호 규격을 사용함으로써 모든 신용카드사와 협력했다. 소외되는 고객 없이 누구나 자신에게 가장 많은 혜택을 제공하는 신용카드를 제한 없이 삼성페이에 담아서 편리하게 쓸 수 있게 했다.

둘째, 결제 범용성을 신속하게 확보했다. MST 기술과 기존 결제 단말기 사이의 정합성을 사전에 검증하여 모든 결제 상점에서 삼성페이를 받을 수 있는 준비를 조기에 갖추었다.

마지막으로, 섣불리 결제에서 수익을 내려고 하지 않고 기존 결제 생태계와 잘 화합했다. 특히 스마트폰 경쟁력 확보를 목표로 삼성페이 서비스를 제공하며, 삼성전자 자체적으로 대규모 마케팅 투자를 감행하여 전체 간편결제 생태계 활성화를 직간접적으로 지원했다. 그것을 계기로 결제 생태계의 신뢰를 얻으면서 모든 생태계 참여자가 삼성페이를 알리기 시작했다. 그들은 상점 내 삼성페이 사용을 독려하고, 고객에게 편의를 제공하면서 삼성페이의 문화적 수용에 속도를 더해주었다.

때마침 정부 정책도 새로운 결제가 결제 생태계에 쉽게 진입할 수 있도록 복잡한 규제를 완화시켜주었다. 더불어 이 모든 전략과 계획을 실행할 수 있는 한국총괄의 존재가 상상을 현실로 만들어주었다.

삼성페이 출시 5년이 지났지만 삼성페이가 출시된 20여 개국 중 한국만큼 거래가 많이 일어나는 국가는 아직 없다. 왜 그럴까? 여러 이유가 있겠지만, 현지 결제 사업자와의 초기 파트너십이 부족했던 것이 가장 큰 이유라고 생각한다.

재화와 서비스가 아닌 돈을 직접 다루고, 몇 푼 되지 않는 수수료를 받음에도 마지막 끝자리 수까지 맞춰서 결제의 완결성을 보장해야 하는 업의 속성상, 결제 사업자는 보수적이고 극도로 조심스럽다. 은행과의 협업에서 초기 1~2년은 작은 과제를 성공적으로 완수하여 양사 간의 신뢰를 쌓는 레퍼런스 작업이 필수다. 그런데 MSC 삼성월렛 서비스 운영 시절, 결제는 운영 리스크가 너무 크다면서 한국 외에는 결제 사업자와 파트너 제휴조차 꺼리던 삼성전자가 어느 날 갑자기 삼성페이 서비스를 출시하자고 미국과 유럽의 세계적인 은행들에게 다가선 것이다. 그들과의 레퍼런스 프로젝트도 건너뛰고 모바일 결제 서비스를 함께 출시하자고 제안했던 것은 지금 돌이켜봐도 대범한 시도였다.

신용카드가 간편 송금 대비 위력적인 이유

전자 결제 시장을 만들고 운영하는 주도자는 카드사와 은행이다. 그들은 돈을 떼일지도 모르는 위험을 감수하고 결제 서비스를 제공한다. 카드사와 은행은 명실공히 전자 결제 시장의 왕과 같은 존재들이다. 하지만 그 왕이 매일 가서 인사를 드리고 심기를 살피는 신이 있다. 백화점, 주유소, 대형 유통매장 등의 초대형 상점이다. 그곳에서 카드 결제 쇼핑이 일어나지 않으면 카드 결제 서비스는 힘을 잃는다. 그래서 카드사가 왕이라면, 초대형 상점은 신이다. 그런데 또 그 신들이 꼼짝 못하고 모셔야 하는 존재가 있다. 그것은 초대형 상점에서 제품과 서비스를 구매하는 고객이다.

결제가 발생하려면 쇼핑이 선행되어야 하고, 쇼핑을 일으키려면 고객이 관심을 갖고 매장에 와야 한다. 결제 서비스 주도권을 쥐고 있는 세력은 돌고 돌아서 어느새 고객으로 결론이 난다. 그래서 새로운 결제 수단의 흥망성쇠는 결국 그것을 선택하는 고객의 손에 달려 있다.

그렇다면 고객에게 가장 좋은 결제 수단은 무엇일까? 그것은 '되갚지 않아도 되는 남의 돈'이다. 즉 '남이 대신 지불해주는 결제'가 제일 좋다. 돌이켜보면 어릴 적 부모님이 모든 것을 다 사주던 그때가 제일 좋았다. 그 다음으로 좋은 결제 수단은 무엇일까? 그것은 '외상'이다. 대가를 지불하되 지금 당장 지불하지 않고, 조금 늦게 지불해도 되는 외상 거래가 남의 돈으로 하는 결제 다음으로 좋다.

신용카드는 이 외상 거래를 시스템화한 것이다. 그래서 소비자가 신용카드 사용에 익숙해지면 다시 현금 결제로 돌아가기 어렵다. 때로는 분별없는 과소비가 문제가 되기도 하지만, 그만큼 신용카드가 물건을 구매할 때 자주 쓰게 되는 아주 유용한 결제 수단이라는 반증이기도 하다.

한국은 2020년 경제활동인구 2,819만 명이 1인당 3.9장의 신용카드를 보유하고 있을 정도로 신용카드 사용이 손쉽고, 자연스러운 곳이다. 앞으로도 한국에서 새로운 결제 수단이 성공하려면, 이미 고객의 손안에 있는 신용카드를 잘 활용하여 더 많은 외상 거래를 안전하게 하는 방향으로 나아가야 한다. 고객 손에 있는 신용카드를 없애는 방향으로 나아가면 살아남기 어렵다. 굳이 그 방향으로 나아가려면 외상보다 더 좋은 결제 수단인 남의 돈을 끌어들이는 힘이 있는 결제여야 한다. 그런 측면에서 외상이 불가능한 간편 송금은 신용카드를 넘어서는 결제 수단으로 단시간에 성공하기 어렵다.

신용카드의 위력에 견주어 간편 송금 결제의 한계를 경험한 사례가 있다.

2014년 말 은행 연합의 전자지갑인 '뱅크월렛'과 전국민 한 명 한 명을 스마트폰으로 즉시 연결하는 국민 메신저인 '카카오톡'이 협력하여 카카오 사용자끼리 저렴하게 송금/수금을 할 수 있는 '뱅크월렛카카오'를 출시했다. 신용카드 업계는 살짝 긴장했다. 4천만 명에 가까운 카카오톡 사용자 중에는 일반 구매 소비자도 있었지만, 700만 명에 달하는 자영업자도 있었다. 이들이 모두 카카오 송금으로 소비자들과 자유롭게 결제 대금을 주고받기 시작하고 나중에는 물품 대금까지 카카오 송금으로 지급하기 시작하면, 카드 수수료보다 훨씬 낮은 은행 송금 수수료로 인해 카드 가맹점이 다 카카오 송금 가맹점으로 바뀌고, 결제 시장의 판이 바뀔 수도 있다고 짐작한 것이다.

하지만 다행인지 불행인지 그런 일은 일어나지 않았다. 송금 결제 인프라의 부재, 송금 UX(사용자 경험)의 불편함, 마케팅 혜택 부족 등등 여러 원인이 있을 수 있겠지만, 신용카드가 고객에게 주는 외상 거래라는 최대의 혜택을 송금 결제가 넘어설 수 없었기 때문일 것이다. 그 이후에도 토스 같은 간편 송금 서비스가 많이 출현했지만, 여전히 간편 송금은 결제 시장에서 실적이 미미하다.

미래를 준비하는 삼성페이

한국 삼성페이는 2016년 5월, 출시 9개월 만에 300만 명의 가입자를 모으고 누적 결제액 1조 원을 기록하며 명실상부한 모바일 결제의 선두 지위를 차지했다. 물론 전체 카드 거래액에 비하면 아직 갈 길이 멀었다. 2015년 한국의 신용카드 결제액은 하루에 1.7조 원이었다. 모바일 결제 최초로 돌파한 9개월 누적 금액 1조 원이 하루치 신용카드 거래액에도 못 미치는 수준이었던 것이다.

하지만 한국 삼성페이는 그로부터 3년 후인 2019년 5월, 가입자 1,400만 명, 누적 결제 금액 40조 원을 달성했다. 보도에 따르면 누적 결제 금액 10조 원 달성에 24개월, 20조 원 달성에 추가 9개월, 30조 원까지 6개월, 40조 원까지 5개월이 걸렸다. 또한 금융 통계에 따르면 2018년 국내 오프라인 간편결제 금액의 약 80%가 삼성페이에서 처리되었다. 삼성페이 출시 초기에 비하면 실로 눈부신 실적이다.

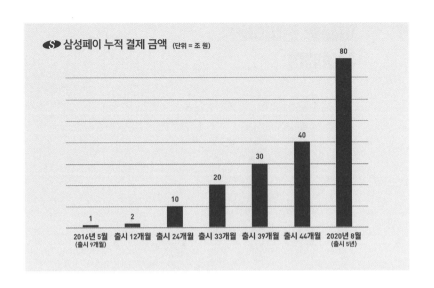

삼성페이 누적 결제 금액 (단위 = 조 원)

80

40

30

20

10

1   2

2016년 5월   출시 12개월   출시 24개월   출시 33개월   출시 39개월   출시 44개월   2020년 8월
(출시 9개월)   (출시 5년)

3년짜리 서비스로 끝날 뻔한 한국 삼성페이

이렇게 잘 나가는 삼성페이가 까딱 잘못했으면 출시한지 3년 만에 중
단될 뻔했다. 2015년 7월, 한국 삼성페이 출시를 한 달 앞두고 매장용
결제 단말기를 기존 마그네틱 카드 리더기에서 보안성을 높인 IC칩 삽
입형 처리기로 교체하도록 법적으로 강제하는 '여신전문금융업법'이 발
효되었다. 2014년에 발생된 카드사 고객 정보 유출 사건 이후 기존 리더
기로는 보안성을 확신할 수 없다며 이루어진 조치였다.

 2015년 7월을 기점으로 신규 설치되거나, 교체되는 카드 결제 단말
기는 IC칩 거래를 우선적으로 처리하도록 법이 개정되었다. 단 단말기
교체 기간을 넉넉하게 주기 위해 기존 마그네틱 카드 리더기는 3년 동

안 사용할 수 있도록 유예 기간을 두었다. 보통 결제 단말기 약정 기간이 2년에서 3년인 것을 감안했던 것이다. 법안대로라면 3년의 유예 기간이 끝나는 2018년 7월에는 마그네틱 카드 리더기가 한국의 상점에 남아 있기 어려웠다.

그러면 개정된 법에 따라 마그네틱 카드 리더기가 없어지는 2018년 7월부터 MST를 사용하여 결제 서비스를 하는 한국 삼성페이는 어떻게 되는가? 거래를 할 수 없게 되는가? 하마터면 그럴 뻔했다. 3년 앞을 내다보면서 선행 조치를 취하지 않은 채 서비스 출시에만 집중했다면 한국 삼성페이의 MST는 힘들게 출시해놓고 3년 후에 낙동강 오리알이 되는 상황을 맞이했을 것이다.

개정법 발효를 4개월 남긴 2015년 3월, 우리는 2015년 7월부터 새로 보급되는 IC칩 처리 우선 결제 단말기에 MSRMagnetic Stripe Reader(마그네틱카드리더기 모듈)을 포함하도록 가이드라인이 세워져 있는지 금융 당국에 문의했다. 결제 단말기에 MSR이 포함되어 있어야 MSTMagnetic Secure Transmission(자기보안송신)로 결제 신호를 보내는 삼성페이 서비스의 유지가 가능했기 때문이다.

금융 당국의 답변은, "현재 준비중인 'IC칩 카드 거래 전환 가이드'에는 그런 내용이 없다"였다. 청천벽력 같은 답변이었다. 앞으로 교체되는 매장용 IC칩 카드 단말기에 MSR 모듈이 없으면 삼성페이 MST는 서서히 무용지물이 되어 3년 뒤에는 완전 퇴물이 된다. 그렇다고 신규 IC칩 카드 단말기에 10~20만 원의 비용이 드는 EMV 인증 규격의 NFC 수신기가 달리는 것도 아니었다. 이 말인즉, 새롭게 의무 교체 되는 결제 단말기에서는 MST도 안 되고, NFC도 안 되고, 오직 IC

칩이 들어간 플라스틱 카드 결제만 되는 상황이 온다는 뜻이었다. 이는 삼성페이만의 문제가 아니었다. 한국의 모바일 결제 시장 자체를 일장춘몽으로 만들어버리는 심각한 위기 상황이었다.

우리는 금융 당국의 담당자에게 문제를 제기했다. 문제 제기이자, 요청이자, 탄원이었다.

"보안성이 높은 IC칩 카드 거래 단말기로 교체하는 것은 찬성입니다. 그렇다고 기존에 존재하는 카드 승인 방식인 MSR을 빼는 것은 시장에 혼란을 초래합니다. 신용카드가 아닌 다른 카드, 예를 들면 멤버십 카드는 계속 마그네틱 방식으로 운영될 것이고, 무엇보다 외국인 관광객은 언제든, 어느 국가에서든 마그네틱 기반의 카드를 갖고 올 가능성이 많습니다. 10년 전부터 결제 단말기를 IC칩 카드 단말기로 교체하는 유럽 국가에서조차 만일의 경우를 대비해 MSR 방식을 유지하고 있습니다. 결제 단말기는 과거로부터 전수되는 모든 결제 매체에 대비해야 합니다."

다행히 담당자가 수긍하고, 우리에게 여신협회를 소개시켜주었다. 여신협회는 신용카드사들로 구성된 단체로 IC 카드 거래 전환에 따른 실행 가이드를 만드는 일을 수행하고 있었다.

우리는 여신협회를 찾아가 의견을 전달했다. 그런데 정작 실무를 담당하는 여신협회는 우리 의견에 부정적으로 반응했다.

"보안성에 문제가 많은 플라스틱 카드의 마그네틱선을 못쓰게 하는 것이 법 개정의 목적인데, 결제 단말기에 다시 MSR을 허용하면 법 개정의 목적에 부합하지 않습니다."

"저희는 법 개정 목적에 100% 동의합니다."

우리는 일단 여신협회를 안심시켰다.

"저희를 오해하시면 안됩니다. MSR을 유지하자는 말은 플라스틱 카드의 마그네틱선을 다시 쓰자는 뜻이 결코 아닙니다. IC칩 카드보다 훨씬 더 보안성이 좋은 일회용 카드를 계속 쓰자는 겁니다. 그러려면 결제 단말기에 MST를 통해 일회용 카드를 받을 수 있는 MSR이 유지되어야 합니다."

"그건 그럴 수 있겠네요. MSR이 고정된 플라스틱 카드 정보가 아니라, 앱카드 OTC를 받아들이는 데 쓰인다면 더 안전한 거래를 만들 수 있겠습니다."

여신협회 담당자도 수긍해주었다.

이후에도 여러 번의 논의를 거쳐 최종 IC카드 거래 전환 기준에는 'IC칩 거래 우선 카드 처리기기에도 MSR을 포함시키는 것'으로 정리되었다. IC카드 전환 기준 가이드라인에는 "MSR은 시간 제한이 있고, 횟수 제한이 있는 신용카드 번호를 주고받는 거래에 국한하여 사용할 수 있도록 한다"고 명시되어 있다. 이 문장이 한국의 모바일 결제 사업이 3년만에 후퇴할 수 있는 일촉즉발의 위기를 넘기고, 한국형 일회용 토큰인 OTC 사용을 유지할 수 있는 근거가 되었다. 이 근거에 기반하여 MSR이 포함된 IC칩 거래 단말기가 배포되었다. 덕분에 한국 삼성페이는 2018년 7월을 무사히 넘기고, MST로 확보한 범용성을 기반으로 계속해서 성장할 수 있었다.

한국 출시 TF를 마무리하다

2015년 1월 4명으로 시작한 한국 삼성페이 출시 TF는 10개월 동안 운영되었다. 카드사와의 협력은 TF 착수 훨씬 이전인 MSC 시절부터 진행하고 있었고, 출시 3개월 전인 4월부터는 TF를 확대하여 상점 결제 인프라를 검증했다. 특히 출시 1개월 전부터는 출시 이벤트 준비 외에 고객 VoC 대응 프로세스와 지원 시스템을 구축하는 데 많은 시간과 노력을 들였다. 삼성전자로서는 처음 해보는 금융 연계 서비스라 삼성전자와 카드사의 고객 서비스 콜센터 간의 명확한 역할 구분이 필요했는데, 그 기준을 만들기가 쉽지 않았다.

출시 이후에 삼성페이를 알리는 홍보 마케팅이 잘되어 삼성페이 사용자가 늘어나서 신이 났지만, 한편으로 삼성페이 사용자가 늘어날수록 고객 서비스 콜센터에 우리가 사전에 예상하고 교육했던 문제를 뛰어넘는 수많은 질문과 불만, 사건과 사고가 줄을 이었다.

출시 후 3개월 동안 TF 멤버들은 비상 상황실을 만들어서 돌아가며 24시간 대기 상태로 삼성페이 서비스 운영을 모니터링하면서 고객 서비스 콜센터의 고객 응대를 실시간으로 지원했다. 초기에는 사전에 예상하지 못한 고객의 질문에 대한 책임 소재가 불분명하여 삼성전자와 카드사 간에 고객 떠넘기기가 예사였다. 하지만 시간이 지날수록 사례들이 체계화되고, 각 사의 서비스 센터에서 상담 내용이 학습되고 축적되면서 떠넘기기로 인한 고객 불만은 점차 사라지고, 고객 응대 프로세스도 정교해졌다. 이 또한 잘 몰랐기 때문에 용감하게 저지르면서 수습을 해나갔던 것 같다.

기획에서부터 개발, 고객 응대 관리까지 콘텐츠/솔루션 서비스 분야 업무의 전 과정을 총괄하던 MSC가 해체되면서 삼성전자의 콘텐츠/솔루션 서비스 관리 방식은 출시 전 기획과 출시 후 운영을 분리하는 방향으로 바뀌었다. 사업부에서는 서비스 기획부터 출시까지만 관여하고, 출시 후 서비스 운영과 마케팅은 지역총괄과 현지 법인에서 담당하기로 했다. 이에 따라 출시가 끝난 한국 삼성페이도 한국총괄에서 운영과 마케팅을 담당하게 되었다.

한국총괄은 한국 삼성페이 업무의 연속성을 유지하기 위해 TF에 참여한 인력 중 일부를 선별하여 정식으로 한국 삼성페이 운영 마케팅 조직을 만들었다. 이 과정에서 이신우 부장은 한국 삼성페이 운영 조직의 책임자가 되었다. 소속이 무선 사업부에서 한국총괄로 옮겨진 것이다.

이신우 부장을 처음 만난 것은 2011년 초였고, TF를 거쳐 업무를 함께 하기 시작한 것은 2013년 3월부터였다. 김경덕 사원까지 3명이서 MSC의 삼성월렛 서비스에 모바일 인터넷 간편결제를 담기 위해 함께 일하기 시작한 후 2년 6개월만에 헤어진 셈이다.

돌이켜보면 삼성월렛과 삼성페이, 스마트오더와 원카드, 앱카드 제휴와 MST 호환성 확보까지 수많은 일이 고작 2년 6개월, 약 30개월 동안에 일어났다. 이 많은 일을 다 해냈다는 것이 정말 믿기지가 않는다. 많은 시도가 우리의 머리와 우리의 손을 거쳐서 세상에 나왔다. 정신없이 닥치는 대로 일했지만, 즐겁고 의미 있는 날들이었다.

한국 삼성페이에 대한 오해와 진실

1. 삼성페이는 삼성페이만의 규격을 가지고 있다

아니다. 삼성페이는 기존의 ISO(국제표준화기구) 마그네틱 규격과 앱카드 규격을 그대로 쓴다. 별도의 규격을 사용하면 보안성을 담보하지 못하기 때문에 기존의 카드 결제 서비스 사업자들이 처리해주지 않는다.

2. 삼성페이는 삼성카드만 등록 가능하다

아니다. 삼성페이는 대한민국에서 발행된 모든 신용카드를 등록하여 사용할 수 있는 보편 중립적 서비스다.

3. 지문 인식을 해야만 삼성페이를 사용할 수 있다

아니다. 지문 인식기가 작동하지 않아도 6자리 비밀번호로 삼성페이 결제를 사용할 수 있다.

4. 삼성페이는 별도의 결제 수수료가 있다

아니다. 삼성페이는 카드 정보를 전달하는 컨테이너 서비스로써 기존의 플라스틱 카드 방식의 사업 구조를 하나도 변경하지 않았다. 기존 수수료 체계를 그대로 유지했기 때문에 삼성전자가 수취하는 별도의 수수료는 없다.

5. 삼성페이 MST는 결제 서비스에만 사용 가능하다

아니다. MST는 카드 리더기/결제 단말기에 있는 MSR에 정보를 전달하는 도구다. 일회용 카드 정보를 전달하면 결제 서비스가 되고, 휴대폰 번호를 전달하면 포인트 적립 서비스가 되고, 신분증 정보를 전달하면 출입증 서비스가 된다. MST는 마그네틱 리더기에 어떤 데이터든 전달할 수 있는 정보 전달 서비스로 사용이 가능하다. 일례로 삼성페이는 이미 은행 ATM 기기에 정보를 전달하는 서비스를 통해 ATM 카드 서비스를 가능하게 했다.

6. 삼성페이는 전 가맹점에서 아무 변경 없이 결제가 가능하다

지금은 그렇다. 새로 설치되는 결제 단말기는 삼성페이를 받을 수 있게 조치가 되어서 나온다. 하지만 초기에는 삼성페이 결제를 위해 결제 단말기의 소프트웨어나 프로그램을 수정해야 하는 경우가 많았다. 삼성페이용 결제 단말기를 새로 구입하거나, 새로운 장치를 설치하는 것 같은 하드웨어 변경은 필요 없지만, 아무 변경 없이 결제가 가능하진 않았다.

7. 삼성페이는 IC카드를 꽂는 단말기에서는 사용할 수 없다

아니다. IC카드 결제 단말기에도 삼성페이에서 발신하는 MST 신호를 받을 수 있는 MSR 모듈이 설치되어 있기 때문에 IC카드를 꽂는 단말기에서도 100% 사용이 가능하다.

기획자 노트

더하기보다 빼기를 중시하라

메시지를 명확하게 하기 위해서는 더하기보다는 빼기를 잘 해야 한다. 애플의 창업자 스티브 잡스도 무엇을 더할까보다 무엇을 뺄까를 고민했다고 한다. 스티브 잡스의 메시지가 연설에서든 제품에서든 명확했던 이유는 불필요한 것을 잘 뺐기 때문이다.

삼성페이의 'PC to 모바일' 결제 방식(PC 화면에서 쇼핑하다가, 휴대폰에 있는 결제 앱으로 신호를 보내서 결제하는 방식)은 MSC에서 출시한 삼성월렛의 PC to 모바일 결제 프로세스를 차용했다. 그런데 프로세스를 차용하면서 불필요한 사족을 더했다. PC에서 모바일 폰으로 결제 요청 신호를 전달할 때 전화번호만 입력하면 되었던 삼성월렛과 달리, 삼성페이에서는 고객의 생년월일도 같이 입력하도록 한 것이다.

굳이 생년월일 입력을 포함시킨 배경에는 당시 결제 서비스를 처음 접해본 삼성페이 PMProduct Manager의 염려가 있었다. 그는 PC에서 스마트폰으로 결제 신호를 전달할 때 입력하는 정보를 전화번호 하나로 했을 경우에 악용되는 사례가 생길까봐 걱정했다. 악의적인 사용자들이 쇼핑에는 관심도 없으면서 무작위로 휴대폰 전화번호를 입력하여 불특정 다수에게 결제 요청 신호를 보내 그들을 귀찮게 할 수도 있다는 것이었다.

하지만 이런 염려는 기우에 가까웠다. 일단 삼성월렛 서비스 시절에 전화번호만 입력하게 했을 때도 그런 일은 일어난 적이 없었다. 그리고 설령 그런 일이 일어난다 해도 PC 결제창에서 전화번호 결제 요청 신청이 세 번 이상 실패한 경우, 일정 시간 입력을 제한하면 간단하게 통제할 수 있는 사안이었다. 반면에 전화번호 외에 생년월일도 입력하게 하는 프로세스를 추가하면, 실제로 결제를 하는 고객은 항상 두 가지 정보를 집어넣어야 하는 번거로움을 감수해야 했다.

　삼성페이의 프로세스를 만들 때 가장 중요하게 고려했던 것은 삼성페이가 고객에게 전달하고 있는 전략적 메시지와 일맥상통하는 프로세스를 만드는 것이었다. 당시 우리가 세상에 전하고 있던 한국 삼성페이의 메시지는 '온오프라인 어디서나, 스마트폰/PC 어떤 기기에서나, 단 하나의 삼성페이로 간편하고 안전하게 결제할 수 있다'는 것이었다. 그 메시지를 제대로 유지하기 위해서는 가급적 고객의 입력 정보를 줄여야 했다.

　그러나 그 PM이 삼성페이에 대해 사용자에게 전달하고 싶은 메시지는 우리의 메시지와 달랐던 것 같다. 그의 메시지는 '삼성페이는 안전합니다, 특히 남을 불편하지 않게 합니다'였다. 그래서 그는 안전을 위한 단계를 더하는 것을 주저하지 않았다. 결국 대부분의 정상적인 고객들에게는 불필요한 절차, 즉 생년월일을 입력해야 하는 단계가 추가되었다.

　그 결과 정상 고객들이 항상 불편함을 감수해야 하는 방향으로 결제 프로세스가 만들어졌다. 요즘도 업계 지인들이 묻는다. "왜 PC에서 휴대폰에 있는 삼성페이로 결제 요청을 할 때, 전화번호 외에 굳이 생년월일을 입력하게 합니까? 고객을 더 불편하게 만드는 일인데요." 유구무언일 따름이다.

　삼성월렛 출시 때는 정부가 삼성페이 출시 때보다 훨씬 더 보수적으로 보안성 심의를 하던 시절이었다. 그런 시절의 금융당국조차 요구하지 않았던 생년월일 입력을 삼성페이의 PC to 모바일 결제 프로세스에 적용한 것은 한 개인의 문제라기보다는 소통 전략의 문제였다. 삼성페이의 간편결제 서비스를 통해 결제의 간편함을 명확하게 전달하고자 했다면 뺄 것과 버릴 것을 먼저 고민했어야 했다.

　그 PM은 삼성페이를 출시하고 얼마 되지 않아 회사를 그만두었다. 그러나 삼성페이 PC to 모바일 결제는 여전히 번거로운 절차를 유지하고 있다. 이제라도 '삼성페이는 언제 어디서나 간편하고 안전한 결제'라는 명확한 메시지를 전달하기 위해 뺄 수 있는 것은 빼는 것을 검토해야 한다.

7

다시 한계 앞에 서다,
수익 모델

삼성페이를 진정한 글로벌 서비스로 만들겠다는
포부 아래, 우리는 베트남이라는 새로운 시장에
도전했다. 하지만 성공적으로 서비스를 런칭했음
에도 일은 우리가 생각한 대로 흘러가지 않았다.
설상가상, 삼성페이의 취약한 수익 구조가 물 위
로 떠올랐다. 수수료를 받지 않는 삼성페이가 어
떻게 수익을 창출할 것인가? 여러 가지 수익 모델
을 시도하였으나 만만한 작업이 아니었다.

새로운 기회,
베트남

삼성페이 출시 국가를 확대하다

한국 삼성페이 출시를 성공적으로 마치고 돌아온 삼성페이팀은 한국의 성공적 출시에 고무되어 삼성페이 글로벌 출시 작업을 본격적으로 추진했다. 미국은 한국에 이어 9월에 삼성페이를 이미 출시했고, 유럽 주요 국가와 중남미, 중국 등지에서도 빠른 속도로 삼성페이를 출시하기 위해 현지 은행들을 만나고 있었다.

그런데 타 국가 담당 인력들은 의욕이 앞선 나머지 현지 결제 현황에 대한 시장 조사와 그에 맞는 제안 없이 일단 현지로 날아가서 은행 담당자와 미팅을 했다. 물론 결제 서비스에 대한 사전 지식과 경험이 없는 실무자들 입장에서는 그럴 수밖에 없었다. 비자와 마스터카드 토큰을 글로벌 표준이라 가르침을 받고, 그 토큰을 기반으로 삼성페이 협력을 빨리 추진하라는 지침을 받은 상태여서 다른 제안을 할 여지가 별로 없었을 것이다.

하지만 현지 은행의 입장에서는 자국의 금융 환경과 맞지 않고, 추가 매출은 없이 비자/마스터카드에 수수료 비용만 지급하는 삼성페이의 제안이 매력적일 리 없었다. 은행과의 미팅 횟수는 늘어갔지만, 기대만큼의 속도로 진전을 이루지는 못했다. 현지 은행을 설득하는 것이 삼성페이 서비스의 시작인데, 시작조차 어려운 상황이 지속되었다.

어느새 출장을 가는 사람들 사이에서 은행 미팅용 자료를 만드는 것보다 소일거리 일정을 잡는 게 더 필요하다는 우스갯소리가 돌았다. 삼성전자의 관점에서 만든 제안을 갖고 와서 천편일률적으로 설명을 하니, 은행 입장에서는 삼성전자와 의미 있는 협의를 이어갈 여지가 없었다. 그럼에도 삼성페이 담당 임원은 은행의 피드백을 받을 때까지 현지에서 대기하고 있으라고 하니, 출장지에서 따로 할 일도 없는 상황이 답답하여 그런 우스갯소리가 나왔던 것이다.

아무리 급해도 모든 일에는 순서가 있고, 다음 순서로 넘어가기 위한 사전 준비가 있는 법이다. 삼성페이 글로벌 출시를 위해서는 한국에서의 출시가 성공적일 수 있었던 원인을 영역별, 단계별로 분석하고, 그 성공 요소를 다른 국가에 적용하기 위해서 현지 사업 환경의 유사점과 차이점이 무엇인지 규명한 후에, 그 지역에 적용할 수 있는 요소를 조합하여 현지 파트너가 수용할 수 있는 결제 서비스와 시스템 개발 방법론을 제안했어야 했다. 그런 면에서 삼성페이 초기에 국가 확산에는 시행착오가 많았다.

베트남에 도전하다

한국 삼성페이 출시를 마친 우리도 그대로 있을 수는 없었다. 우리는 아무도 관심을 두지 않는 국가를 선정해 출시를 주도하고자 했다. 한국 삼성페이 출시 현장에서 온몸으로 부딪히며 문제들을 해결했던 경험과 노하우가 글로벌 결제 시장에서도 작동하는지 보고 싶었다. 간간히 들려오는 "한국 삼성페이의 성공은 한국이기 때문에 거저 얻은 것이다"는 소리가 귀에 거슬렸고, 무엇보다 "김경동 차장은 한국밖에는 모른다"는 소리가 아주 불편했다. 그 당시는 사업부가 삼성페이 확대가 가능한 국가라 판단되면 별 이견 없이 투자를 허락하던 시절이었다. 현지 법인이 수용할 수 있는 타당한 근거만 있으면 현지 법인과 협력하여 삼성페이 출시를 기획할 수 있었다.

그러던 중에 우리에게 베트남 출장의 기회가 생겼다. 베트남에서 열리는 핀테크 포럼에 참석해서 해외 동향을 파악해보라는 지시가 내려온 것이다. 핀테크 포럼 자체는 다 아는 얘기를 반복하는 것이어서 별로 얻은 게 없었다. 하지만 베트남의 현실을 한눈에 파악할 수 있는 놀라운 장면을 포럼에서 목격했다.

핀테크 포럼에 연사로 나온 중앙은행 총재에게 질문하는 시간이었다. 우리로 치면 한국은행 총재에게 질문을 하라는 얘기인데 감히 누가 어떤 질문을 하겠나 싶어 궁금했다. 그런데 식당을 운영한다는 일반인이 손을 들더니, "가게에서 신용카드 같은 쉬운 결제를 할 수 있게 해주면 좋겠다. 그런데 비자/마스터카드에게 주는 수수료가 너무 비싸니 비용이 적게 드는 방법을 만들어달라"라는, 질문이 아닌 요구를 하는 것이었다.

　나중에 현지 주재원으로부터 베트남은 사회주의 국가라서 노동자들의 자기 의식이 강하다는 얘기를 듣고 나서야 이 장면이 비로소 이해가 되었다. 그리고 일반 상점 주인들이 저렇게 얘기할 정도면 베트남에서 간편결제가 성공할 가능성이 높겠다는 생각이 들었다. 출장 중에 베트남 법인장을 만나서 이 얘기를 했더니, 그분도 많이 공감하면서 베트남에 꼭 삼성페이를 출시해달라고 요청하셨다.

　현지 법인장의 요청까지 받고 출장에서 돌아온 나는 본격적으로 베트남 삼성페이 출시를 검토했다. 한국 삼성페이 성공 요인의 관점에서 보면 베트남은 아주 매력적인 시장이었다.

　결제 서비스를 제공하는 데 있어서 가장 중요하면서도 가장 오래 걸리고, 그렇기 때문에 가장 먼저 시작해야 하는 일은 현지 결제 사업자를 친구 같은 파트너로 확보하는 것이다. 한국 삼성페이는 탄탄하게 이중·삼중으로 결제 사업자인 카드사와 연결되었기에 성공할 수 있었다. 한국이 아닌 해외에서 그 정도로 밀착된 결제 사업자 파트너를 만나는 것은 거의 불가능하다. 그래도 결제 사업자와 기본적인 비즈니스 관계를 시작할 때, 삼성전자의 브랜드 신뢰도가 높은 분위기의 국가라면 그런 파트너를 만날 확률이 높아진다. 그런 면에서 베트남은 한국에 버금가는 최적의 시장이라고 판단되었다.

　베트남은 박항서 감독 신드롬에서도 알 수 있듯이 한국에 대한 기본적인 선호도가 높다. 그런 베트남에서 삼성전자는 어마어마하게 많은 스마트폰을 생산하면서, 베트남 총수출의 약 25%를 차지하는 베트남 국민 기업이 되어가고 있었다. 삼성전자 베트남 생산 단지에서 근무하는 베트남 직원들의 자부심은 미국의 구글에서 일하는 베트남 직원들 못지않다. 베트남이라면 삼성전자가 결제 서비스를 한다고 했을 때, 사용자는 말할 것도 없고 어떤 은행도, 어떤 상점 주인도 불안해하거나 못미더워하지 않을 것 같았다.

문제는 카드 발급 수와 카드 거래 규모였다. 베트남 국민 중 은행 계좌를 보유한 사람은 30%가 채 되지 않았고, 신용카드 보급률은 3%가 채 되지 않았다. 게다가 삼성페이 결제에 필요한 MST 기술은 고가의 플래그십 스마트폰인 갤럭시 S와 갤럭시 노트 시리즈에만 장착되어 삼성페이 대상 고객군이 더욱 한정되었다.

이 상황을 거꾸로 생각해보았다. 베트남에서 플래그십 스마트폰은 아무나 살 수 없는 물건이 맞다. 그러니 플래그십 폰 구매자는 소득 수준이 높은 고객들이다. 소득 수준이 높은 고객들은 은행을 이용하거나 신용카드를 쓸 확률이 오히려 높아, 삼성페이의 대상 고객이 될 수 있다. 그리고 그 고객들은 다른 소비자들보다 훨씬 더 자주 신용카드가 사용되는 상점, 즉 프리미엄 상점을 찾아갈 것이다.

그렇게 되면 프리미엄 상점에 삼성 플래그십 폰을 가진 프리미엄 고객들이 찾아와서 삼성페이로 결제하는 것 자체가 상점의 가치를 높이는 일이 될 것이다. 그것을 상점 주인들에게 인지시킬 수만 있다면 삼성전자가 굳이 투자하지 않아도, 상점 주인들이 자발적으로 삼성페이 활성화를 위한 마케팅 활동에 투자할 것이다. 그리고 그런 프리미엄 상점의 마케팅은 삼성 갤럭시폰의 브랜드를 높이는 결과를 갖고 오게 될 것이다.

생각이 이렇게 정리되니 확신이 생겼다. 베트남 현지 법인에 내 생각을 정리해 보냈다. 현지 법인도 나의 생각에 동의해주었다. 게다가 법인의 분석에 의하면 베트남에는 한국처럼 품위와 체면을 중시하는 문화가 있기 때문에 남처럼 혹은 남보다 돋보이게 하는 프리미엄 마케팅이 주효하다고 했다. 그런 문화 때문에 베트남 국민들은 1년에 한 개의 제품을 사더라도 살 때는 해당 카테고리에서 가장 좋다고 알려진 브랜드의 제품을 산다고 했다. 자동차는 도요타, 오토바이는 혼다, TV는 삼성. 비록 스마트폰의 카테고리 오너는 아이폰이었지만, 베트남에 삼성전자 스마트폰 공장을 세우면서 갤럭시 브랜드가 빠른 속도로 브랜드 선망도를 높이고 있었다.

아이폰이 제공할 수 없는 삼성페이 기능을 통해 갤럭시폰에 아이폰보다 좋은 기능과 브랜드를 제공할 수 있다는데 망설일 이유가 없었다. 베트남 삼성법인과 나는 함께 베트남에 삼성페이를 빠른 시일내에 출시하자고 의기투합했다.

베트남 출시가 좌절되다

그런데 불과 3~4개월 사이에 사업부 분위기가 바뀌었다. 국가 확장을 자제하라는 것이었다. 전 세계 은행들을 만나러 다녔음에도 성과가 더딘 것을 보면서 언젠가 올 수도 있는 상황이라고 생각했지만, 이렇게 빨리 올 줄은 몰랐다. 하는 수 없이 사업부 내부에서 베트남의 삼성페이 성공 가능성에 대해 처음부터 다시 설득하기 시작했다. 내 얘기를 듣고 데이터를 본 사람들은 베트남이 매력적인 시장이라는 데는 동의했다. 하지만 이미 정해진 국가를 넘어서서 새로운 국가에 삼성페이를 출시하자는 것에는 모두 손사래를 쳤다.

한국과 미국을 제외하고, 유럽 주요 국가나 중국 등을 삼성페이 출시 목표 국가로 선정한 것은 2015년 초에 애플페이가 미국에 이어 곧 출시될 국가라는 전망에 의한 것이었다. 현지 금융 환경에 대한 분석과 삼성전자의 현지 역량을 토대로 선택과 집중을 한 것이 아니고, 선진국과 대형 국가에 경도된 근거가 약한 국가 선정이었다.

국가를 선정했다고 해서 결제 서비스가 뚝딱 만들어지는 것도 아니다. 될 만한 국가를 선정하여 힘을 집중해도 될까 말까한 결제 서비스 출시를 너무 많은 국가를 대상으로 한꺼번에 접근했다. 2014년 9월 애플페이 발표시 미국에 이은 애플페이 출시국은 영국이라는 소문이 돌았다. 그래서 2015년 초부터 삼성페이팀은 미국에 이어 영국 출시에 매달렸다. 애플페이는 소문대로 2015년 7월 영국에 출시되었다. 하지만 삼성페이의 영국 출시는 그보다 2년 뒤인 2017년 5월이었다. 2015년 초 영국과 같은 시점에 현지 은행을 만나기 시작했던 유럽 국가들의 삼성페이는 스페인을 제외하고는 3년이 지나서야 출시되었다. 스페인은 2016년 6월, 이탈리아는 2018년 3월, 프랑스는 2018년 8월, 독일은 2020년 10월에 삼성페이가 출시되었다.

2015년부터 출시를 준비하던 국가에서 삼성페이 출시가 차일피일 미뤄지자, 어느새 그 국가에서는 삼성페이 출시 자체가 목적이 되어가고 있었다. 사업적 성공 가능성 기준으로 출시 국가를 재검토하는 작업은 계속 미뤄졌다. 일단 하던 것을 먼저 마무리하고 난 후, 신규 출시 대상 국가를 검토하자는 식으로 논의가 흘러갔다.

베트남을 신규 출시 대상 국가로 선정받고자 백방으로 노력했지만, 선정 근거도 명확하지 않고, 성공 가능성도 가늠되지 않고, 언제 출시 될지도 모르는 유럽 주요 국가들에 집중해야 한다는 이유로 베트남 은 2016년 1월 출시 대상 국가에서 제외하기로 최종 결정되었다. 베 트남 현지 법인도 적극적으로 출시하고 싶어 하고, 은행 파트너와 시 장 환경도 삼성페이를 받을 준비가 되어 있는 베트남이 출시 대상 국 가에서 제외되었다는 것은 이해하기 어려웠지만, 받아들일 수밖에 없 었다.

베트남을 출시 국가에서 공식적으로 제외하는 결정 직후, 김경덕 사원은 멕시코 담당으로, 나는 새로운 그룹으로 업무가 전환되었다. 내가 간 부서는 삼성페이 사업을 해외의 유수한 은행들에게 제안하 고 협의하는 부서였다. 그곳에서 일하기 위해서는 부족한 영어 실력 을 보완해야 했기에 나는 3개월간 삼성전자의 자체 외국어 학습 프로 그램인 외국어 생활 교육관에 입소해 영어 공부에 매진했다. 그렇게 베트남 삼성페이는 나에게서 점점 멀어져갔다.

베트남 법인이 쏘아올린 작은 공

그렇게 1년 정도 지난 2017년 초, 갑자기 베트남 법인으로부터 연락이 왔다. 베트남 삼성페이 출시가 조만간 결정될 테니 출시 준비를 시작하라는 것이었다. 아닌 밤중에 홍두깨 같은 이야기였다. 사연을 들어보니 당시 고동진 IM IT & Mobile 부문장이 베트남 생산 공장을 돌아보다가 베트남 법인장에게 필요한 것이 있냐고 물으셨고, 그분이 1년 전에도 요청했듯이 삼성페이를 베트남에서도 출시하게 해달라고 요청한 것이었다. 그렇게 최고 경영진들의 결정으로 베트남 삼성페이 출시 프로젝트가 극적으로 시작되었다.

베트남 삼성페이 파트가 꾸려지고, 나는 3명의 파트원을 이끄는 파트장이 되었다. 카메라 모듈 전문가로 구미에서 근무를 하다가 새로운 분야에 도전하기 위해 삼성페이팀으로 전배 온 장우석 프로가 함께하기로 했다. 장프로는 회사로부터 상당한 카메라 관련 특허 사용료를 받을 정도로 아이디어도 많고, 자신의 아이디어를 직접 실행할 줄 아는 사람이었다. 게다가 문제가 생기면 납품업체를 직접 찾아가서 문제를 같이 해결할 정도로 적극적이었고, 사람과의 관계를 우선시하는 마인드를 갖고 있었다.

장프로는 180일의 베트남 프로젝트 동안 160일을 베트남에서 지내면서 베트남의 금융결제원인 나파스NAPAS, the National Payment Corporation of Vietnam 개발팀장의 출산 선물도 챙기고, 나파스 회장의 남편 장례식에도 조문을 가는 등, 베트남 고객 및 현지팀과 동고동락하면서 베트남 삼성페이 서비스가 납기 내에 개발될 수 있도록 온몸을 헌신해서 프로젝트를 수행했다.

또 다른 파트원인 오세원 프로는 숨겨진 보석 같은 사람이었다. 다소 외골수적인 성향때문에 당시 삼성페이팀에서 오해를 많이 받고 있었지만, 오프로가 베트남 파트로 전배 온 첫날 그의 영어 실력과 문서 작성 능력을 보고 베트남 파트에 꼭 필요한 인력임을 알 수 있었다. 나중에 친해지고 보니 그는 서울대 경영학과를 차석으로 입학한 수재였다. 오프로 덕분에 베트남 은행이나, 베트남 법인의 현지 주재원과의 의사소통에 전혀 문제가 없었고, 우리가 전달하고 싶은 내용을 아주 정확하고 상세하게 문서로 설명할 수 있었다. 프로젝트 중간에 아버지가 돌아가시는 슬픔을 겪었지만, 고맙게도 그 슬픔을 가슴에 묻고 프로젝트를 책임 있게 끝까지 마무리해주었다.

이 두 사람 외에 막내격인 백준영 프로가 있었다. 그는 싱가포르, 대만을 담당하다가 베트남 담당으로 이동했다. 나중에 친해지고 나서, 베트남 파트장이 완전히 'X라이'라고 들어서 긴장을 하고 있었다고 했다. 하지만 프로젝트를 하면서 그 오해를 풀었다고 얘기를 할 정도로 관계를 잘 맺는 사람이었다. 백프로는 마케팅과 홍보를 전담했는데, 좋아하는 축구를 활용해서 베트남 현지인 축구 클럽에서 활동하면서 현지인 상황을 바닥에서부터 파악하는 열정을 보여주었다. 백프로를 통해 현지 법인, 현지 파트너들과 프로젝트 내내 부드러운 관계를 유지할 수 있었다.

베트남 모바일 결제 규격을 만들다

베트남 프로젝트를 진행하면서 베트남에서 인정받는 삼성전자의 힘을 실감했다. 베트남 상위 은행들 모두가 일개 차장급인 나를 너무도 쉽게 만나쳤다. 심지어 중앙은행 총재도, 우리나라의 금융결제원에 해당하는 나파스의 회장도 직접 만날 수 있었다. 그러면서 확인하게 된 것은 정부의 금융 정책을 담당하는 고위 관료들조차도 삼성페이 출시를 원하고 있다는 사실이었다. 그들은 삼성전자와 함께한다는 것에 자부심을 갖고 있었다.

이렇게 중앙은행을 포함하여 결제 주체인 은행들이 적극적으로 도와주고, 정책을 주관하는 정부 관료들까지 출시를 바란다면 어려울 것이 없었다. 그래서 우리는 출시 일정을 공격적으로 잡았다. 2017년 3월에 은행들과 논의를 시작하면서, 6개월 후인 2017년 9월에 출시하자고 했다. 모두가 동의했다. 베트남은 IT 환경이 거칠고, 개발 역량도 그리 높지 않았다. 그러나 베트남 인력들은 근면하고 똑똑했다. 그들은 삼성페이 출시를 아주 영광스러운 일로 생각하고 자신의 혼과 열을 다했다.

우리는 나파스에게 일회용 카드 번호인 토큰을 스스로 만들도록 제안했다. 2년 전의 핀테크 포럼에서 들었던 비자/마스터카드에게 수수료를 주지 않고 간편결제를 했으면 좋겠다는 가게 주인의 말이 기억에 남아 있었고, 그것이 비즈니스 원리에 맞는 일이었기 때문이다. 비자/마스터카드 규격을 쓰면 수수료를 지불해야 했기 때문에 그들은 자체 규격의 토큰 개발과 적용을 마다할 이유가 없었다.

우리는 한국 앱카드 사례를 알려주었고, 그들은 앱카드 사례를 응용하여 나파스 규격으로 토큰을 생성하는 시스템을 만들었다. 이로 인해 베트남의 모든 은행들은 자국 규격의 토큰 기반으로 모바일 결제 서비스를 제공할 수 있게 되었다. 그리고 나파스 규격을 사용하는 첫 번째 모바일 결제 서비스로 삼성페이가 출시되었다.

사업부에서는 비자/마스터카드 토큰을 사용하지 않는 것에 대해 우려를 표명했지만, 이미 한국과 중국에서 자국 내 규격으로 만든 로컬 토큰으로 삼성페이 서비스를 아무 문제 없이 제공하고 있는 상황이었다. 베트남 은행들이 로컬 규격을 만들어서 사용한다고 해서 그것을 막을 명분도 실리도 없었기 때문에, 특별한 문제 없이 진행할 수 있었다.

정책적으로 모바일 결제 국가 규격이 만들어졌으나, 개별 은행마다 나파스 규격을 적용하기 위한 개발 인력과 기간이 필요했다. 베트남 모든 은행이 자사의 시스템에 신규 규격을 적용하기 위한 개발을 시작했다. 베트남 삼성페이 출시 시점인 9월 이전에, 6개의 주요 은행이 개발을 완료했다. 출시 시점에 이 은행들이 커버할 수 있는 고객 커버리지는 약 85%였다. 출시 이후 토큰 규격 적용 개발을 마친 은행들이 추가되면서 고객 커버리지는 100%가 되었다.

이 프로젝트에서 신한 베트남 은행의 역할은 상당히 컸다. 우리 팀원들이나 삼성전자 베트남 법인의 담당자들이나, 베트남 금융 인프라에 대해 대충만 알고 있었지 실제로 베트남의 금융 시스템과 정책이 어떻게 운영되는지 상세한 지식은 없었다. 한국 삼성페이 출시를 준비할 때의 삼성카드사처럼, 베트남에서도 베트남의 정책과 카드 시스템에 대해 편하게 자문하고, 함께 고민해줄 친구 같은 파트너가 필요했는데 신한 베트남 은행이 바로 그 역할을 해주었다. 프로젝트 내내 그들은 정책과 시장 상황을 모니터링해주고 가이드를 주었다. 이 자리를 빌려 감사의 인사를 드린다.

베트남 법인의 현지 담당자들도 삼성페이를 출시한다는 자부심이 대단했다. 그들 눈에도 아주 멋진 서비스였던 것 같다. 신용카드를 가진 것도 자랑거리인데, 아무나 구매하지 못하는 삼성전자 플래그십 폰에 그 신용카드를 담아서 터치 한 번으로 결제를 한다는 것은 대단한 자랑거리였다.

삼성페이 서비스는 스마트폰과 신용카드를 동시에 보유하고 있는 소수의 사람만이 가질 수 있는 서비스였다. 사회적 지위를 인정받은 특별한 사람들을 상징하는 서비스를 본인들이 만들어가고 있다는 것을 법인 담당자들도 즐기고 있었다. 그런 자부심과 즐거움이 그들 스스로 발전하고 성장하는 계기가 되었던 것 같다. 함께 6개월 동안 프로젝트를 진행하면서 현지인 담당자인 오완Le Thi Hi Oahn 프로의 이해도와 실행력이 점점 성장하는 것을 보면서 내가 성장하는 것처럼 즐겁고 뿌듯했다.

6개월 만에 완성된 베트남 삼성페이

베트남 삼성페이는 원래 약속한 대로 2017년 9월, 6개월만에 출시되었다. 어떤 국가에서도 이뤄내지 못했던 전무후무한 기록이다. 심지어 한국 삼성페이도 이렇게 빠르게 출시하지는 못했다. 그렇게 빠른 만큼 과연 성공적인 출시였는가? 나는 그렇다고 생각한다. 신용카드 고객이 전 국민의 3%도 되지 않는 시장에서 결제 건수나 카드 등록자 수를 삼성페이의 성공 지표로 삼을 수는 없다. 그런 지표는 경제 인구의 대부분이 신용카드를 보유하고 있는 한국과 미국 같은 국가에서나 쓸 수 있다. 나는 베트남 삼성페이의 성공을 이렇게 표현한다.

"베트남 삼성페이의 가입자는 한국 가입자의 3%였지만, 베트남 삼성페이의 광고 단가는 한국 삼성페이 단가의 5배였다."

베트남 삼성페이 사용자는 소수였으나, 서비스 자체는 초프리미엄 고객에게 접근할 수 있는 최상위급의 마케팅 채널이 되었다. 또한 초기 베트남 삼성페이의 하루 결제 건수는 가입자 수의 10%에 불과했지만, 하루 페이지뷰는 총 가입자 수의 500%, 5배에 달했다. 결제는 가끔 발생하지만, 삼성페이 앱은 계속 구동된 것이다.

베트남 휴대폰 사용자에게 삼성페이는 남에게 보여주고 싶은 자랑거리였다. 언젠가 프리미엄 스마트폰에 신용카드를 넣겠다는 꿈을 꾸고 있는 베트남 젊은이들은 삼성페이를 보며 갤럭시폰을 선망했다.

베트남 삼성페이는 그 자체가 프리미엄 제품이 되었다. 갤럭시폰의 가치를 높여주었고, 신용카드 보유 고객들에게 접근하고 싶어 하는 프리미엄 제품 마케터들에게는 어느 채널도 따라올 수 없는 타켓 마케팅 채널이 되었다. 양적 규모는 타 국가에 비해 보잘 것 없었지만, 질적 가치는 최상위인 프리미엄 서비스였다. 베트남 삼성페이는 삼성전자의 성장 그리고 베트남의 경제 발전과 더불어 함께 성장하고 열매를 거둘 준비가 되어 있었다. 우여곡절이 있었지만, 한국의 성공 경험을 통해 이루어낸 보람찬 프로젝트였다.

삼성페이로 돈을 벌 수 있을까?

삼성페이의 고민이 세상에 드러나다

2017년 3월부터 9월까지 베트남 출시를 완수하는 동안 삼성페이 조직에도 많은 변화가 생겼다. 2015에서 2016년이 삼성페이의 해였다면 2016에서 2017년은 빅스비의 해였다. 그리고 2017년 말, 두 개의 과제를 연달아 담당하던 임원이 퇴사했다. 가정사로 그만둔다는 그의 사임 발표 뒤에 이런 기사가 있었다.

일각에서는 부사장의 사임을 두고 빅스비 실패에 따른 책임론이 제기된 것 아니냐는 말이 나온다. 야심 차게 등장한 빅스비가 범용성에서 경쟁작에 밀리는 데다 잦은 오작동에 시달리는 등 어려움을 겪은 가운데 부사장이 최근 일선에서 물러났기 때문이다.

사의 이유가 부사장이 주도한 삼성페이를 둘러싼 조직 내 이견이라는 말도 있다. 현재 삼성페이는 네이버페이와 함께 국내 간편결제 시장을 장악한 최강의 플랫폼으로 꼽히지만 그 이상의 비즈니스 모델이 없다는 지적도 만만치 않다. 매력적인 플랫폼이지만 삼성전자는 삼성페이를 통해 얻는 수익도 없이 유지 비용만 쌓이고 있으며, 심지어 데이터도 확보하지 못하고 있다. 단순히 신용카드를 스마트폰으로 대체한 것 이상도 이하도 아니다.°

부사장의 사의 이유가 빅스비 실적 저하나 삼성페이에 대한 조직 내 이견이라는 기자의 시각에는 그다지 동의할 수 없다. 하지만 기자는 당시 삼성페이가 갖고 있는 고민을 제대로 기술했다. 출시 초기에는 수수료도 받지 않고, 데이터도 수집하지 않는 컨테이너 전략으로 접근한 것이 삼성페이의 장점이었다. 덕분에 기존 결제 생태계 구성원들이 거부감을 느끼지 않도록 해서 결제 생태계에 자연스럽게 녹아들어갈 수 있었다. 하지만 어느새 장점이 약점이 되어버렸다. 이 변화된 상황을 잘 헤쳐나가는 것이 한국 삼성페이의 고민이자 풀어야할 과제였다.

° https://www.econovill.com/news/articleView.html?idxno=328781

부침이 시작된 삼성페이

2018년에 들어서면서, 쌓여만 가는 삼성페이 유지 비용에 대해 회사 안팎에서 말이 나오기 시작했다.

"3년 동안 투자해서 이 정도 고객을 모았으면, 이제부터는 미미하더라도 수익이 나야 하는 것 아닌가?"

"삼성페이 조직이 수익을 내지도 못하는 것을 감안하면 다른 조직에 비해 인력이 너무 많은 것 아닌가?"

"삼성페이를 출시해도 해당 국가의 스마트폰 판매 증대에 도움이 되지 않는데 이제 효과가 사라진 것 아닌가?"

이런 류의 구설수는 MSC 조직 말기에도 자주 등장하던 주제였다. 이런 말들의 진정한 폐해는, 말이 한번 나오기 시작하면 좀처럼 사그러들지 않고 그 출처와 진위도 모른 채 계속 떠다닌다는 점이다.

우연의 일치였겠지만, 이런 분위기를 반영하듯이 2018년에 출시한 갤럭시 A 시리즈는 휴대폰 제조 원가 절감을 위해서 삼성페이를 사용하는 데 필요한 MST 안테나 부품을 제외하고 출시되었다. 삼성페이 출시 해인 2015년 갤럭시 프리미엄 모델인 S시리즈와 노트 시리즈에만 적용했던 MST 안테나를 2016년에는 갤럭시 중저가 휴대폰인 A 시리즈와 J 시리즈에까지 확대 적용했는데, 불과 2년 만에 삼성페이 서비스가 주는 무형의 가치보다 하드웨어 원가 절감이 더 중요해진 것이다. 비록 2019년에는 다시 A 시리즈에 MST를 적용하기로 결정했지만, 이미 내부에서 삼성페이의 전략적 위상이 예전과는 많이 달라졌음을 추측할 수 있었다.

어느새 3년이라는 시간이 지나면서 삼성페이팀은 두 마리 토끼를 잡아야 했다. 한편으로는 출시 국가를 늘려 외연을 확대해야 했고, 다른 한편으로는 이미 출시된 국가에서 수익을 창출하여 내실을 다져야 했다. 문제는 이 두개의 미션이 상호 호혜적으로 작동하기보다는 상호 배타적으로 작동한다는 점이었다. MSC의 딜레마가 삼성페이에서 다시 재현되는 듯한 기시감마저 들었다.

MSC 존립 시절, 무선사업부에서 스마트폰을 판매하여 매출을 올리는 것이 미션인 전략마케팅팀은 스마트폰 판매에 도움이 된다는 이유로 MSC에게 콘텐츠/솔루션 서비스를 100개국이 넘는 스마트폰 출시 국가 전체로 확대할 것을 요구했다. 동시에 무선사업부에서 비용과 손익을 관리하는 지원팀은 MSC에 수익성 확보를 위해 콘텐츠 서비스 운영 비용 절감을 요구했다. 보다 적은 비용으로 보다 많은 국가의 서비스를 지원할 수 있다면 좋았겠지만, 안타깝게도 현실 비즈니스 세계에서 그런 환상적인 일은 없었다. 국가를 확대하려면 비용이 들고, 비용을 줄이려면 국가를 축소할 수 밖에 없었다.

삼성전자의 하드웨어 판매 사업은 브랜드 인지도와 판매 인프라, 사업 운영 노하우가 세계적으로 쌓일 만큼 누적된 투자가 있었기 때문에 판매 수익이 고정비를 넘어서는 사업 규모를 달성할 수 있었고, 파는 만큼 수익이 발생하는 구조를 만들 수 있었다. 하지만 콘텐츠/솔루션 서비스 사업은 그만큼 누적된 투자가 없었다. 그러다 보니 고정비를 넘어서는 수준의 사업 규모를 만들 만한 브랜드 인지도나 사업 기반이 부재했다. 고정비도 감당할 수 없는 수익 구조 아래에서 어떻게 더 적은 비용으로 더 많은 국가를 지원하는 효율성이 나올 수 있겠는가? 이러지도 저러지도 못하고, 해야 하는 일조차 하는 게 맞는지 하지 않는 게 맞는지 눈치를 보며 주저하게 된다.

하드웨어 판매 기준을 여과없이 콘텐츠/솔루션 서비스에 적용하는 삼성전자의 사업성 평가 방식을 바꾸지 않는 상태에서 MSC의 해체는 언제든 일어날 수 있는 사건이었다. 참으로 안타까운 것은 그 하드웨어 판매 방식에 기반한 평가 기준이 여전히 삼성페이팀에도 영향을 끼치고 있다는 것이다. 그 기준이 바뀌지 않고 위력을 발휘하는 한 MSC 해체와 같은 역사가 삼성전자의 콘텐츠/솔루션 서비스 조직에서 또 반복될 수 있다. 자라 보고 놀란 가슴 솥뚜껑 보고 놀란다고, 그런 '흑역사'가 반복될 수 있다는 불안감이 삼성페이 조직에 스멀스멀 일어나 조직을 위축시키기 시작했다.

한국 삼성페이, 수익을 추구하다

어느샌가 한국 삼성페이는 수익을 내기 위해서 무엇이라도 해야 하는 상황이 되었다. 첫 수익화 시도는 홈 화면의 상단에 있는 배너 광고판을 광고주에게 판매하는 것이었다. 그 배너 광고판은 원래 삼성페이 공지와 한국총괄에서 진행하는 프로모션을 알리는 용도로 사용하고자 만든 것인데, 상황이 바뀌자 광고판으로 전환·확대했다. 한번 스크롤을 할 때 배너 광고가 들어갈 수 있는 슬롯 수를 늘리고, 슬롯에 단가를 붙여 판매하기 시작했다.

2017년부터 한국 삼성페이 운영권은 한국총괄에서 무선사업부의 삼성페이팀에게로 되돌아온 상태였다. 무선사업부는 삼성페이 서비스의 글로벌 수익 모델을 발굴하는 시험대로 한국 시장과 한국 삼성페이를 활용하고자 했다. 무선사업부의 한국 담당 실무 책임자는 MSC 시절 e-Commerce팀에서 광고 서비스를 기획하고 운영하던 인력이었다. 결제 서비스 경험이라고는 삼성페이 출시 경험이 전부인 그가 삼성페이에서 수익을 내는 방법으로 홈 화면에 배너 광고를 붙이는 쪽으로 방향을 잡은 것은 어찌 보면 당연한 수순이었다. 자신의 경험에 근거한 최선의 수익 모델을 도출한 셈이었다.

　　하지만 이는 무리수였다. 삼성페이 사용자의 트래픽을 활용한 광고 수익 모델은 사용자 수가 미미한 다른 국가의 삼성페이로 확장할 수 있는 수익 모델이 아니었다. 다른 국가에서도 적용 가능한, 삼성페이 본연의 기능인 결제와 연계하여 부가가치를 창출하는 서비스를 발굴했어야 했다. 한국 삼성페이의 광고 수익만으로는 글로벌 삼성페이의 운영 비용을 감당할 수 없었다.

　　그럼에도 삼성페이팀은 계속해서 한국 삼성페이의 사용자 트래픽을 활용한 두 번째 수익 모델을 추진했다. 삼성페이의 메뉴에 외부 서비스를 넣어주고, 외부 서비스 공급 파트너로부터 입점비와 수익 배분을 받는 것이었다. 그나마 쇼핑이나 쿠폰샵 같은 상거래 서비스는 삼성페이 결제와 연결이 되어 자연스러운 서비스 흐름이 만들어지는 데 반해, 펀드, 해외 송금, 환전 같은 금융 관련 서비스는 결제라는 삼성페이 본연의 기능과 어울리지 않았다.

　　외부 서비스 파트너들은 삼성페이의 MAUMonthly Active User(월간

실사용자)가 수백만 명에 육박한다는 사실을 듣고, 그 사용자 트래픽이 자사 서비스로 유입될 것을 기대하며 삼성페이에 입점비를 지불하고 들어왔다. 한국 삼성페이가 수익화라는 목적 때문에 이런 외부 서비스들을 입점시킨 결과, 삼성페이의 메뉴 구성은 일관성 없는 서비스들이 얼기설기 엮여 '세상에서 가장 간편한 모바일 결제'라는 메시지를 찾아보기 어렵게 되었다.

난항을 겪는 수익 모델

그렇게 수익화 목표 때문에 입점시킨 외부 서비스들을 고객들은 잘 인지하지 못했다. 삼성페이 고객이 주로 사용하는 메뉴 항목은 결제와 교통카드, 멤버십 카드와 은행 계좌였다. 이 메뉴들은 출시 초기에 도입하여 한국총괄의 대규모 IMC 활동을 거친 후, 꾸준히 오랫동안 고객에게 알려져온 서비스들이다. 그에 반해 펀드, 환전, 송금 등은 입점 후에 별도의 마케팅 활동이 거의 없었고, 사용하는 고객의 입소문도 없었다.

결제 중심으로 삼성페이 앱을 사용하는 고객들은 결제와의 연관성이 적은 이러한 서비스를 굳이 삼성페이 앱을 통해 이용하지 않았다. 출시 이후에 메뉴로 들어온 외부 서비스들은 삼성페이의 입점비 매출을 발생시키는 데는 유용했지만, 삼성페이 사용자에게는 유용하지 않았다. 이런 서비스 연동에 삼성전자의 고급 개발 인력과 자원을 투입한 것은 소 잡는 칼로 닭을 잡는 격이었다.

삼성페이 메뉴 구성에 대한 고객의 낮은 인지도는 메뉴에 입점한 외부 서비스 공급 파트너들에게도 실망스러운 결과를 낳았다. 삼성페이 사용자 트래픽이 자사의 고객으로 유입되는 것을 기대하면서 입점비도 지불하고, 자사의 시스템을 삼성페이와 연동시키는 시스템 개발에도 투자했지만, 정작 삼성페이는 그렇게 투자한 외부 서비스가 삼성페이에서 제공된다는 것조차 고객들에게 알리지 못했던 것이다.

사업부의 글로벌 수익 모델 발굴을 위한 한국 삼성페이 시장 테스트는 뾰족한 성공 사례를 만들지 못했다. 광고 수익 모델은 추가로 투여되는 비용이 거의 없어 매출 효율은 나쁘지 않았으나 규모가 작았고, 성장에 한계가 있었다. 무엇보다 삼성페이 사용자 수가 일정 규모에 이르지 않은 국가에서는 최소한의 광고주도 모집하기 어려운 수익 모델이었다.

입점비 수익 모델 역시 기본적인 사용자 트래픽이 보장되어야 가능한 수익 모델이라, 적용할 수 있는 국가가 제한되어 있다. 삼성페이 인지도가 비교적 높은 한국 시장에서도 고객이 입점 서비스를 별로 인지하지 못하는 상황인데 한국보다 인지도가 낮은 다른 국가에서 입점비를 받고 외부 서비스를 입점시키기는 쉽지 않아 보인다.

한국 삼성페이를 글로벌 시장으로 확장 가능한 수익 모델의 실험장으로 활용하려면, 먼저 다른 국가의 고객도 공통적으로 필요로 하는 서비스를 선정하고, 그런 서비스를 글로벌 규모로 제공하는 다국적 제휴 파트너와 함께 서비스를 개발하고 조정하는 구도를 만들어서 테스트를 했어야 했다. 국가별로 다양한 현지 사업 환경을 고려하지 않은 단순 입점이라는 수익 모델은, 그것이 광고 콘텐츠든 외부 서비스든 다른 국가로의 확장성은 거의 없다는 것을 확인한 셈이다.

삼성페이에서 가장 많이 노출되는 화면은 결제할 때 사용하는 '빠른 실행(스와이프 업)' 화면이다. 이 화면은 오로지 결제 기능 하나만을 고객에게 빠르고 정확하게 제공하기 위해 만들어진 것이다. 빠른 실행을 하고 지문 인증을 하면 1초도 되지 않아 MST를 송출하는 화면으로 전환된다. 이 화면은 빠르고 간단한 결제라는 삼성페이의 기본 메시지에 아주 충실했기 때문에 삼성페이에서 가장 많이 사용하는 화면이 되었다.

하지만 빠른 실행으로 앱을 구동할 때는 결제할 때뿐이었기 때문에, 빠른 실행으로 노출되는 홈 화면에 광고를 게재한 것은 비즈니스 관점에서 무리한 시도였다. 일주일에도 몇 번씩 삼성페이로 결제를 하지만, 빠른 실행 화면에 배너 광고가 배치되어 있다는 사실조차 인지하지 못하는 고객이 존재했다. 만약에 홈 화면에 걸리는 배너를 통한 수익 확대를 진지하게 고민했다면, 빠른 실행 화면에서 배너 광고를 잘 볼 수 있도록 홈 화면 구성을 전략적으로 재배치했어야 했다.

물론 결제 행위와 무관한 배너 광고를 노출하면서, 동시에 빠른 실행 화면에서 행해지는 고객의 간편 결제 경험을 통합하는 UX는 쉽게 나오지 않는다. 하지만 그래도 일단 시도했어야 했다. 이도 저도 아닌 애매한 수익화 전략과 실행 때문에 한국 삼성페이는 글로벌 수익 모델을 발굴하는 시험대의 역할을 제대로 하지 못한 것은 물론, 파트너가 좋아하는 고객 유입 통로도 되지 못하고, 고객 경험을 차별화하는 신규 기능도 제공하지 못하는 어중간한 서비스가 되어갔다.

MST 라이센싱: 과거를 판 것일까, 미래를 판 것일까?

한국 삼성페이 고객의 앱 사용 트래픽을 이용한 광고 수익과 서비스 입점 수익으로 삼성페이 인프라 유지에 드는 비용을 회수하기란 요원한 일이었다. 그래서 한국 삼성페이는 큰 결정을 했다. 수익 확보를 위해 MST 기술 사용권을 유료로 라이센싱하기로 한 것이다. 안드로이드 앱 개발사가 적정 가격의 사용료를 지불하면 자신의 앱에서 MST 안테나를 사용할 수 있도록 허용했다. 그 결과, 페이코, 신한카드, KB국민카드 등에서 자신들의 앱에 MST 기술을 적용하여 오프라인 결제를 제공하고 있다.

MST 유료 라이센싱은 과연 시기 적절한 선택이었을까? 삼성페이 출시 후, 해가 거듭될수록 MST 기술에 대해서 두 개의 관점이 나누어졌다. MST가 계속 사용될 것이라고 믿는 사람이 있는 반면, 이제 MST는 QR코드나 NFC로 대체될 것이라고 말하는 사람도 있었다. 전자의 관점에서 MST 라이센싱은 미래를 판 어리석은 행위고, 후자의 관점에서는 과거를 판 아주 현명한 행위다.

나는 전자의 관점이다. 아직 MST 기술의 내재된 가치를 실현하기도 전에 기술 사용료를 먼저 결정한 것은 황금알을 낳는 거위가 알을 낳는 수준으로 자라기도 전에 키우기를 포기한 성급한 결정이었다고 생각한다. 루프페이 인수 금액은 2.5억 달러로 알려져 있다. 하지만 이것저것 합쳐서 소문으로 떠돈 금액은 4억 달러에 달한다. 환율 1,100원으로 계산하면 약 2,750억 원에서 4,400억 원 사이에 인수된 것이다. MST 기술에 들인 비용이 대략 3천억 원이라고 가정했을 때,

MST로 그 이상의 가치를 만들어내지 못하고 있다면 라이센싱을 하기보다는 가치를 높이는 일에 집중해야 했다.

MST 라이센싱 기간을 10년이라고 보면, 매년 3백억 원의 비용을 라이센스 대가로 수취할 수 있는 가치를 먼저 만들어야 하지 않았을까? 삼성페이를 통해 연간 MST의 가치를 3백억 원 이상으로 만들고 난 후, MST를 필요로 하는 파트너에게 라이센싱을 했어야 했다. 그것도 아주 잘개 쪼개서 필요한 분야에만 쓰도록 허락했어야 했다.

MST 라이센싱의 가치를 연간 3백억 원으로 만들 수 없다고 생각하는가? 나는 충분히 만들 수 있다고 생각한다. 한국 삼성페이는 이 세상에 MST가 충분히 가치가 있는 기술이라는 것을 보여줬고, 나는 아직도 한국 삼성페이가 더 많은 것을 보여줄 수 있다고 믿는다.

MST 기술 라이센싱 사업이 어떤 결과를 가지고 올지는 두고 볼 일이다. 하지만 한가지 확실한 것은 삼성전자가 MST의 가치를 높이는 일에 집중하지 않는 한, 그 누구도 그 가치를 올리지 못한다는 사실이다. MST의 미래 가치는 예측하는 것이 아니라 삼성전자가 만드는 것이다.

한국 삼성페이는 한국의 결제 문화를 바꿨다. 어디서나 휴대폰으로 결제할 수 있는 서비스로써 세상의 모든 모바일 결제 사업자가 직면하고 좌절했던 한계를 돌파했다. 그리고 이제 삼성페이는 고정비를 넘어서 이익을 내는 사업으로 성장해야 한다는 새로운 도전에 직면했다.

기획자 노트

전략의 핵심, 사람

"Small s와 Big E." 언젠가 전략 컨설팅 비즈니스의 뜨거운 열기가 지나가고 난 후, 새로운 국면에서 컨설팅 프로젝트가 다시 시작되었을 때, 컨설팅 회사에서 자신들의 마지막 발표 자료 마지막 장에 쓴 표현이다. 전략Strategy보다 실행Execution이 더 중요하다는 것을 그들은 그렇게 표현했다.

신규 서비스 사업을 추진할 때도 마찬가지다. 전략 기획의 중요도가 1이면 실행의 중요도는 10이다. 좋은 기획도 실행이 부실하면 실패하고, 나쁜 기획도 실행이 알차면 성공한다.

그런데 그 실행의 수준은 지원 시스템이나 업무 절차의 완성도보다는 사람의 의지에 달려 있다. 어떤 사람이 어떤 위치에서 얼마만큼의 의지를 갖고 일을 추진하느냐에 일의 성패가 달려 있다. '인사가 만사'라는 삼성의 오랜 전통이 여전히 유효한 대목이다. 삼성은 창업 이래 사람이 핵심임을 여러 번 강조했다.

'인사만사人事萬事'란 인재를 적재적소에 배치하고 일하게 하는 것이 일과 조직을 번성하게 한다는 의미다. 삼성의 이병철 선대 회장은 계약서에 도장을 찍거나, 물건을 직접 사고 팔지 않았다고 한다. "도장을 찍고, 물건을 사고 파는 일을 잘 할 사람을 찾고 기르는 것이 나의 일이라 생각했기 때문이다. 내 인생의 대부분은 인재를 찾고, 모으는 데 보냈다"고 말할 만큼 철학을 갖고 인재 육성에 공을 들였다. 이건희 회장도 1993년에 '신경영'을 선포했고, 2003년에는 "천재 한 사람이 10만 명을 먹여 살린다"며 '인재경영'을 강조했다. 그 결과로 오늘날 삼성이 일등 기업으로 도약할 수 있었다고 생각한다. 인재를 뽑아, 마음껏 기량을 펼칠 수 있는 장을 마련해주고 오직 실적으로 평가했기 때문이다.

삼성페이 프로젝트를 통해서도 사람이 핵심이라는 것을 알 수 있다. 출시 당시 삼성페이는 회사 전체의 관심 대상이었다. CEO, CFO를 막론하고 모든 사람이 삼성페이 출시에 만반의 대비를 하고, 한 치의 오차도 없이 모든 절차가 완벽하게 처리되도록 신경을 썼다. 특히 한국 삼성페이는 영업 현장에서 잔뼈가 굵은 한국총괄 소속 인력의 추진력과, 삼성월렛 때부터 파트너들과의 협업 노하우를 다져온 결제 전문가들의 기획력이 시너지를 내며 막강한 실행력을 발휘했다. 기업에서 가장 중요한 자원인 예산과 인력의 배치를 결정하는 최고 경영진이 뒤를 받쳐주고, 그 일을 담당하는 인력들이 자유롭게 자기 기량을 발휘하는데, 일이 안 되려야 안 될 수가 없었다.

하지만 한국과 미국에서 출시를 한 그 다음 해부터 상황이 조금씩 변했다. 출시 다음 해인 2016년부터 2020년까지 5년 동안 삼성페이팀을 담당하는 임원이 매년 교체되었다. 그들은 제대로 업무 파악을 할 시간도 없이 이전 그룹장이 하던 것을 마무리하거나, 갑자기 위에서 떨어지는 급한 과제 위주로 일을 진행했다. 삼성페이 서비스의 미래 가치에 대한 확신과 전망 없이 단기 과제 완수를 목표로 업무가 진행되었다. 그럼에도 불구하고 초기 몇 년은 기존 추진력에 따른 관성이 있었기 때문에 서비스가 궤도를 따라 흐를 수 있었다. 하지만 시간이 지날수록 관성은 약해지고, 서비스는 느려지고, 멈춰 서기 시작했다.

베트남 삼성페이 프로젝트에는 그 와중에도 서비스 출시에 대한 강한 의지를 가진 법인장과 베트남 현지 마케팅에 대한 전략 수립과 마케팅 집행 권한이 있는 현지 주재원들이 있었고, 그들을 도와 젊은 국가 베트남에서 삼성페이의 브랜드를 드높여보겠다는 열정과 능력이 있는 현지 삼성페이 팀원들이 있었다. 베트남 삼성페이의 적은 카드 발급 수와 결제 건수에도 그 의미와 미래 가치를 확신하고 삼성페이가 베트남 내 프리미엄 시장과 함께 성장할 수 있다고 자신한 우리도 있었다. 베트남 은행과의 첫 미팅 이후 6개월 만에 베트남 삼성페이를 출시할 수 있었던 것은 순전히 거기에 참여한 사람들 덕분이다.

흔히 "사람은 고쳐 쓰는 것이 아니다"는 말을 한다. 맞다. 사람은 고쳐 쓸 수 없다. 사람은 기계가 아니기 때문이다. 사람은 애초에 누군가가 사용하는 존재가 아니다. 삼성전자에 입사한 사람치고 잘못된 사람은 없다. 잘못 배치된 사람만 있을 뿐이다. 적재적소에 배치된 사람은 어떤 어려운 업무라도 날개를 단 것처럼 완수해낸다. 물론 군자불기君子不器라는 공자님 말씀처럼 한 가지 일만 잘하는 것이 아니라 여러 가지 일을 두루두루 잘하는 사람도 있다. 그런 사람은 비록 전문가는 아닐지라도 어떤 업무에 배치되어도 일이 잘 진행되게 만든다. 조직에 그런 사람이 많을수록 전략 실행이 수월해진다.

삼성은 인재 제일주의라는 오랜 전통 덕분에 그런 사람들을 두텁게 보유하고 있다. 삼성전자가 두터운 인재 풀pool과 적재적소에 인력을 배치하는 역량을 통해 삼성페이가 갖고 있는 고민을 해결할 것이라는 데는 의심의 여지가 없다. 문제는 시간이다. 모바일 결제를 통해 선점할 수 있는 기회의 창이 점점 좁아지고 있으니 서둘러야 할 것이다.

8

새로운
도전

베트남 삼성페이 출시 2년 후, 나는 삼성전자를 떠났다. 내게는 '결제 서비스를 기반으로 한 글로벌 마케팅 플랫폼 서비스'라는 확고한 비전이 있었지만, 현재의 삼성페이에서 그 비전이 이루어지기란 불가능해 보였다. 결국 나는 삼성전자를 뒤로 하고 스타트업의 세계로 뛰어들었다. '길은 걷는 자의 것'이라는 말을 가슴에 품고, 아무도 이루지 못한 길을 우리 행복한 직원들과 함께 걸어가고자 한다.

27 모바일 결제의 미래는 어떻게 될 것인가?

누가, 왜 모바일 결제에 관심을 가질까?

처음 MSC에서 삼성월렛에 모바일 간편결제를 넣는 것을 기획했을 때, 나와 이신우 부장이 함께 그린 모바일 결제 서비스 전략의 끝에는 결제 서비스 기반의 플랫폼 사업 모델이 있었다. 양쪽을 이어주는 인프라의 집합을 플랫폼이라고 표현한다면, 판매자와 구매자를 연결하는 결제 서비스는 그 태동에서부터 플랫폼 사업의 속성을 갖고 있다고 볼 수 있다. 우리는 모바일 기기로 인해 결제 서비스가 진정 강력한 플랫폼으로 거듭날 수 있으리라고 믿었다.

왜 사람들은 플라스틱 카드로도 충분한 결제를 굳이 휴대폰으로 하려고 하는 걸까? 왜 모바일 결제에 단순히 관심을 갖는 수준을 넘어 열광할까? 그리고 왜 구글, 애플, 네이버, 카카오 같은 굵직한 회사들은 무모해 보이는 투자를 단행할까? 이런 질문들이 꼬리에 꼬리를 물다 보면 모바일 결제 서비스가 결제에서 멈추지 않고, 거기서 얻은 데이터를 기반으로 다음 단계로 나아갈 것임을 알 수 있다. 그리고 조금만 생각하면 그 다음 단계가 플랫폼 사업임을 알 수 있다.

한발 물러나서 숲을 조망해보자. 과연 누가 모바일 결제 서비스에 관심을 갖고 서비스를 주도하는가? 구매자와 판매자는 모바일 결제가 아니더라도 결제하는 데 아무런 불편이 없다. 플라스틱 카드를 주고받는 것으로 충분하다. 사실 판매자 입장에서는 수수료를 떼이지 않는 현금 결제가 제일 좋다. VAN사나 카드사도 플라스틱 플레이트 기반으로 이미 잘 돌아가고 있는 기존의 결제 시스템에 그동안 투자한 비용을 생각하면 시스템을 다시 바꿔서 얻는 이익보다 기존의 시스템을 최대한 활용하고 효율화해서 얻는 이익이 더 크다. 기존의 결제 생태계 구성원 중에 군이 모바일 결제에 반드시 투자해야 하는 이유를 가진 자는 없다.

기꺼이 위험 부담을 안고서라도 모바일 결제가 시장에서 작동하도록 일을 성사시켜야 하는 자들은 새로운 결제판에서 새로운 방법으로 고객과 상점을 연결하고자 하는 거대 플랫폼 사업자들이다. 그들에게 모바일 결제는 기존 결제 생태계에 균열을 일으킬 수 있는 아주 지능적이고 막강한 무기다. 플라스틱 플레이트를 통해 고객과 상점을 연결하는 것보다는 스마트폰을 통해 연결하는 것이 즉각적이고 효율적이며 오고가는 정보량이 월등하다. 스마트폰으로 돌아가는 플랫폼에 비하면 플라스틱 카드 기반의 플랫폼은 결코 경쟁이 되지 않는다.

그래서 구글, 애플, 네이버, 카카오 같은 거대 플랫폼 사업자들은 낡은 결제 생태계를 재편해서 주도권을 잡겠다는 목표 아래 비전을 제시하고, 엄청난 투자를 감행해 가능성을 보여주면서 언론과 연구소를 동원하여 모바일 결제 시장이 대세가 되는 분위기를 만든다. 따져보면 고객과 상점 주인은 그리 필요로 하지 않는 서비스이고, 기존의 카드사나 결제 시스템 운영사도 굳이 바라지 않을 서비스인데, 미디어를 통해서 전해지는 시장의 분위기는 마치 결제 생태계의 모든 참여자가 모바일 결제에 관심을 갖고 열광하는 것처럼 보인다. 거대 플랫폼 사업자들이 그렇게 세상을 만들어나간 것이다.

이런 상황이 되니 기존 결제 생태계의 구성원들도 가만히 있을 수만은 없었다. 그들 입장에서는 모바일 결제를 주장하는 플랫폼 사업자들은 자신들이 만든 생태계 영역을 침범하는 침입자들이며, 충분히 위협적인 존재다. 대형 플랫폼 사업자들이 결제 생태계에 자리잡는 순간, 극한의 원가 절감을 통해 가까스로 생존하는 기존 구성원들의 자리는 사라질 것이다. 그런 절박한 위기감이 그들을 날카롭게 만들었다. 기존 결제 생태계 사업자들은 모바일 결제를 주도적으로 활용하기 위해 정책적으로, 사업적으로, 기술적으로 다양한 장벽을 구축하고 대응하기 시작했다. 현재까지는 앱카드의 사례처럼 수성을 아주 잘하고 있는 것으로 보인다.

기존 생태계 방어자든 새로운 침입자든, 모두가 인정하는 것이 있다. 모바일 결제를 통해 결제 생태계의 새 판이 짜이고, 스마트폰을 기반으로 결제 고객과 결제 매장을 연결하는 플랫폼이 구축되면 그 사업적 성과는 그동안의 투자를 보상하리라는 것이다.

스마트폰과 그 안에 담긴 일회용 카드로 모바일 카드 거래가 안전하고 편리해지면, 손안의 PC인 스마트폰으로 말미암아 매장과 고객을 연결하는 마케팅 활동은 차원이 달라진다. 고객 동의 하에 확보된 결제 데이터를 분석해서, 스마트폰을 통한 위치 정보를 기반으로 필요한 고객에게 실시간으로 매장의 혜택을 전달할 수 있다. 그렇게 함으로써 매장 근처 고객을 결제 고객으로 유입하여 매장의 매출을 발생시킬 수 있다. 매장 주변의 고객을 구매 고객으로, 한 번 구매한 고객을 두 번 구매한 고객으로, 두 번 구매한 고객을 단골 고객으로 전환시킬 수 있는 실시간 마이크로모먼츠micromoments 타깃 마케팅의 새 시대가 열리는 것이다.

모바일 결제의 미래, 플랫폼 서비스

앞에서도 언급했듯이 결제는 쇼핑의 결과다. 결제를 일으키려면 쇼핑을 하게 하는 것이 먼저다. 쇼핑을 유도하는 전통적인 마케팅은 텔레비전 광고, 신문 광고, 옥외 광고였다. 그런 광고는 고객이 매체 앞으로 갈 때 노출된다. 나름 새로운 광고 채널인 디지털 광고도 PC 기반으로 인터넷에 접속하던 시대에는 PC 화면 앞으로 가서 배너 광고를 봐야 했다. 그런데 이제 손 안의 휴대폰에서 인터넷에 접속하는 시대가 열렸다. 이제 스마트폰은 개인이 서 있는 자리에서 시간과 장소를 불문하고 즉각적으로 광고 콘텐츠를 확인할 수 있는 매체가 되었다. 고객이 매체 앞으로 가는 게 아니고, 매체가 고객 앞뒤로 쫓아다닌다.

스마트폰으로 인해 디지털 광고는 차원이 달라졌다. 이 차원이 달라진 디지털 광고를 온라인 또는 오프라인 쇼핑으로 편리하게, 실시간으로 구매로 연결해주는 도구가 바로 스마트폰 모바일 결제다. 스마트폰을 통해 노출되는, 쇼핑을 위한 모든 마케팅 활동이 최종적으로 효과가 있느냐 없느냐를 결정하는 지점인 것이다. 모바일 결제는 모바일 마케팅 플랫폼이라는 그림을 화룡점정으로 완성해준다. 고객에게는 안전하고 간편하고 빠른 결제가, 광고주이자 상점 주인에게는 마케팅 효과를 실시간으로 검증해주는 최상의 도구다. 모바일 결제를 통해 자신이 투자한 광고가 즉각 매출로 회수되기를 원하는 광고주의 간절한 바람이 이루어지는 것이다.

고객의 결제 매체를 플라스틱 플레이트에서 휴대폰으로 전환하는 일은 결코 쉽지 않았다. 삼성페이는 그 결제의 미래를 보여주었다. 그것은 과소평가할 수 없다. 삼성페이는 그 자체로 세상을 바꾼 서비스로 정당하게 평가받아야 한다.

하지만 숲을 보는 관점에서 보면 스마트폰으로 결제 매체를 변화시킨 것은 전체 모바일 마케팅 플랫폼 구축의 한 단계일 뿐이다. 결제 매체의 변화는 대단한 혁명이지만, 한편으로는 혁명의 시작일 뿐이다. 모바일 결제 혁명은 매장에서 행해지는 플라스틱 카드 결제를 스마트폰에 있는 카드 결제로 전환하는 모바일 결제 서비스에서 시작해, 고객과 매장을 결제 데이터로 연결하는 과정을 거쳐 온·오프라인 매장이 고객을 확보하고 커뮤니케이션하는 모바일 마케팅 플랫폼에서 완성된다.

그런 마케팅 플랫폼으로서의 완결성이 없는 모바일 결제는 한동안 신기하고 재미있는 경험은 될 수 있으나, 특별한 부가가치를 만들 수는 없다. 모바일 결제가 플라스틱 카드의 또 다른 형태에 불과하다는 것을 깨닫는 순간, 고객이나 상점주는 그 마케팅 효과에 대한 흥미를 잃고 모바일 결제를 단순 결제 수단으로 간주한다. 상점주가 흥미를 잃은 결제 서비스는 플랫폼 제공 사업자에게 지속 가능한 사업 아이템이 될 수 없다. 종국에는 고객도 흥미를 잃을 것이다. 물론 모바일 결제가 이미 문화가 되어 거기에 익숙해진 고객들이 굳이 습관을 바꾸지 않으면 서비스 형태는 유지될 것이다. 하지만 플랫폼 사업으로서의 미래는 없다.

그래서 모바일 결제는 플랫폼 서비스 사업다워야 한다. 고객에게는 구매 혜택을 주고, 매장에게는 새로운 고객을 모집하면서 동시에 기존 고객을 잡아둘 수 있는 마케팅 효과를 제공하고, 서비스 제공자에게는 고객과 매장을 연결한 대가로 지속 가능한 수익을 주어야 한다. 그런 플랫폼이 될 수 없다면 모바일 결제는 플라스틱 카드 결제와 다를 바가 없다. 아니, 서비스 제공자의 운영 비용을 감안하면 플라스틱 결제보다 오히려 못하다.

결제 서비스의 플랫폼화라는 관점에서 보면 온라인이든 오프라인이든 대형 상점의 자체 페이가 모바일 결제의 최후 승리자로 살아남을 확률이 높다. 그들은 그들의 매장에서 쇼핑을 하도록 유도하고, 자체 결제 수단으로 편하고 빠르게 결제를 처리하고, 그렇게 처리한 결제 데이터를 고객에게 유용한 로열티 프로그램으로 즉시 활용할 수 있기 때문이다. 그들의 결제는 이미 결제 데이터 기반 플랫폼의 일부로 고객에게 제공되고 있다.

한국 삼성페이 출시와 성공으로 인해 세상은 이제 휴대폰으로 결제하는 것이 결코 불가능하지 않다는 사실을 눈으로 확인했다. 5년이 지난 지금, 우리는 대형 상점들이 자신들의 쇼핑 플랫폼 안에서 자체 모바일 결제로 플랫폼을 더 강화하는 사례를 어렵지 않게 볼 수 있다. 스타벅스와 스타벅스 카드, 네이버쇼핑과 네이버페이, 쿠팡과 쿠페이, G마켓과 스마일페이, 이마트/SSG닷컴과 SSG페이 등이다. 이들 상점의 단골 고객이 사용하는 결제 수단 중에 가장 비중이 높은 결제 수단은 상점에서 제공하는 자체 결제 서비스다.

한국 삼성페이는 모든 상점에서 호환된다는 범용성을 강점으로 갤럭시폰 사용 고객들이 온라인과 오프라인을 막론하고 안전하고 쉽고 편하게 모바일 결제를 할 수 있도록 만들었다. 대형 상점이 자체적으로 만든 페이는 상품 구매 혜택을 지렛대로 고객들이 자신들의 매장에서 모바일 결제를 선택하도록 만들고 있다. 대형 매장의 자체 페이가 다른 매장과 호환되지 않는 한, 삼성페이의 범용성은 계속 힘을 유지할 수 있다. 하지만 대형 매장의 자체 페이가 다른 매장과 하나둘씩 상호 호환되기 시작하면 삼성페이의 범용성은 위협받을 것이다.

단기간에 그런 일이 생길 것 같지는 않다. 하지만 언제든 그런 일이 일어날 수 있다. 삼성페이는 그렇게 멀 수도 있고 가까울 수도 있는 미래에 대비해야 한다. 먼저 확보한 결제의 범용성을 기반으로 고객들에게 제공하는 범용적인 혜택을 만들어낼 수 있어야 한다. 결제 범용성에 기반한 혜택 범용성이 삼성페이로 하여금 경쟁 우위를 갖고 지속적으로 시장을 리드하게 할 것이다.

새로운 플랫폼 서비스를 계획하다

MSC에서 삼성월렛 간편결제의 사용자 경험을 오프라인 매장 결제로 확대하는 전략을 세울 때, 절대 빠지지 않고 항상 고려하던 파트너가 VAN사와 PG사였다. 왜냐하면 VAN사는 VAN 대리점과 함께 전국 방방곡곡 흩어져 있는 오프라인 매장을 찾아가서 카드 결제 수수료를 계약하고 실시간 결제 처리 서비스를 제공하면서 상점에 필요한 결제 관련 물품과 정책을 관리하는 주체였고, PG사 역시 온라인 쇼핑몰을 대상으로 VAN사와 똑같은 서비스를 제공하는 주체였기 때문이다. 그들은 매장 확보에 있어 최우선 순위로 협조를 구해야 하는 전략 파트너였다.

VAN사와 PG사의 사업 모델은 결제할 때마다 발생하는 지극히 적은 금액의 수수료이다. 따라서 이들의 최대 사업적 관심은 자신과 계약된 상점에서 큰 액수의 결제가 빈번하게 발생하는 것이다.

삼성월렛 서비스를 운영하던 시절, 삼성월렛은 사용자의 오프라인 매장 방문을 유도하고, 방문한 사용자에게 VAN사 시스템을 통해 간편결제를 제공하는 협업을 추진했다. 삼성전자는 고객으로 가는 채널을 VAN사에게 제공하고, VAN사는 고객에게 제공할 콘텐츠와 정보를 제공하는 가맹점 채널을 삼성전자에게 제공하는 윈윈 관계였다. VAN사 입장에서는 삼성월렛이 자신이 관리하고 거래하는 상점으로 고객을 모아주어 매출을 높이고 수수료를 증대시키는 마케팅 채널 역할을 해주는 것이니 나쁠 것이 없었고, 삼성월렛 입장에서는 VAN사가 상점으로부터 만들어오는 할인 또는 적립 혜택을 삼성월렛 사용 고객에게 제공해줄 수 있으니 손해볼 것이 없었다. 한쪽은 고객과의 접점을 관리하고, 한쪽은 상점과의 접점을 관리하니 명확하게 역할이 구분된 플랫폼 협력 사업 구도를 만들어갈 수 있었다.

그런 생각을 바탕으로 우리는 스마트오더, 원카드, NFC 패드 등 오프라인 결제 확장 전략을 기획하고 실행할 때 언제나 VAN사에 아이디어를 공개하고, 그들의 의견을 수렴하여 진행했다. 그런 의견을 나누면서 삼성월렛과 VAN사는 플랫폼 사업자로 함께 성장하는 꿈을 꾸었다.

그러나 원카드 프로젝트에서 경험했듯이 적은 비용으로 오프라인 매장에서 간편하게 결제하도록 만드는 일은 결코 쉽지 않았다. 새로운 결제 인프라 교체에는 언제나 회수 가능성을 가늠하기 어려운 대규모 투자 비용이 장애물이 되었다. 그런 와중에 한국 삼성페이가 출시되고, 꿈에서만 그렸던 오프라인 상점에서 스마트폰으로 자유롭게 결제할 수 있는 환경이 실현되었으니 우리는 흥분할 수밖에 없었다. 이제 남은 일은 VAN사가 상점의 결제 데이터를 가공하여 유의미한 정보를 우리에게 전달해주는 것뿐이었다. 그렇게 된다면 삼성페이는 그 정보에 부합하는 고객군에서 개인 정보 제공에 동의한 고객을 선별하여 그 고객에게 적합한 혜택을 전달할 수 있었다.

다른 마케팅 서비스는 혜택 정보를 전달하는 데서 끝나는 반면, 삼성페이는 전달된 혜택이 실제 결제로 이어져서 상점의 매출 확대로 이어지는 것까지 추적할 수 있다. 상점의 할인 정보나 적립 혜택을 삼성페이 결제와 연결시키면 바로 실현 가능한 시나리오였다.

28   삼성전자를
        떠나다

플랫폼의 꿈이 스러지다

VAN사와 제휴하여 결제 기반 마케팅 플랫폼을 만들려 했던 시나리오
는 여전히 유효하나, 실현되지 못하고 있다. 그 시나리오가 실현되기
위해서는 삼성페이와 연동되는 상점용 솔루션이 필요했다. 상점용 솔
루션이란, 상점에서 발생한 데이터를 고객과 상점주의 동의하에 삼성
페이 서버로 전달할 수 있는 시스템과 정책을 의미한다. 그런 솔루션이
만들어지면 VAN사가 그 솔루션을 상점에 설치하고, 시나리오대로 서
비스를 구현할 수 있다.

하지만 안타깝게도 한국총괄로부터 삼성페이 서비스 운영권을 다
시 가져온 무선사업부의 한국 삼성페이 운영 파트는 이런 꿈과 비전,
전략과 실행 방안이 없었다. 그들에게 삼성페이 운영은 회사의 업무

일 뿐이었다. 그들의 관점에서는 한국 삼성페이가 가진 역량과 자산을 활용하여 세상을 바꾸자고 하는 우리가 오히려 유별난 사람들이었다. 명확하지도 않은 삼성전자의 미래 플랫폼 사업보다는, 명확하게 주어진 과제를 기한 내에 완수하는 것이 더 중요한 일이었다.

삼성페이에 결제 데이터가 없다는 사실도 우리에게는 큰 제약이었다. 하지만 결제 데이터의 주인은 고객과 상점주이다. 그 정보가 삼성페이에서는 고객과 상점주들에게 안전하고 유용하게 활용될 수 있다는 것을 인지시키고, 사용을 허락받으면 된다. 카드사와 협의하여 시스템을 수정하고 보안 정책을 만들어 고객의 정보 사용 동의 하에 데이터를 받아올 수 있다. 우리의 업무는 하늘에서 운명처럼 떨어지는 것이 아니라 우리 스스로 만드는 것이었다.

우리가 한국 삼성페이 담당자들에게 기대한 것은 비전을 갖고 어떻게든 방법을 찾는 모습이었다. 그런데 그들은 "카드사로부터 데이터를 받을 수 없다"는 과거의 협의에 묶여 앞으로 나가지 못하고 있었다. 한국총괄이 한국 삼성페이 출시 초기에 투자를 아끼지 않고 만들어낸 괄목할 만한 실적과 서비스 규모가 낭비되고 있는 것이 아까웠다.

삼성카드사 시절부터 꿈꿔오던 '결제 서비스를 기반으로 한 글로벌 마케팅 플랫폼 서비스'에 대한 꿈은 꾸준히 진행되다가, 역설적이게도 가장 실현 가능성이 높은 삼성페이 단계에서 현실을 비껴서 지나갔다. 삼성카드사에서 삼성전자로, 무선사업부에서 MSC로, 다시 MSC에서 무선사업부로 자리를 옮기며 여러 차례 부침을 겪으면서도 나는 그 꿈을 포기하지 않았다. 하지만 삼성월렛을 거쳐 삼성페이에 이르기까지 어렵사리 가져온 꿈은 어느새 길을 잃고 있었다.

꿈을 찾아 새로운 길을 걷다

삼성전자에서 오랫동안 품었던 꿈은 갈 길을 잃어버렸다. 하지만 나는 길을 잃고 싶지 않았다. 삼성페이 조직에서 길을 찾을 수 없다면 내 스스로 그 꿈으로 가는 길을 찾아야 했다. 그것이 나에게 주어진 길이라 믿었다.

한국 삼성페이로 휴대폰으로 결제하는 문화가 만들어졌다. 하지만 그렇게 결제한 후에 발생한 데이터를 정보로 가공하여 다시 고객의 혜택으로 제공하는, 결제와 마케팅의 선순환 흐름은 아직 만들어지지 않았다. 결국 나는 모바일 결제의 선순환으로 이 세상을 변화시키겠다는 꿈을 다시 좇기 위해 2019년 11월 삼성전자를 퇴사했다. 삼성카드에 입사한지 9년, 삼성전자사로 이직해온지 7년 만이었다.

삼성전자를 나오기 전부터 필요한 것들을 준비해서 퇴직하자마자 회사 등록을 했다. 하고 싶은 일이 명확했기 때문에 한순간이라도 낭비하고 싶지 않았다. 회사를 나와서 새로 만난 사람들은 내가 삼성전자 출신이라는 것을 알게 되면 백이면 백 왜 나왔냐는 표정으로 바라보았다. 나와서 보니 내가 가진 것의 대부분이 사실 회사가 가진 것이었음을 부정할 수는 없다. 하지만 나에게는 아직 꿈과 비전, 건강한 몸과 열정과 경험, 그리고 함께 일할 수 있는 사람들이 있다. 나는 그 사람들을 만나서 아이디어를 나누고 필요를 발견하고 솔루션을 찾으면서 서서히 방향을 잡고 그 방향으로 나아가고 있다.

직원들이 행복해지는 기업

나는 감히 유니콘 기업을 꿈꾼다. 그것도 세계 시장에 내놓아도 부끄럽지 않을 글로벌 기업을 꿈꾼다. 그리고 동시에 직원이 행복한 기업을 꿈꾼다. 주변 사람들은 "그것은 기업이 돈을 많이 벌어야 가능하다"고 충고한다. 맞는 말이다. 그래서 돈도 많이 벌 예정이다. 그러나 나의 목표는 돈을 많이 벌기 전부터 직원이 행복한 기업을 만드는 것이다. 직원들이 과거의 스펙이 아니라 미래의 꿈 때문에 일을 하고, 목표를 이루어가는 과정에서 전문가로 성장하고, 자기의 꿈을 실현하는 보람으로 다니는 회사를 만들 것이다. 돈이 아닌 꿈의 성취 때문에 회사를 다니는 직원들과 함께 만들어내는 세상이 기대된다. 그 기대가 나를 설레게 하고 행복하게 한다.

나의 첫 회사는 벤처기업이었다. 그곳에서 열심히 일했지만 자사주가 결국 휴지 조각이 되면서 빚에 시달리는 동료들을 봤다. 그래서 나는 스톡옵션으로 연봉을 조정하는 일을 하지 않는다. 휴지 조각이 될 수도 있는 것을 미끼로 삼아 열정페이를 강요하지 않는다. 누구든 뽑을 만한 사람이면 정당한 대가를 지불하고 직원으로 뽑는다.

사람을 뽑을 때는 이력서의 스펙보다는 그동안 무엇을 했는지를 본다. 면접자가 제공한 숫자는 아예 머릿속에 두지 않는다. 직원을 뽑을 때부터 능력과 열정으로 운영되는 회사를 실천하고 싶다. 새로운 일을 경험하는 것을 두려워하지 않고, 자신의 경험에서 배우며, 열정을 갖고 일하는 사람은 자기 스스로 성장을 멈추지 않을 것이라 믿는다. 나는 그들과 함께 성장하며 성취한 것을 나누는 기업 문화를 만들고자 한다. 최소한 직원들이 먹을 밥과 쉴 수 있는 집은 너끈히 해결해 주는 그런 회사를 만들고 싶다.

결제 고객과 결제 매장을 선순환시키는 결제 기반 마케팅 플랫폼. 애플과 구글, 카카오와 네이버와 같은 대형 플랫폼 회사들이 몇 년째 투자하고 있지만, 아직 이루지 못하고 있는 그것을 나는 우리 행복한 직원들과 함께 만들어보려 한다. 한국 삼성페이라면 가능하지 않았을까 하는 반추와 아쉬움을 가슴에 묻고, 아무도 가보지 않은 길을 걸어가는 새로운 도전을 시작한다.

어떤 시인이 "길은 걷는 자의 것"이고, "걸을 때, 길은 시작한다"고 한 말에 힘을 받으며 다시 길을 걷고 있다. 한계라 여겼던 것을 한 번 더 돌파하고 싶다. 그 돌파의 기록이 나와 우리의 다음 이야기가 되기를 소망하며 글을 마무리한다.

꿈이 우리를 인도한다

우리 모두는 꿈을 가져야 한다. 물론 꿈은 쉽게 이루어지지 않는다. 그래서 일장춘몽, 한 여름 밤의 꿈이라 표현하는지도 모르겠다. 하지만 우리는 꿈을 가지되, 꿈에 다다르지 못했다고 실망하거나 포기하지 말아야 한다. 망망대해나 모래사막에서 길을 찾을 때 북극성을 바라보면서도 거기에 다다르려 하지 않는 것과 비슷하다. 꿈은 사라지지 않는 길잡이로써 방향을 설정하는 데 필요하다.

 나는 어릴 적 사람들의 삶에서 결제가 차지하는 비중이 의외로 크고 깊다는 것을 깨닫게 되면서 결제 서비스에 매력을 느꼈다. 그래서 결제 서비스 업체에서 병역 특례로 직장 생활을 시작했다. 나이에 비해 다양한 결제 서비스 사업을 경험하면서 막연하지만 자연스럽게 더 안전하고, 간편하고, 유용한 결제 서비스로 사회에 기여하고 싶다는 꿈을 꾸게 되었다. 그 꿈은 삼성카드사와 삼성전자를 거쳐 지금의 스타트업을 시작하기까지 나의 방향과 초점을 잃지 않도록 길잡이가 되어주었다.

 첫 직장에서 결제 시스템의 전반적인 작동 방식과 서비스 운영 방식을 학습한 후, 운 좋게 삼성카드사로 이직했다. 입사 당시에는 모바일 결제 시장 규모가 미미했기 때문에 소수의 동료들과 자유롭게 신규 모바일 결제 서비스를 조사하고, 기획하고, 출시할 수 있었다. 하지만 모바일 결제 시장 규모가 커지고 회사에서도 그 분야에 대한 관심이 높아짐에 따라 다양한 부서가 파생되고, 업무가 분화되었다. 나의 업무도 전반적인 모바일 결제 기획에서 가맹점에게 제안할 모바일 서비스를 기획하는 업무로 축소·변경되었다.

 그때부터 회사가 요구하는 것과 내가 추구하는 것을 연결하는 훈련을 조금씩 한 것 같다. 나는 '행복한 직장'이란 자신의 꿈과 연관된 일을 하거나, 연관된 일을 만들 수 있는 직장이라고 생각한다. 그래야 회사의 성취와 나의 성장을 함께 이룰 수 있기 때문이다. 그래서 회사를 옮기거나 부서를 변경할 때 '세상을 바꾸는 결제 서비스'라는 꿈을 기준으로 이직을 결정하고, 새로운 회사와 부서에 적응했다. 꿈과 연관성이 높은 업무는 회사의 성장이 나의 성장이라는 각오로 최선을 다했고, 연관성이 낮은 업무는 연관성이 높은 업무로 확장될 수 있도록 노력했다. 그런 식으로 회사를 위하면서도 나를 위하고, 나를 위하면서도 회사를 위하는 것을 끊임없이 맞춰갔다.

모바일 결제 신사업 기획 TF 이후 삼성전자에서 입사 제안이 왔을 때, 내게는 세계 1위 글로벌 회사에서 모바일 결제 서비스를 기획하고 싶다는 꿈이 있었기에 연봉의 앞자리 숫자가 줄어드는 것을 감수하면서 회사를 바꾸었다. 처음에는 조금 당황했다. 하드웨어 제조와 판매를 본업으로 하는 삼성전자에서 콘텐츠 서비스는 소위 비주류였다. 하지만 물러설 곳이 없었다. 포기하지 않고 삼성전자의 하드웨어를 기반으로 결제 서비스를 제공할 외부 파트너들을 꾸준히 만났다. 삼성전자에서 모바일 결제 서비스로 좋은 실적을 낸다면 내게는 오히려 기회가 될 수 있겠다는 생각도 했다.

꿈은 계속해서 이어졌다. 모바일 결제 과제 이관으로 무선사업부에서 MSC로 전배를 가야 하는 상황이 발생했을 때, 나는 뒤도 돌아보지 않고 MSC로 향했다. 그것이 삼성전자에서 모바일 결제 서비스로 한발 더 나아가는 방향이었기 때문이다.

MSC 조직이 해체되고 본격적으로 삼성페이를 준비할 때, 나는 이전에 기획하고 운영한 간편결제 서비스가 연결 고리가 되어 삼성전자 무선사업부에서 모바일 결제 서비스를 가장 전문적으로 실현할 수 있는 실무 담당자가 되었다. 그리고 마침내 꿈에서 그리던 대로 글로벌 최고 기업 삼성전자에서 모바일 결제 서비스를 처음부터 끝까지 기획하고, 출시하고, 운영하는 경험을 했다. 또 우여곡절 끝에 베트남 삼성페이를 출시하면서 해외 결제 서비스도 처음부터 끝까지 기획하고, 출시하고, 운영하는 경험을 쌓았다. 혼자 꿈꾸며 준비했던 모든 일이 어느새 열매를 맺고 있었던 것이다. 그런 면에서 나는 꿈을 이룬 행운아다.

나에게 회사 생활은 이렇게 꿈을 향해 나아가는 과정에서 얻은 소중한 결과물이다. 꿈을 꾸는 동안 회사는 나의 동료이자 후원자이자 선생님이었다. 꿈을 향한 나의 도전은 곧 회사의 도전이었다. 하지만 언제부턴가 회사의 업무를 나의 꿈과 연계하기 어려운 상황이 지속되었다. 고민 끝에 꿈을 향한 도전을 멈추지 않기 위해 회사를 나왔다. 나이를 먹고 교육 과정을 이수하면 다음 단계의 상급 학교로 옮겨간다. 나 또한 그렇게 다음 단계로 옮겨간 것이다.

나는 이 단계를 지나면서 성장할 것이고, 스스로 걸어온 길에 감사를 남길 것이다. 지금까지 그래왔기 때문이다. 이 자리를 빌려 내가 좋은 회사를 다닐 수 있는 기회를 준 모든 분에게 감사를 드린다. 덕분에 성장하며 꿈을 향해 나아갈 수 있었다.

혹시 지금 조직을 떠날 생각을 하시는 직장인들에게 감히 한 말씀 드리자면, 조직을 떠나서까지 하고 싶은 일이 있는지 '자기 확인'을 먼저 해야 한다고 말하고 싶다. 그런 확인 없이 조직을 떠나면 절대 안 된다. 하고 싶은 일을 확인했다면, 일단 지금 있는 조직에서 그 일과 가장 유사한 업무를 하는 부서로 옮기는 것이 좋다. 그러면서 조직 밖에 있는 관련 분야의 사람들을 만나서 다양한 의견을 주고받는 기회를 만들어라. 대화를 하는 것이다.

혹시 조직 내 옮길 부서가 없다면 지금 하고 있는 업무에서 하고 싶은 일 쪽으로 딱 한 발 더 나갈 수 있는 일을 찾으면서 밖에 있는 전문가들과 연결 고리를 만들기를 권한다. 이미 자신이 하고 싶은 일을 하는 분야에 있는 사람들의 얘기를 많이 들어라. 듣는 데서 꿈이 만들어지고, 나아갈 방향과 실행할 아이디어가 생겨난다. 그렇게 직장을 다니며, 회사와 함께 성장하고, 외부와 관계를 맺으면서 꿈을 추구하면 된다.

조직에 속하지 않으면서 새로운 사업을 시작하고 싶은 청년들에게는 감히 드릴 말씀이 없다. 다만, 할 수만 있다면 꼭 사람을 남겨야 한다. 어떤 일이든 사람이 사람을 만나서 하는 일이다. 어떤 상황에서도 사심 없이 격려와 질책을 주고받을 수 있는 사람을 남길 수 있다면 성공하든 실패하든 좋다.

마음에 드는 회사를 다니든 안 다니든, 하고 싶은 일을 하든 하지 않든, 꿈을 가져야 한다. 그 꿈이 우리를 인도할 것이다.

닫는 말

삼성의 숨겨진 영웅들

지금은 고인이 되신 삼성의 이건희 회장은 "한 명의 천재가 10만 명, 20만 명을 먹여 살린다"는 말씀을 하셨습니다. 2000년대 초, 새로운 밀레니엄을 맞는 삼성의 미래를 대비하는 차원에서 인재 육성과 인재 등용의 중요성을 강조한 것입니다. 20년이 지난 지금, 그 말은 탁월한 예견이었음을 알 수 있습니다. 애플의 스티브 잡스, 테슬라의 일론 머스크, 페이스북의 마크 주커버그, 아마존의 제프 베조스… 이런 천재들이 없는 기업의 성공은 상상조차 할 수 없습니다.

삼성에도 그런 천재들이 있습니다. 삼성의 인재주의는 이런 천재들이 모이는 저변을 만들어주었고, 그렇게 만들어진 저변은 조직의 요소요소에 천재적인 사람들을 배치했습니다. 그리고 그런 천재들의 옆에서 우리는 많은 것을 배울 수 있었습니다.

그런데 이런 천재들은 앞에서 언급한 미국 기업의 천재들과는 다릅

310

니다. 한국식 천재라고나 할까요? 그들은 튀지 않습니다. 묵묵합니다. 스며듭니다. 하지만 그들의 말과 행동, 태도와 관점에는 남다른 것이 있습니다. 그래서 점차 돋보입니다. '나'를 강조하는 미국의 시스템과 '우리'를 강조하는 한국의 시스템이 만들어낸 차이일지도 모르겠습니다. '우리' 속의 천재들. 카메라는 그들을 보지 못하고, 기자는 그들을 취재하지 못합니다. 그들은 같이 일하고, 놀고, 밥을 먹고, 얘기하면서 조금씩 드러납니다.

어떤 사람들은 삼성의 인재주의를 엘리트주의, 일등주의라고 폄하하지만, 우리는 인정할 것은 인정해야 한다고 생각합니다. 삼성의 진정한 인재는 겸손하고 바릅니다. 머리는 좋은데 교만하고, 말은 잘하는데 진심이 결여된 사람들은 결코 삼성의 엘리트가 되지 못합니다. 기업은 사람이 만드는 것입니다. 삼성이 이렇게 성장한 데는 그에 걸맞는 사람이 있었기 때문입니다.

삼성카드사에서 한국 최초의 휴대폰 인증 결제를 개발해준 개발자, 신사업 기획에 눈을 뜨게 해준 신사업추진단의 사람들, 모바일 결제 TF에 함께하면서 해박한 지식과 통찰력을 보여준 삼성전자 연구소의 연구원, 삼성월렛에 숨결을 불어넣어준 UX 디자이너, 하루에도 수백 번씩 해킹의 위협으로부터 월렛 서버를 지킨 시스템 운영자, MST를 발굴한 투자 담당 직원, POS를 분해할 정도로 MST와의 정합성을 탐구한 POS 특공대, 삼성페이의 초간단 접근을 위해 스와이프업 UX를 개발한 설계자, 삼성페이를 세상에 알리는 작업을 처음부터 기획하고 실행한 프로모션 담당자, 휴대폰 판매원들에게 삼성페이를 제대로 교육하기 위해 강의안을 만들고 전국 방방곡곡을 돌아다니며 몇 시간씩 강의한 교육 책임자, 하루 수천 건의 고객 응대를 관리하며 문제점과 해결책을 일목요연하게 정리한 CS 책임자, 카드사와 정부 부처의 요구 사항을 수집하고, 더 나은 서비스를 위해 정책적인 대안을 제시한 대외협력 담당자… 일일이 열거하기 어려운 수많은 천재들이 우리 곁에서 묵묵히 자기 자리를 지키며 자신의 천재성을 서비스 사업 곳곳에 스며들게 했습니다.

그런 천재들이 연결되어 지금의 한국 삼성페이를 만들었습니다. 10만 명을 먹여 살리는 천재가 존재하기 위해서는 그 천재를 먹여 살리는 또 다른 천재들이 있어야 합니다. 수백만 명이 사용하는 삼성페이가 존재하기 위해서 삼성페이를 기획하고, 개발하고, 운영하는 수십 명의 천재들이 필요했습니다. 그 천재들이 바로 '삼성의 숨겨진 영웅들'입니다.

그들과 함께 일할 수 있었던 것을, 그리고 같이 먹고, 놀고, 얘기할 수 있었던 것을 감사드립니다. 그들 덕분에 우리도 영웅들과 천재들의 잔치에 참여해 한바탕 신명난 춤을 출 수 있었습니다. 신나고, 즐겁고, 행복했습니다.

감사합니다.

김경동·여산

삼성페이를 만든 사람들

조범수 한국을 포함하여 전세계 삼성페이 앱과 시스템 개발 실무를 담당하는 삼성페이 개발 그룹장으로 일했다. 삼성월렛에서 하고자 했지만 하지 못한 것을 삼성페이에서 성공해 보이겠다고 마음먹었다.

Samsung Pay, All about your money! 삼성페이는 돈을 지불하는 우리의 경험을 완전히 바꾸어놓았습니다. 그동안 수많은 기라성 같은 기업들이 시장에서 플라스틱 카드에 싸움을 걸었다가 실패했습니다. 그러나 삼성페이는 MST라는 기술로 결제를 편리하고 친근하게 모바일로 옮겨놓았고, 결국 소비자에게 완전히 새로운 경험을 제공했습니다.

삼성페이 필드 테스트에 나갔을 때가 기억납니다. 상점 점원과 주인들의 태도가 '잉? 이게 뭐야?'에서 '와! 이게 뭐야!'로 마치 마법을 본 듯 바뀌던 모습이 눈에 선합니다.

삼성페이의 발전은 계속될 것입니다. 이제까지의 삼성페이가 효율적이고 편리하게 돈을 지출하는 쪽에 편중된 서비스였다면, 앞으로는 개인별 수입, 투자, 세금 등 자금에 대한 모든 것을 분석하고 관리하는 서비스가 될 것입니다.

이신우 한국 삼성페이 출시 TF와 한국 운영을 총괄하는 실무 책임자였다. 신사업추진단과 MSC, 무선사업부, 한국총괄을 거치면서 삼성전자의 스마트폰에 간편결제를 넣어 세상을 바꾸는 일을 했다.

삼성월렛을 통해 우리는 이미 스마트폰으로 간편하게 결제하는 서비스가 얼마나 흥미롭고, 고객에게 유용한 것인지 알고 있었습니다. 하지만 결제 생태계는 새로운 것을 받아들이는 데 조심스럽고, 오랜 기간 검증된 보안 정책만을 고수했기에 삼성전자 같은 혁신적인 기업이 진입하기 어려웠습니다. 그러던 차에 삼성페이 출시 프로젝트를 맡게 되었습니다. 기존 결제 단말기를 사용하여 모든 오프라인 매장에서 스마트폰 결제를 가능하게 한다니, 꿈에서만 그리던 결제 서비스의 혁신을 실현할 가슴 설레는 프로젝트였습니다.

저에게 삼성페이는 한국 사회를 바꾸는 신개념 서비스였습니다. 한국총괄의 사무실 한켠에 있는 작은 TF룸에서 뭔가를 기획하면 그것이 다음날 신문과 방송에 나오고, 사람들이 거기에 열광했지요. 삼성페이를 통해 우리는 한국 사회와 함께 호흡할 수 있었습니다. 이런 서비스는 처음이었기 때문에 시행착오가 많았지만, 고객은 기꺼이 기다려주고, 격려해주었습니다. 삼성페이는 이렇게 대한민국의 일상을 바꾸어나갔습니다.

제가 만들고 싶었던 삼성페이의 미래는, 갤럭시 고객이 삼성페이로 결제할수록 멤버십 포인트가 쌓이고, 그렇게 쌓인 멤버십 포인트로 삼성전자가 제공하는 유무형의 혜택을 마음껏 누리는 것입니다. 삼성페이가 삼성전자 고객 혜택 생태계의 기반 플랫폼이 되는 것이지요. 삼성페이의 광범위한 사용이 삼성전자와 고객에게 모두 윈-윈 하는 관계를 만들어줄 수 있을 거라 믿어 의심치 않습니다.

김경덕 카드사/VAN, 교통카드 제휴를 담당했다. 삼성월렛 시절부터 주변 사람들에게 삼성전자의 간편결제를 추천하고 그들에게 유용하게 쓰고 있다는 말을 듣고 싶었는데 삼성페이를 통해 그 꿈을 이루었다.

삼성페이는 사람들의 삶을 한 단계 더 편하게 만들었습니다. 그 자부심에 모르는 가게에서 점원이 "삼성페이 참 편하죠? 요즘 많이 쓰시더라고요"라고 칭찬할 때, "그거 제가 만든거예요"라고 자랑하기도 했습니다.

물론 어려운 일도 많았습니다. 특히 서울역과 인천공항 택시 승강장에서 택시 기사를 대상으로 했던 삼성페이 홍보 활동은 무척 힘들었습니다. 우리를 막무가내로 귀찮아하고, 무시하는 택시 기사들에게 택시가 서 있는 짧은 시간에 압축해서 메시지를 전달해야 했으니까요. 하지만 그 경험은 결국 힘든 만큼 저 자신을 성장시킬 수 있는 새롭고 특이한 시간이 되었습니다.

앞으로도 삼성페이가 일상생활에 편리함을 더하는 '넘버원' 간편결제 서비스가 되었으면 합니다.

채춘식 초기에 프로젝트 일정을 세우고, 진척을 관리했다. 이후 삼성페이 마케팅을 고민했다. 단말기 마케팅과의 차이를 고려하며 서비스 마케팅 방향을 설정하고, 다양한 부서의 의견을 조율했다.

삼성페이 덕분에 회사 생활의 중턱에 온 열정을 불살라 일하는 기쁨을 누렸습니다. 삼성페이는 우리 회사만이 할 수 있는 서비스이고, 반드시 성공할 서비스라고 믿었기에, 회사 안팎에서 삼성페이를 설득하고 알리는 어려운 일을 결코 포기하지 않았습니다. 출시 후, "제조업에서도 이런 성공적인 서비스가 가능하구나"라는 얘기를 듣게 되었을 때 큰 보람을 느꼈지요. 앞으로 신분증과 면허증이 들어가서 지갑을 더욱 가볍게 해주면 좋겠습니다.

진상민 프랜차이즈 제휴를 담당했다. 카드 결제가 많은 대형 프렌차이즈 업체 200여 개를 찾아가서 삼성페이를 설명하고 서비스 이용에 문제가 없도록 지원했다.

회사에서 여러 가지 신규 서비스를 시도했으나 기대만큼 좋은 결과가 나오지 않았던 기억 때문에 삼성페이에 대해서도 잘될 수 있을까 걱정이 많았습니다. 하지만, 삼성페이는 그런 걱정을 단번에 해소하고 상상을 현실로 만들었습니다.

서비스 개발 초기에는 동네 슈퍼에서 삼성페이 테스트를 진행하다 불법 결제 수단을 융통하는 범죄자로 신고를 당해서 경찰관 앞에서 삼성페이를 설명한 적도 있었습니다. 그랬던 슈퍼 주인이 삼성페이가 출시되자 왜 자기 매장에는 삼성페이 홍보물 설치를 안 해주냐고 항의하였습니다. 삼성페이가 가져온 변화에 격세지감을 느낀 때였습니다. 앞으로 삼성페이가 자신을 인증하는 제2의 신분증으로, 나아가 본인 인증을 기반으로 파트너들이 새로운 사용성을 발굴할 수 있는 개방형 서비스로 발전했으면 좋겠습니다.

김동규 카드사들과 사업부 개발팀 사이의 중간다리 역할로 TF 업무를 시작했다. 모든 카드사가 동일한 수준으로 서비스를 제공할 수 있도록 관리했고, 삼성전자와 카드사가 윈-윈할 수 있는 협력 모델을 만들었다. 개발 상황이 어느 정도 안정된 후에는 전국의 모든 가맹점에서 삼성페이 결제가 가능하도록 지원했다.

삼성페이는 핀테크가 무엇인지 제대로 보여준 혁신적인 서비스입니다. 누구나 다 알 만한 굉장히 커다란 프로젝트였고, 초기 셋업을 하면서 결제 생태계 내부를 들여다보며 많은 것을 배울 수 있었습니다. 그런 삼성페이도 처음부터 모든 가맹점에서 원활하게 결제가 처리되지는 않았습니다. 그래서 가맹점을 전부 나열하고 하나하나 결제 테스트를 진행하기도 했습니다. 대형 프랜차이즈 매장에서 특히 할 일이 많았고, 한창 핀테크 열풍이 불던 시기 신세계에서 시작한 SSG페이와 경쟁하는 모양새가 되어 이마트, 스타벅스 등 신세계 그룹 내의 매장에서 결제가 되지 않아서 마음고생을 했습니다.

삼성페이로 결제했을 때, 실물카드와 동일한 할인 혜택, 포인트 적립 등의 기능이 제공되지 않는 문제를 해결하는 데도 큰 노력을 기울였습니다.

문제를 해결하기 위해 가맹점-카드사별 혜택 카드를 표로 만들어서 개선 진척도를 관리했고, 어떨 때는 저의 명의로 실제 카드를 만들어서 테스트를 진행하기도 했습니다. 이러한 과정을 거쳐서 최종적으로 삼성페이 고객에게 플라스틱 카드와 동일한 혜택과 더 큰 편안함을 제공할 수 있었습니다.

삼성페이는 앞으로도 갤럭시폰의 경쟁 우위로서의 자리를 확고히 할 것입니다. 삼성전자의 차별화된 마케팅 툴이 되어 온/오프라인에서 사용되는 삼성페이 고객의 빅데이터를 제공하고, 포인트를 활용한 제품 구매 혜택까지 제안한다면 여러모로 쓸모가 많을 것입니다.

진나래 삼성페이 사용자 프로모션과 타업종 업체와의 제휴 마케팅을 담당했다. 10년 이상 단말기 영업을 하다가 삼성페이 TF에 합류해 출시부터 안정화 시기까지 함께 일했다.

휴대폰에서 꼭 필요한 결제 서비스를 제대로 구현한 삼성페이! 그 자체로 너무 훌륭했기 때문에 무조건 될 것 같은 프로젝트였습니다. 흔히들 "삼성전자는 제조사라서 콘텐츠/솔루션 서비스는 잘 못한다"고 말하지만, 삼성페이는 갤럭시폰의 시장 점유율이라는 시장 기반 위에 제대로 고객의 필요를 채운 훌륭한 서비스였습니다.

그러나 모바일 결제 서비스 시장이 점점 커지고, 다양한 사업자들이 자신만의 강점을 가지고 시장에 들어오고 있습니다. 삼성페이가 이런 경쟁 구도 속에서 과거의 성공에 연연하지 않고 유연하게 시대의 변화와 기술의 발전이라는 흐름을 이어가며 굳건한 모바일 결제의 강자로 남았으면 좋겠습니다. 그래서 갤럭시 사용자들이 계속 갤럭시를 쓰고 싶게끔 '킬러 서비스'로 위용을 과시했으면 좋겠습니다. 삼성전자에서 삼성페이처럼 훌륭하고 대체 불가한 서비스를 또 개발할 때, 거기에 참여할 수 있기를 바랍니다.

한기정 출시 이전에는 사내 및 사외홍보를, 출시 이후에는 카드사 협업, 코레일/티머니 제휴, 타업종 제휴 마케팅을 담당했다. 새로운 분야에 뛰어든다는 설렘, 대부분 사람이 모르는 분야를 개척한다는 사명감, 서비스 안착에 대한 욕심을 안고 삼성페이 TF에 뛰어들었다.

삼성페이는 오로지 서비스의 성공 하나를 위해 사심 없이 최선을 다했던 흔치 않은 업무였습니다. 삼성페이를 쓰지 않던 사람들이 써보면서 "정말 편리하다"고 말해줄 때 짜릿함과 보람을 느꼈습니다. 특히, 삼성페이로 결제하려고 할 때 말도 안 된다는 듯이 쳐다만 보던 종업원이나 사장님들이 나중에는 오히려 삼성페이 사용법을 가르쳐주겠다면서 휴대폰을 달라고 했던 것이 기억에 남습니다.

앞으로 삼성페이가 디바이스를 굳이 꺼내지 않고 지니고만 있어도 결제할 수 있는 수준의 편의성과 보안성을 장착한 간편결제 수단이 되었으면 좋겠습니다. 지금의 삼성페이는 서비스 사업에 대한 장기적인 관점보다는 단기적인 성과에 집착해서 더 좋은 결과를 낳지 못하는 게 아닌가 하는 안타까움이 있습니다. 우리 회사의 소프트 경쟁력이라면 이러한 성공을 발판으로 한 단계 더 도약하는 삼성페이를 만들 수 있을 거라 생각합니다.

이선후 무선 충전기를 삼성페이로 단돈 5천 원에 구매할 수 있는 '5천원의 행복' 프로모션 기획자다. 사람들이 삼성페이를 직접 경험해볼 수 있는 매장 마케팅을 기획하고 운영했다.

한 사람의 이용자로서 없으면 안 되는 필수 서비스인 삼성페이. 출시 TF 담당이었다는 것이 저의 자랑거리입니다. 삼성페이를 통해 처음으로 삼성전자 주도의 고객 사은 프로모션인 '5천원의 행복'을 운영했는데, 그것을 통해 겪은 시행착오들을 해결하는 과정은 정말 어려웠습니다. 삼성페이 이전의 고객 사은 프로모션은 통신사가 주도적으로 프로모션을 제공하고 삼성전자는 뒤에서 지원하는 식이었는데, 삼성페이를 통해 삼성전자가 직접 프로모션을 제공할 수 있게 되었습니다. 그 첫 번째 작품이 '5천원의 행복'입니다. 고객이 삼성페이를 등록하고, 온라인에서 직접 써보게 하는 것이 목적이었기 때문에 삼성전자가 직접 구매 사이트를 만들고, 제품을 배송하고, 관련 고객 응대와 비용 처리를 했습니다. 그렇게 어렵게 시작한 삼성전자 주도의 프로모션 활동이 지금은 아주 원활히, 활발하게 운영되는 것을 보면 뿌듯함과 기쁨을 느낍니다.

앞으로 바라는 점이 있다면 삼성페이가 실물 지갑이 필요 없도록 모든 멤버십, 자격증, 신분증까지 담은 서비스가 되는 것과, 삼성전자 구독 서비스의 허브가 되어 삼성전자 제품 구매 및 구독에 도움을 주는 역할을 하는 것입니다.

이정훈 한국 삼성페이 출시 전에 운영 업무를 사전 준비했다. 서비스 운영과 고객 관리에 필요한 시스템과 인프라를 구축하고, 관리 시스템의 기능 구현과 품질을 확보했다. 또한 사내 유관부서들과 협업하여 고객들에게 삼성페이 서비스에 대한 정확한 정보를 제공했다.

'드디어 모바일 결제가 제대로 사용되겠구나!' 삼성페이에 대해 처음 들었을 때 든 생각입니다. 그러면서도 이전에 경험했던 다양한 스마트폰 솔루션 발굴 TF에서의 기억들이 떠오르며 다가올 험난한 여정이 걱정되었습니다. 더군다나 삼성페이 출시 이후에는 운영 업무를 담당하라고 하니 앞이 깜깜했습니다. 만약에 서비스 운영 준비가 제대로 되지 않으면 런칭을 미루더라도 TF 멤버들을 다 잡아 놓으리라는 각오로 업무에 임했습니다. 삼성페이 한국 출시 TF는 회사의 전폭적인 지원을 받아 출시에 필요한 경험을 가진 모든 멤버들을 소집하여 구성했지만, 그래도 회의할 때마다, 그리고 이해관계자들을 만날 때마다 생각지도 못했던 문제들이 쏟아져 나왔습니다. 그래도 런칭 이후 하루가 다르게 늘어나는 가입자와 결제 건수/금액을 보며 고생한 보람을 느꼈습니다.

　나에게 많은 것을 경험하게 해준 은사이자, 상상하고 기대했던 모습까지는 도달하지는 못해 아쉬운 자식인 삼성페이. 수많은 에피소드가 있었지만 특히 기억에 남는 일이 있습니다. 하루는 어느 여성분이 삼성페이로 결제한 건이 이력이 없어 정산을 못 받게 되었으니 삼성페이 측에서 변상하라며 연락이 왔습니다. 막무가내로 돈 떼어먹은 사람 취급을 하며, 쌍욕을 퍼부으면서 당장 달려오라고 난리였지요. 어쩔 수 없이 오라는 데로 가보니 전화를 한 곳은 서울 중심가의 유흥주점이었고, 전화한 분은 주점의 사장님이었습니다.

　사실 확인을 하느라 VAN사에 유흥주점 결제기에서 카드로 결제한 이력을 요청하니, 결제 이력이 없었습니다. 결국 사장님의 정황 설명에만 의존하며 문제를 풀어야 했는데, 다소 거칠어 보이는 웨이터분들이 저를 둘러싸고 저보고 비용을 물어내야 하는 거 아니냐고 우겨서 진땀을 뺐습니다. 확인 결과, 주점 사장님이 만취 상태의 고객이 건네준 삼성페이로 결제하면서 결제 리더기에서 카드결제가 아닌 현금결제를 선택하는 바람에 아예 결제가 일어나지 않은 것이었습니다. 결국 유흥주점에서 해당 고객에게 연락해 재결제 약속을 받아내면서 문제가 해결되었습니다. 1시간 정도였던 그 시간이 엄청나게 길게 느껴졌습니다. 지금 생각해도 기분이 서늘해집니다.

갤럭시만의 차별점으로 공고히 자리 잡은 삼성페이지만, 단순히 스마트폰의 기능으로만 묶어두기에는 참 아쉽습니다. 이미 구축된 페이 서비스인 네이버페이, 카카오페이와 협업 체계를 만들던지, 아니면 분사를 해서라도 금융-산업 분리 이슈를 넘어 모바일 결제/금융 서비스의 한 축으로 자리 잡아 나가기를 응원합니다.

장우석 베트남 현지에서 프로젝트 진행을 담당했다. 현지 파트너와 법인, 본사 개발팀 간의 소통 창구로서 프로젝트가 잘 진행될 수 있도록 했고, 무엇보다 현지의 파트너 개발팀과 본사 개발팀과의 협의를 조율하는 데 가장 많은 시간과 노력을 들였다.

삼성페이에 대해 들었을 때, 삼성전자에게 새로운 길을 열어줄 서비스라는 확신이 들어서 높은 경쟁률을 뚫고 부서를 옮겼습니다. 그렇게 들어온 삼성페이 프로젝트는 저에게 서비스 기획과 실행을 가르쳐준 훈련소였습니다. 베트남 삼성페이 출시 준비 당시, 짧다면 짧고 길다면 긴 6개월 동안 6년 치 일을 몰아서 했습니다. 삼성페이 신규 국가 출시라는 기대하던 일을 하게 되었다는 기쁨과, 나로 인해 일이 잘못되면 어쩌지 하는 두려움이 교차하는 프로젝트였습니다.

베트남 삼성페이가 처음으로 작동하던 날, 현지 시장에서 삼성페이 결제로 티셔츠를 샀습니다. 정말 감개무량했습니다. 또 평소 출장자들이 오면 안내하여 좋은 관계를 유지하던 마사지숍에서는 삼성페이와 관련해 재미있는 일이 있었습니다. 평소처럼 숍을 방문한 다음에, 결제할 때 양해를 구하고 결제 단말기에 스마트폰을 대었는데 작동이 되지 않는 겁니다. 결제 테스트 중이라고 설명을 했지만, 저와 주인아주머니 둘 다 영어가 서툰 바람에 주인아주머니는 제가 돈이 없어 난처한 상황이라고 오해하고 말았습니다. 결제 단말기 여기저기에 스마트폰을 대고 비벼대는 모습을 보고 정신이 이상해졌다고 생각하셨는지, 걱정 어린 눈빛으로 내 어깨를 두드리고는 택시비를 쥐어주셨습니다. 좀 우스운 상황이었지만, 베트남 사람들의 친절함에 감동받았고, 더불어 그 짧은 시간에 현지인의 신뢰를 얻었다는 사실에 기뻤습니다. 삼성페이 출시를 통해 새로운 서비스를 기획할 때는 어떻게 방향을 잡아야 할지 배운 것 같습니다.

오세원 베트남 삼성페이 TF에서 현지 법인과 소통하면서 베트남 삼성페이 출시 전략 기획 및 마케팅 계획을 수립했다.

젊은 세대가 이끄는 젊은 나라 베트남에 한국의 선진 모바일 서비스를 현지화하겠다는 각오를 갖고 베트남 삼성페이 프로젝트에 임했습니다. 제게 이 프로젝트는 사람을 이어주는 유대의 끈이었습니다. 좋은 사람들과 함께 멋진 서비스를 세계로 전파하는 기쁜 경험을 했고, 특히 함께 일했던 베트남 사람들과의 추억이 아직도 생생합니다.

백준영 베트남 삼성페이 TF에서 서비스 운영 및 삼성페이 리워즈 업무를 담당했다. 마케팅 예산이 허락하는 한도 내에서 삼성페이 결제 금액 일부를 고객들에게 포인트로 제공했다.

공산국가에 대한 막연한 오해가 있었지만, 모바일 결제의 불모지에 큰 발자국을 남기겠다는 기대와 각오를 품고 프로젝트에 합류했습니다. 베트남 삼성페이와 플래그십 모델을 동시에 출시하게 되어서 부푼 마음에 런칭 행사에 갔는데, 행사를 시작하자마자 삼성페이 서비스에 문제가 생겨서 식사 중에 급히 현지 사무실로 들어가 문제를 해결했던 기억이 납니다. 베트남 삼성페이 TF 4명 중 마지막까지 남아 서비스를 활성화해보려고 노력했는데 결과가 만족스럽지 않아 아쉽습니다. 삼성페이가 앞으로 베트남에서 모바일 결제를 통해 신세계를 열어가는 종합 금융 플랫폼이 되기를 바랍니다.

한국 삼성페이를 위한 제언

루프페이 인수 전 아직 MSC 조직에서 삼성월렛을 운영할 때, 패드 제조사와 협의하던 앱카드 신호 수신용 NFC 패드 제작 비용은 한 대에 약 3만 원이었다. 루프페이 인수 비용을 3천억 원 정도로 추정한다면 그 인수 비용은 약 1천만 대의 패드를 만들 수 있는 어마어마하게 큰 규모였다. 한국에서 카드 결제가 가능한 유효 카드 가맹점이 약 200만 개라고 가정하면 루프페이 인수 비용의 20%로 대한민국의 유효 카드 가맹점 전체에 NFC 패드를 공급할 수 있었다.

게다가 삼성전자가 NFC 패드 비용 전체를 지불할 필요는 없다. 일부를 보조하는 방식으로 VAN사와 협력할 수도 있다. 패드 제조 비용의 최대 50%인 15,000원 정도를 보조한다고 가정하면 200만 개의 패드를 제조하는 데 삼성전자가 투자해야 하는 총 비용은 약 3백억 원, 인수 추정 비용 3천억 원의 10%에 불과하다.

역사에 '만약'이란 것은 없다. 하지만 '만약' 루프페이 인수 비용의 10% 비용만 써서 한국의 카드 가맹점에 삼성전자 주도로 NFC 패드를 설치했다면, 그리고 당시 그 인프라 보급에 큰 관심을 보였던 VAN사들과 공동 사업 구도를 만들어 패드를 공동으로 설치하고 그들이 처리한 결제 데이터 기반으로 마케팅 플랫폼을 구축했다면, 그래서 마케팅 플랫폼에 나오는 수익을 고객 혜택으로 재투자하면서 삼성페이 서비스와 마이크로모먼츠 마케팅 수익 모델을 동시에 추진했다면, 아니, 그보다 근본적으로 '만약' MSC가 해체되지 않고, 삼성월렛 운영자들이 NFC 패드 기반으로 삼성페이를 준비하고 출시했다면 어땠을까? 그래서 삼성월렛 생태계를 유지하고, 삼성페이 서비스와 결합하여 조기에 플랫폼으로 사업화를 추진했다면 어땠을까?

'만약' 그러했다면 지금처럼 한국 삼성페이가 수익 모델의 부재 때문에 좌충우돌하면서 고민하는 일은 없었을 뿐 아니라, 고정비를 넘어서는 수익을 창출하며 하드웨어 판매 모델에 필적하는 콘텐츠/솔루션 서비스 모델로 삼성전자의 사업 지평을 넓히고 있지 않았을까 상상해본다.

삼성페이는 스마트폰 구매 고객들에게 안전하고 편하고 쉬운 모바일 결제 경험을 제공했지만, 동시에 수익화의 늪에 빠져 고객의 경험 개선과는 상관없는 서비스 메뉴를 늘리는 일에 급급했다. 그런 단기적인 마구잡이식 입점 전략으로는 지불 결제 시장에서 미래 성장을 담보한 플랫폼으로 발전할 수 없다. 더 늦기 전에 한국 삼성페이는 결제 고객만이 아닌, 결제 상점에도 투자해야 한다. 이것이 한국 삼성페이를 준비하여 세상을 바꾸는 서비스로 탄생시킨, 그리고 누구보다 한국 삼성페이의 성장을 기대하며 열정을 다했던 우리의 간절한 제언이다.

그동안 삼성페이가 갤럭시폰 사용자로 하여금 어느 온라인 쇼핑몰, 어떤 오프라인 매장에서나 안심하고 결제할 수 있게 만들었다면, 이제는 상점 주인이 삼성페이로 결제한 고객에게 자신이 제안하고 싶은 고객 혜택과 알림을 보낼 수 있는 상점 솔루션이 갖춰져야 한다. 그 솔루션이 삼성페이 사용 고객의 앱과 결합한다면, 어쩌면 3백억 원의 비용으로도 실현할 수 있었던 서비스를 진정한 3천억 원짜리 서비스 사업으로 키워줄 것이다.

SAMSUNG
PAY STORY